京津冀内河小型船舶
驾驶员培训教程

主 编 王俊峰

大连海事大学出版社
DALIAN MARITIME UNIVERSITY PRESS

图书在版编目(CIP)数据

京津冀内河小型船舶驾驶员培训教程／王俊峰主编.
大连：大连海事大学出版社，2024.10. — ISBN 978-7-5632-4605-2

Ⅰ. U675.5

中国国家版本馆 CIP 数据核字第 2024ZM1517 号

大连海事大学出版社出版

地址:大连市黄浦路523号　邮编:116026　电话:0411-84729665(营销部)　84729480(总编室)
http://press.dlmu.edu.cn　E-mail:dmupress@dlmu.edu.cn

大连天骄彩色印刷有限公司印装　　　　　　大连海事大学出版社发行

2024 年 10 月第 1 版　　　　　　　　　　2024 年 10 月第 1 次印刷
幅面尺寸:184 mm×260 mm　　　　　　　　　　　　　　印张:16.25
字数:412 千　　　　　　　　　　　　　　　　印数:1~1000 册

出版人:刘明凯

责任编辑:杨玮璐　　　　　　　　　　　　　　责任校对:宋彩霞
封面设计:张爱妮　　　　　　　　　　　　　　版式设计:张爱妮

ISBN 978-7-5632-4605-2　　　　定价:49.00 元

前　言

为落实京津冀协同发展战略部署，推进京津冀船员协同管理，北京市交通职业技能培训学校根据《京津冀内河小型船舶船员适任培训和考试大纲》，组织有丰富教学和培训经验的教师，编写了《京津冀内河小型船舶驾驶员培训教程》。

为确保教材的时效性和实用性，紧密贴合船员日常工作实际需求，体现最新法律法规、行业标准及规范要求，编写人员对京津冀小型船舶进行了考察与调研，与船员进行了深入交流，并组织实践经验丰富的专家对教材进行了审定，旨在满足京津冀内河船舶船员在业务知识学习与技能提升过程中的迫切需求。

本教材不仅适用于京津冀内河 100 总吨以下船舶驾驶员适任考试培训，还可作为大专院校内河船舶驾驶专业或同类专业的教学参考书。

教材在编写过程中得到了北京市交通委员会水路运输管理处（北京市地方海事局）、北京交通运输职业学院、北京水运游船行业协会等相关单位的关心和大力支持，特致谢意！

由于时间仓促，书中难免存在不足之处，欢迎广大读者和专家批评指正。

北京市交通职业技能培训学校
2024 年 8 月

目 录

第一章
内河航道与水文要素

第一节 内河航道

一、内河航道的概念及分类

（一）内河航道的概念

内河水道是地表水流在陆地上自然流淌或经人工改造后形成的水流通道,它们既包含了自然界中的河流与湖泊等天然水道,也涵盖了人类为满足运输、灌溉等需求而建造的人工水道,如运河与水库。在这些水道中,部分区域因其理想的航行条件——足够的深度、宽度、净空高度与弯曲半径,而被选定为航道。航道作为船舶安全航行的区域,其位置与界限通常由航标明确标示,以保障船舶的正确识别与安全航行。

（二）内河航道的分类

1.按航道形成原因分类

按照形成原因一般把内河航道分为天然航道和人工航道。

（1）天然航道

天然航道是指河流、湖泊等天然水域中的航道。根据航道流经的地区不同,天然航道又可细分为平原航道、湖区航道和山区航道等,其分布及特点如下:平原航道一般位于平原地区,航道水流平稳,适合大型船舶航行;湖区航道一般位于湖泊区域,水深较小,适合小型船舶航行;山区航道一般位于山区,水流相对湍急,需要修建水利设施来改善通航条件。京津冀地区的天然航道大部分属于平原航道,比如京杭大运河的天津—临清段;湖区航道相对较少且规模有

1

限,比较具有代表性的是白洋淀航道;山区航道在京津冀地区较为罕见,北京市五大水系之一的拒马河航道就是京津冀地区比较有代表性的山区航道。

（2）人工航道

人工航道一般指陆地上人工开凿的河道,大体分为两类:一类是在天然河道上建人工构筑物,以改善河流的自然状态使之更加适于船舶通航,被称为渠化航道;另一类是在陆地上人工开挖的全新航道,被称为运河,京杭大运河的人工段皆属于此类。

相对于天然航道,人工航道一般具有航运路程短、便于管理维护、通航条件好、综合经济效益高等特点。

2.按航道通航条件分类

（1）按照通航时限划分

根据航道通航时限,航道一般被分为常年通航航道和季节通航航道两类。

常年通航航道可供船舶全年通航,航道不受季节或者水位期的影响,具有较高的通航稳定性和可靠性。此类航道一般配备有较为完善的基础设施,对于促进地区经济发展具有重要意义。京津冀地区航道基本属于此类,尤其是北运河通州段,不仅历史悠久而且基础设施完善,对促进区域协同发展,推动绿色、低碳运输方式具有重要意义。

季节通航航道,顾名思义,只能在一定季节或水位期内通航,其通航能力受到自然条件的限制,如水域冰封期、洪水期或枯水期等。因此此类航道通航时间有限,需要特殊管理,以保障季节性通航。

（2）按照通航限制条件划分

内河航道按照通航限制条件一般可分为单行航道、双行航道和限制性航道三类。

单行航道是指在同一时间内,只能供船舶沿一个方向行驶,不得在航行中会让的航道。它又被称为单线航道,通常由于航道宽度有限或存在特殊安全要求而设置。单行航道又可细分为单向单线航道和单向多线航道,其中单向单线航道不允许船舶在航行中追越。

双行航道是指在同一时间内,允许船舶对驶、并行或追越。它包括双向双线航道和双向多线航道,具有较高的通航效率和灵活性。

限制性航道是指由于水面狭窄、断面系数小等原因,对船舶航行有明显限制的航道。它包括运河、通航渠道、狭窄的设闸航道、水网地区的狭窄航道,以及具有上述特征的险滩航道等。在这些航道上航行时,船舶需要特别注意航行安全,并遵守相关的航行规则。

船舶在内河航道通行时需要满足一定的断面系数。断面系数计算方式如图 1-1-1 所示:航道断面面积 F 与设计船舶船中剖面浸水面积 f 之比,一般以 n 表示,即 $n=F/f$。在内河航道上行驶时,航道断面系数与船舶航行阻力总体上成反比,即 n 越大,阻力越小。根据国家标准,限制性航道的断面系数不应小于6,流速较大的航道不应小于7。

3.按运营经济效益分类

根据运营经济效益,内河航道可以分为经济航道和非经济航道。

能缩短船舶航程、减少航行时间、提高航速和船舶经济效益的航道为经济航道;反之,为非经济航道。经济航道有三种:上行船舶经常选择的流速较主流缓慢的缓流航道;航程较主航道短的短捷航道;航程虽较主航道长,但由于流速小,上行船舶仍能缩短航行时间的经济迂回航道,如图 1-1-2 所示。

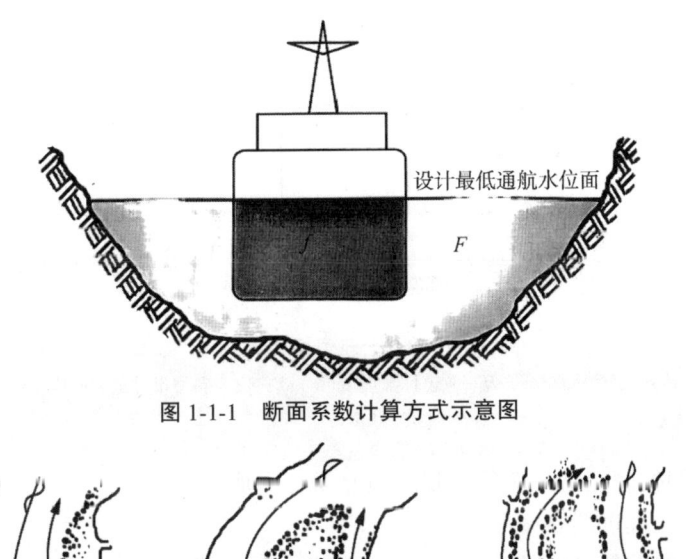

图 1-1-1　断面系数计算方式示意图

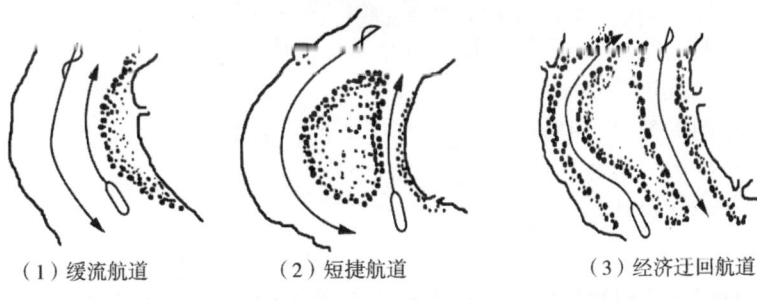

（1）缓流航道　　　　　　（2）短捷航道　　　　　　（3）经济迂回航道

图 1-1-2　经济航道

二、内河航道尺度

（一）航道尺度与航道标准尺度

航道尺度是指航道水深、宽度、弯曲半径和通航净空高度的总称。随着季节与水位的变化,航道尺度也会变化。总体上,洪水期航道尺度大,枯水期航道尺度小。

航道尺度通常可分为航道维护尺度和航道标准尺度两种。

航道维护尺度是指航道在不同水位期应当保持的水深、宽度、弯曲半径等技术要求。

航道标准尺度是指为满足标准船型或船队在设计最大吃水状态下安全航行而必须达到的最小航道尺度。它包括航道标准深度、宽度和最小弯曲半径。同一航道可根据实际情况分段制定不同的航道标准尺度,通常下游河段的航道标准尺度大于上游河段的航道标准尺度。《内河通航标准》(GB 50139—2014)对天然和渠化河流航道、限制性航道等不同等级航道的航道标准尺度作出了明确规定。

（二）航道标准深度

航道标准深度(H)又称最小保证水深,是代表船型设计最大吃水状态下,在设计最低通航水位时,须保证船舶安全航行的航道最小水深。航道标准深度是评价通航标准的主要指标,其标准值为代表船型设计最大吃水(T)与富余水深(Δh)的总和,如图 1-1-3 所示。

1.富余水深及其作用

富余水深又称剩余水深,是指船舶安全航行时船舶平板龙骨外缘最低点至相应河底保留的最小距离。富余水深的作用是保证船舶的航行安全。

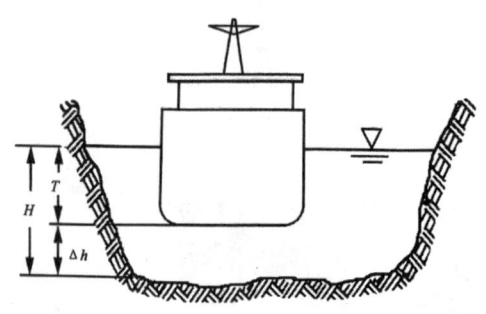

图 1-1-3　航道标准深度

Δh—富余水深(m)；H—航道标准深度(m)；T—代表船型设计最大吃水(m)

2.富余水深的确定依据

(1)船舶航行时,因船体下沉等客观原因而需要增加的水深。

(2)为保障船舶推进器安全而增加的水深。

(3)为保障船舶舵效,达到操纵安全、灵活而增加的水深。

(4)为防止船舶因风浪或其他客观原因偶然触底而需增加的水深。

(5)顶推船队编队后的吃水增加值。

根据实船试验,山区河流大型顶推船队编队后船舶吃水量略有增加,吃水增加量一般为0.06 m左右;中小型河流船顶推队编队后船舶吃水量变化较小,可以不考虑。

3.富余水深的有关规定

《内河通航标准》(GB 50139—2014)规定的船舶富余水深值见表1-1-1。

表 1-1-1　富余水深值

航道等级	I	II	III	IV	V	VI	VII
富余水深(m)	0.4~0.5	0.3~0.4	0.3~0.4	0.2~0.3	0.2~0.3	0.2	0.2

注:①富余水深值主要包括船舶航行下沉量和触底安全富余量。

②流速或风浪较大的水域取大值,反之取小值。

③卵石和岩石质河床富余水深值应另加0.1~0.2 m。

(三)航道标准宽度

航道标准宽度(B)是指设计最低通航水位时,设计代表船型或船队确保最大吃水下的航行安全所需的航道最小宽度,即整个通航航道的最小宽度。

航道标准宽度是由有关部门经过综合分析计算得出,并以指令形式颁布执行的。制定时必须综合考虑设计代表船型或船队的尺度、队形、航行和操纵性能、水流、航道条件、气象要素等因素。

(四)航道最小弯曲半径

通常我们以航道弯曲半径(R)或弯曲系数(K)来表示弯曲航道的弯曲程度。航道弯曲半径是指航道弯曲处轴线圆半径的长度,也称航道曲率半径或航道曲度半径;弯曲航道的实际长度与起止点之间的直线长度之比称为航道弯曲系数。理论上讲,航道弯曲系数需要大于1.5,系数为1.0~1.5的航道,称为微弯航道;系数近似为1.0的航道,称为顺直航道。航道弯曲系

数越大、航道弯曲半径越小，船舶航行条件越差，船舶在弯曲航道的航行就越困难。

1.航道最小弯曲半径的确定

航道最小弯曲半径（R_{min}）是指保证航区代表船型或船队在满载吃水状态下，设计最低通航水位时，安全通过弯曲河段所必需的航道弯曲半径的最小值。航道最小弯曲半径的确定与船长、航道条件、水流条件、船宽与航宽、航速与流速、船队尺度与系结方式、船舶操纵性能与引航技术等因素有关。

按照我国《内河通航标准》（GB 50139—2014）的规定，内河航道的最小弯曲半径宜为顶推船队长度的 3 倍，或货船长度、拖带船队最大单船长度的 4 倍。在特殊困难河段，航道最小弯曲半径不能达到要求时，在宽度加大且驾驶通视能满足需要的前提下，其可以适当减小，但是不得小于顶推船队长度的 2 倍，或货船长度、拖带船队最大单船长度的 3 倍。对于流速在 3 m/s 以上、水势汹涌的山区性河流航道，航道最小弯曲半径最好为顶推船队长度或货船长度的 5 倍。

2.航道弯曲半径的求法

航道弯曲半径可以从资料中得知，也可以从航行图或航道图上采用几何作图法量取，方法如下：

首先在航道中心线上最弯曲部分截取一段线，从线上取上下起止点和顶点 A、B、C 作为圆弧线上的三点；然后连接 AC、BC，分别作 AC、BC 两线段的垂直平分线并交于点 O；最后连线 OC 即为航道弯曲半径，实际长度可从该图的比例尺上量取，如图 1-1-4 所示。

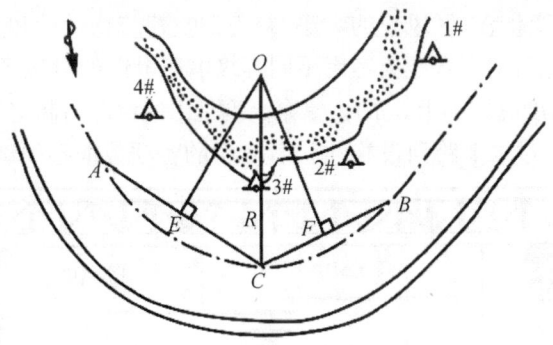

图 1-1-4　航道弯曲半径的求法

三、水上跨河设施通航尺度

随着京津冀地区交通网络化发展和河流的综合开发利用，河流上出现了越来越多的水上跨河设施。为保证船舶的安全航行，这些设施下必须留有一定的安全航行空间，即有一定的通航净空尺度，它包含通航净空高度和通航净空宽度（简称为通航净高和通航净宽）两个维度。

（一）通航净空高度

通航净空高度是保证船舶安全通过水上跨河设施的最低高度。航道部门和桥梁工程部门一般把设计最高通航水位面至水上跨河设施下缘最低点的垂直距离，作为设计净空高度。为方便驾驶员计算和掌握船舶通过跨河净空建筑物的安全高度，人们通常又把当地零水位面

(当地零点)至水上跨河建筑物下缘最低点的垂直距离,作为通航净空高度。两个净空高度之间相差一个以当地零水位面起算的"设计最高通航水位",如图 1-1-5 所示。

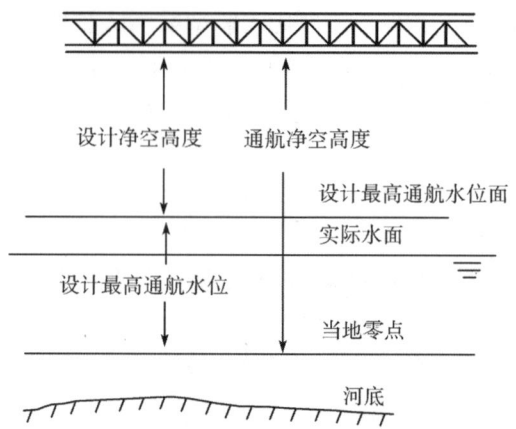

图 1-1-5　设计净空高度与通航净空高度的关系

例如,大桥设计净空高度为 26 m,设计最高通航水位为 15.42 m(当地零水位面),则按当地零点(当地基准面)起算的净空高度,也就是通航净空高度为:26+15.42＝41.42(m)。

为了确保船舶能够安全通过水上跨河设施,需要留有一定的富余高度。富余高度(ΔD)是船舶在通过水上跨河设施时,其水上跨河建筑物的下缘最低点至最高点的最小安全距离,是为了确保水上跨河设施与船舶航行的安全而设置的。确定富余高度时应考虑当地水位涨落变化的幅度、船舶吃水的变化、航区风浪的大小、跨河架空建筑物设计和安装的误差、热胀冷缩或下垂的幅度等影响因素;针对电缆还要考虑不同等级电压电缆的电磁场的强度和范围(如 50 万伏超高压电缆的富余高度应不小于 6 m)。富余高度是由航保部门制定的,一般为 1.0~1.5 m。

为确保船舶安全通过水上跨河设施,图 1-1-6 中的各项数据必须满足以下公式。

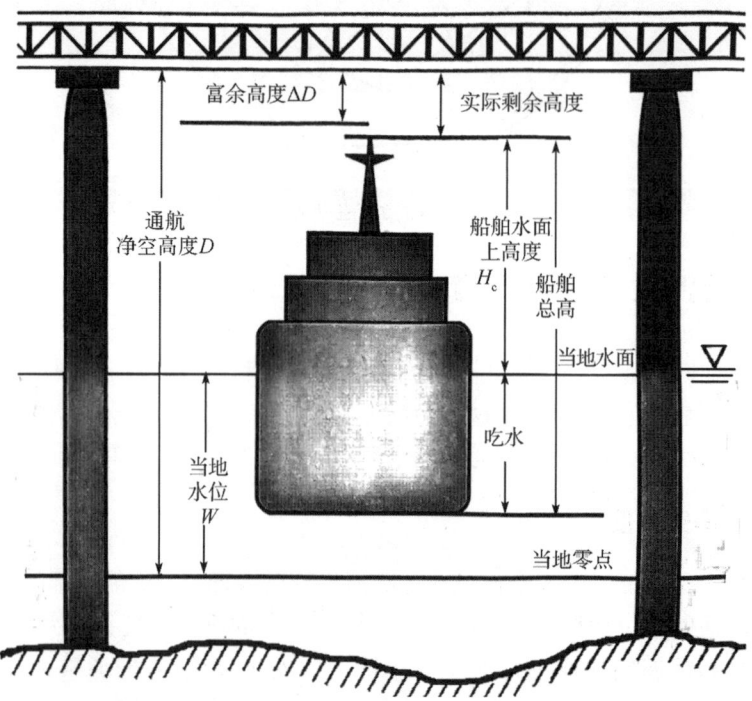

　　图 1-1-6　船舶通过跨河架空建筑物的计算示意图

$$H_c + \Delta D + W \leq D$$

式中:H_c——船舶最大水上高度(m);

ΔD——富余高度(m);

W——当地水位(m);

D——通航净空高度(m)。

例:已知某大桥通航净空高度 $D = 25.03$ m,富余高度 $\Delta D = 1.4$ m,当地水位 $W = 5.2$ m。根据船舶资料,某船总高为 25 m,艏吃水为 5 m,艉吃水为 5.5 m,此船能否安全通过该大桥?

解:船舶水面上最大高度 $H_c = 25 - 5 = 20$(m)

$H_c + \Delta D + W = 20 + 1.4 + 5.2 = 26.6$(m)

25.03(m)< 26.6(m)

因此,此船不能安全地通过大桥。

(二)通航净空宽度

水上跨河设施的通航孔中,相邻两墩内侧可供设计船舶或船队安全航行的有效宽度,被称为通航净空宽度。对于天然河流和渠化河流,通航净空宽度一般按单向船舶或船队通过所需要的宽度来确定。为确保通航安全,船舶或船队宽度与水上跨河设施两墩内缘之间需要留有一定的富余宽度,且船舶或船队的实际最大通航宽度必须小于通航净空宽度与富余宽度的差值。当水上跨河设施轴线的法线与水流流向的交角大于5°(一般应小于5°)时,通航净空宽度还需相应增大;当水流横向流速大于 0.8 m/s 时,通航水域中不得设置墩柱。

(三)船闸有效尺度

船闸能够满足设计通航标准的闸室水域尺度被称为船闸有效尺度,它直接关系到船舶(队)在船闸内的安全进闸、停泊和出闸。该尺度包括闸室有效长度、闸室有效宽度和门槛水深。

1.闸室有效长度

闸室内允许船舶(队)安全进闸和停泊的长度被称为闸室有效长度,它是设计最大船舶或船队长度与富余长度之和。如果一闸次为两艘及以上船舶或船队纵向排列过闸,闸室有效长度还需要加上各船舶或船队的停泊间隔长度。

2.闸室有效宽度

闸室内可供船舶(队)安全停泊的宽度被称为闸室有效宽度。根据国家标准,闸室有效宽度系列应为 34 m、23 m、18 m 或 16 m、12 m、8 m。

3.门槛水深

门槛水深是指设计最低通航水位时,闸首门槛上的最小水深。门槛水深不应小于设计船舶或船队最大满载吃水的 1.6 倍。

四、内河航区和航道等级的划分

（一）内河航区分级标准

1.内河航区级别

根据中国海事局颁布的《内河船舶法定检验技术规则》，内河航区级别按 A 级、B 级、C 级由高到低的顺序排列，不同的 J 级航段分别从属于所在水域的航区级别。

2.内河航区划分标准

（1）各级内河航区的有效波高（H_S）范围，见表 1-1-2。

表 1-1-2　各级内河航区的有效波高（H_S）范围

航区级别	有效波高范围（m）
A 级	$1.25 < H_S \leq 2$
B 级	$0.5 < H_S \leq 1.25$
C 级	$H_S \leq 0.5$

（2）在峡谷河流中，滩上流速超过 3.5 m/s 的航段被定为急流航段，其根据流速大小分为 J_1、J_2 两级，如表 1-1-3 所示。

表 1-1-3　急流航段划分标准

航区级别	滩上流速（m/s）
J_1 级	$5 < v \leq 6.5$
J_2 级	$3.5 < v \leq 5$

3.船舶在内河航区航行的基本要求

（1）船舶不得在高于航区等级规定的航区内航行。航行于各航区的船舶如不满足急流航段的特殊要求，不得航经该急流航段。

（2）如果船舶需要航行于高于原定航区等级的航区，必须符合有关规范的规定并且申请临时检验，通过检验后方可航行。

（3）当航行在三峡库区等水库时，船舶应关注坝前水位及回水范围的变化；在水库的蓄水、消落、泄水腾库、泄洪和冲沙期间以及洪水期，在遵守海事管理机构的有关规定的前提下，应采取适当措施保证航行安全。

（4）如果运河或特定航线与某些水域相互连通，则汇合区域的航区级别遵从相互连通区域中级别最高的。

（5）如果出现台风、暴风、潮汐、山洪等特殊情形，船长应当时刻关注航区水文气象的变化情况，谨慎驾驶，确保航行安全。

（二）内河航道等级划分

《内河通航标准》（GB 50139—2014）将我国内河航道按其可通航船舶的吨级划分为 7 级，如表 1-1-4 所示。

表 1-1-4　内河航道等级划分

航道等级	I	II	III	IV	V	VI	VII
船舶吨级(t)	3 000	2 000	1 000	500	300	100	50

注:①船舶吨级按设计载重吨确定。

②通航 3 000 t 以上船舶的航道列入 I 级航道。

第二节　水文与气象要素

水文与气象要素是内河航道的重要影响因素,它们直接影响船舶的航行安全、效率以及整个内河运输系统的稳定性。本节主要介绍航道中的水流情况与气象要素,包括水位要素、流速与流向、气象常识等基本知识。

一、水位要素

(一)水位

1.水位的基本概念

水位是指水道中某时某地的自由水面至某一水位基准面的垂直距离,其单位为米(m)。水位的高低表示水面的高低,水面至河底的距离称为水深。水位越高,水深越大;水位越低,水深越小。水位会随着时间、地点以及河水的涨落情况而发生变化。因此,水位是一个经常变化的值。

测量任何高度,都要有一定的零点作为起算的标准。水位是以基准面为零值的,通常规定,当实际水面高于水位基准面时,水位值为正值,反之为负值,如图 1-2-1 所示。

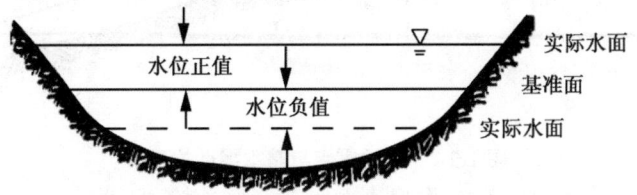

图 1-2-1　水位

观测水位的方法有水尺法、自动记录法等。

2.水位基准面

水位基准面是指用于起算水位值的基准面。由于这个基准面的水位值是零,所以它又被称作水位零点。依据不同的需要,水位零点又分为基本零点和当地零点。

(1)基本零点

基本零点是指以某一河口附近海域的某一较低的海平面作为零点,也称绝对零点或绝对基准面。它是某流域(或河段)所有水位站(测站)的统一标准,以了解全流域或河段每个测站的水位高度,用于比较和分析整个河段的情况,如黄河使用的大沽零点、长江使用的吴淞零点、珠江使用的珠江零点。

（2）当地零点

当地零点是指以当地历年来最低水位或接近于该水位的水平面作为零点,也称测站点或各港零点。它是依据各河流通航保证率的要求,通过诸如最低平均水位法、多年证率法和频率法等各种方法测算得出的。其设立是为了满足通航要求以及方便航运部门应用。通常情况下,相关部门会每隔一段距离设立一个用于起算当地附近水位的基准面,作为该地的当地零点。在我国,多数河流各地的水位以及航行图上所标注的图示水深都以这个面作为起算面。

（3）基本零点与当地零点的关系

绝对水位是从基本零点开始起算的水位,根据此零点所确定的高程被称为绝对高程。当地水位是从当地零点起算的水位,基于该零点确定的高程叫作当地高程。各个当地零点与基本零点之间的高程差就是各当地的零点高程,如图1-2-2所示。绝对高程（水位）和当地高程（水位）存在如下关系：

$$绝对高程 = 当地高程 + 当地零点高程$$
$$绝对水位 = 当地水位 + 当地零点水位$$

天津市的零点水位通常是指天津大沽高程,也称为大沽零点。它是以大沽高程所定义的基面,可作为全国统一的高度起算面。大沽高程是1956年由国家水利局确定的全国第一个统一陆海零高程,并由国家测绘局所属天津测绘处施测。

例：已知某日天津当地水位为7.2 m,试求当日天津的绝对水位（大沽零点）。

解：因为天津相对于大沽的零点高程为6.226（m）,所以天津的绝对水位（大沽零点）为 $7.2+6.226=13.426$（m）

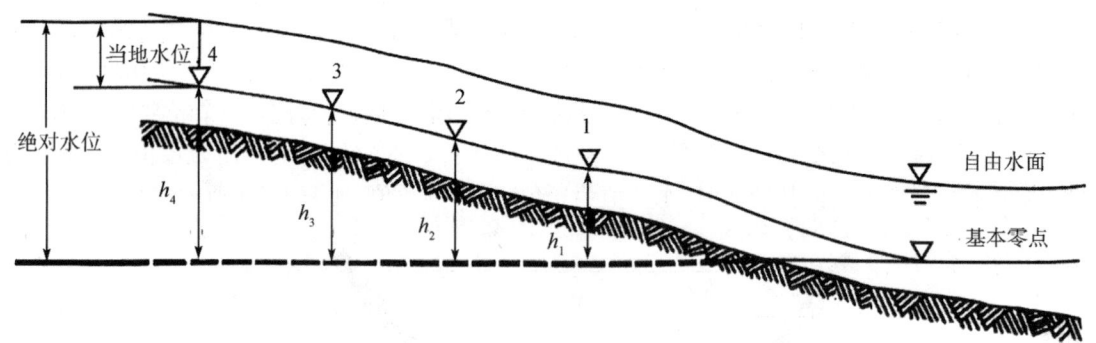

图 1-2-2　当地零点与基本零点关系图

1、2、3、4—当地零点；h_1、h_2、h_3、h_4—当地零点高程

（4）高程基准面

从1987年开始,我国统一将"1985国家高程基准面"作为我国陆标高程的基准面,由这个基准面起算得出的高程通常被称为海拔,比如世界第一高峰珠穆朗玛峰,海拔为8 848.86 m。国家高程基准面实际上就是依据青岛验潮站1952—1979年的验潮资料统计确定的黄海平均海平面,在此之前我国的高程基准面为"1956黄海平均海平面",它是根据青岛验潮站1950—1956年的水文潮汐资料确定的黄海平均海平面。

（二）水位与水深

1.绘图基准面与图示水深

在绘制航道图或者航行参考图时,由于实际水深难以直接用于标明某处的深度或礁石的高程,所以必须以某一基准面作为水深测量的起始点,这个基准面被称为绘图基准面,也称深度基准面。深度基准面至河底的距离,叫作图示水深或者图注水深。通常规定以深度基准面处为零值,河底在基准面之下,图注水深取正值;河底高出基准面,图注水深取负值,该值一般被称为干出高度,如图1-2-3所示。

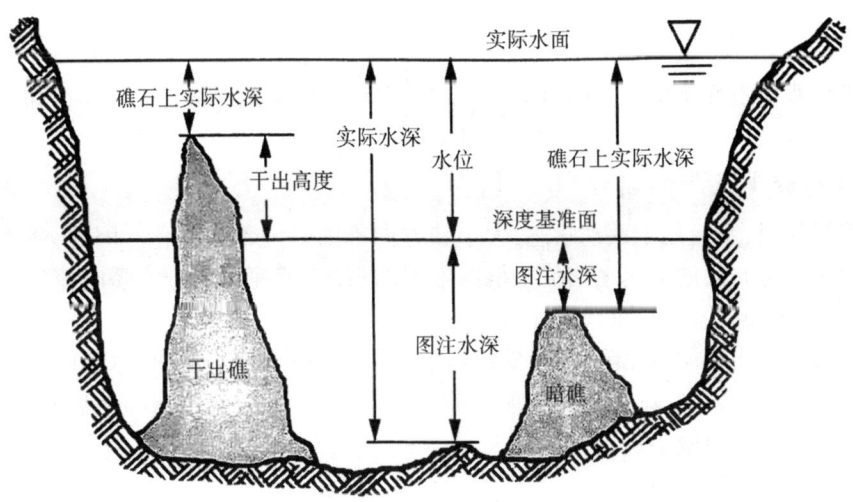

图1-2-3　水位与水深关系图

2.实际水深的计算

实际水深(简称水深)是指从自由水面到河底的垂直距离。由于河底高低不平,河槽经常变迁,水位也常常涨落不定,所以各观测点的实际水深也经常发生变化。水位上升时,水深增大;水位下降时,水深减小。

为了便于计算,我国内河的水位基准面与绘图基准面已经统一。这样,我们只要知道某日某处的当地水位以及图示水深,便可以求出实际水深,具体关系式为:

$$实际水深=图示水深+当地水位$$

例:已知航道某处浅滩的图示水深为−1.3 m,当时当地水位为4.0 m,浅滩上的实际水深是多少? 若某船舶吃水为4.5 m,艉吃水为5.0 m,当地富余水深规定为0.4 m,则该船能否从浅滩上安全通过?

解:该浅滩的实际水深(H)=图示水深+当地水位=1.3+4.0=5.3(m)

船舶通过时需要的最小安全水深(h)=船舶最大吃水+富余水深=5.0+0.4=5.4(m)

5.3(m)<5.4(m),故该船不能从浅滩上安全通过。

在借助内河航行参考图中的图示水深来求某处实际水深时,需要注意以下几点:

(1)对于冲淤变化较大的河段,由于图示水深仅代表航行参考图出版时的状况,所以利用图示水深来求实际水深,可能与当时的实际情况不相符。

(2)沉船等障碍物如果残留在河底的时间较长,也会出现位置和深度发生变化的情况。

(3)暗礁一般比较稳定,但是时间久了之后,其上面以及周围往往会淤积一层泥沙,从而改变其原有高度。为确保航行安全,在航行时应加大富余水深。

二、流速与流向

（一）流速

1.流速的基本概念

流速是指水质点在单位时间内沿某一特定方向移动的距离。流速是一个既包含方向又包含大小的矢量，其常用单位为 m/s，有时也使用 kn。

2.流速的分类及影响因素

在天然河流里，水流处于紊动状态，大小和方向都随时间不断变化。因此，通常所说的流速是指持续了一定时间的流速平均值。根据不同的需求，流速可以分为瞬时流速、时均流速、脉动流速、点流速、断面流速、垂线流速等。

流速的大小与河流的纵比降、河床的粗糙度、水力半径、风向、风速、冰情以及河流水深等因素密切相关。一般来说，流速会随着纵比降的增加而增大，随着水深的增加而增大，随着河床壁面粗糙度的增加而减小。

3.流速对航速的影响

流速对船舶航速的影响显著。当船舶顺流航行时，流速能够显著提高航速；而当船舶逆流航行时，流速对船舶航行有着明显的阻碍作用。在内河航行中，航速通常是指船舶实际的对地航行速度；船速是指船舶在无风流时静水中的航行速度，属于船舶的基本性能之一。

如果忽略风力因素，顺流航行时，航速等于船速与流速之和；逆流航行时，航速等于船速与流速之差。

此外，受到横流的影响，船舶容易产生偏转与漂移，直接对航向与船位造成影响。

（二）流向

1.流向的概念

流向是指水流质点的运动方向，也就是水流去的方向。比如西北流，是指水向西北方向流去，而不是水从西北方向流来。

2.观测流向的方法

河水的流向并非固定不变，会随着河槽的形态、水位的不同而产生变化。观测水流方向的方法除了借助仪器之外，还可以目测。目测流向的方法主要有以下几种：

（1）根据水面漂流物的运动方向，判定该处的表层流向。

（2）水流流经航标时，观察航标的航向及船舶尾部水流迹线的方向。船舶抛单锚时，观察锚链及船舶的首、尾方向。

（3）从河岸形状判断：在顺直河段，流向基本与岸线平行一致；在弯曲河段，一般凸岸水势高，凹岸水势低。在水流扫弯处，水流自凸岸流向凹岸；在弯曲顶点以下，由于超高现象，水流自凹岸流向凸岸。

（4）根据河岸水生植物被水流冲击的倾倒方向来判断流向。

（5）根据水面波纹的形状来判定流向。在宽阔或水流较缓的河段，不易识别流向时，可根据船舶压舵的情况及偏航的程度或前船尾迹线水流的偏摆来估计流向。向右压舵，说明右舷

有来流;向左压舵,说明左舷有来流。

3.流向对船舶航行的影响

(1)流向对船舶航行时的船位控制、航向偏摆、流压差判断以及航速预估(尤其在有影响的航段)等产生直接影响。

(2)流向对船舶抛起锚作业、靠离泊作业等有很大的影响。

(3)流向对船舶掉头等操纵同样有着很大的影响。

因此,船舶驾引人员无论是在航行时,还是进行靠离泊等作业时,都必须留意当时的水文特征,以便对流向进行辨认。这正是船员们常说的"依据水流特点来驾驶船舶"的体现。

(三)流态

流态是指水流运动的形态,通常在船舶引航中所指的流态是水流的表层形态。流态不但影响航道的变化,还直接影响船舶的航行。流态从宏观层面可分为主流和副流,从微观层面可分为层流和紊流。水流一般以紊流的形态呈现,水质点的运动速度大小和方向随时发生变化,其运动轨迹为各种复杂的曲线。在船舶航行过程中,流态对船舶航行的影响主要体现在河道的表层水流里,所以从河流引航的角度来看,主要考虑的是河流的表层流态。

三、气象常识

(一)风

1.风的定义和等级

(1)风的定义

风指的是大气层中由气温、气压、水汽分布等因素引起的空气流动现象,是地球上重要的自然现象之一。气象学中,风常指空气相对于地面的水平运动,它是一个同时具有大小和方向的量,用风向和风速(或风力)表示。风在人类的生活中有着重要的意义。首先,风对于气候的形成和变化起着关键作用,可以带来季节的交替,影响降水的分布。其次,风还对空气质量的改善和传播花粉、种子等生物物质起到重要作用。同时,风还是重要的能源来源,风能被用于发电等方面。当瞬时风速≥17.2 m/s,即风力达到8级以上时,就可称之为大风。大风对航运、高空作业等威胁很大,可以掀翻船只、拔起大树、折断电杆、毁坏房屋和车辆,还能引起沿海的风暴潮等。在我国,引起灾害的大风常由气旋、冷空气、雷暴、飑线、龙卷等天气系统的活动所致。

(2)风速及风级

①风速

风速是指空气相对于地球某一固定地点的运动速率,常用单位是 m/s 或 km/h。一般而言,风速越大,风力就越大,风的破坏性也越强。风速是气候学研究的主要参数之一,对于全球气候变化研究、航天事业发展以及军事应用等方面都具有重要作用和意义。

②风级

风级,即风力等级,是根据风吹到物体上所表现出的力量的大小而划分的级别。一般根据风吹到地面或水面的物体上所产生的各种现象,把风力大小分为13个等级,最小是0级,最大是12级。然而,根据我国2012年6月发布的《风力等级》(GB/T 28591—2012),即依据标准气象观测场 10 m 高度处的风速大小,风力被依次划分为 18 个等级,如表 1-2-1 所示。这种分级方式以风速作为划分依据,风速越大,风级相应越高。例如,当风速在 0~7.9 m/s 时,对应的风力等级是 0~4 级,包括无风、软风、轻风、微风与和风;当风速在 8~20.7 m/s 时,对应的风力等级是 5~8 级,包括清劲风、强风、疾风和大风;当风速在 20.8~36.9 m/s 时,对应的风力等级是 9~12 级,包括烈风、狂风、暴风和飓风。

表 1-2-1　简化风力等级表

风力等级	海面状况 海浪高/m		海岸船只征象	陆地地面物征象	相当于空旷平地上标准高度 10 m 处的风速		
	一般	最高			m/s	km/h	knot
0	—	—	静	静,烟直上	0~0.2	小于 1	小于 1
1	0.1	0.1	平常渔船略觉摇动	烟能表示风向,但风向标不能动	0.3~1.5	15	1~3
2	0.2	0.3	渔船张帆时,每小时可随风移行 2 km~3 km	人面感觉有风,树叶微响,风向标能转动	1.6~3.3	6~11	4~6
3	0.6	1.0	渔船渐觉颠簸,每小时可随风移行 5 km~6 km	树叶及微枝摇动不息,旌旗展开	3.4~5.4	12~19	7~10
4	1.0	1.5	渔船满帆时,可使船身倾向一侧	能吹起地面灰尘和纸张,树枝摇动	5.5~7.9	20~28	11~16
5	2.0	2.5	渔船缩帆(即收去帆之一部分)	有叶的小树摇摆,内陆的水面有小波	8.0~10.7	29~38	17~21
6	3.0	4.0	渔船加倍缩帆,捕鱼需注意风险	大树枝摇动,电线呼呼有声,举伞困难	10.8~13.8	39~49	22~27
7	4.0	5.5	渔船停泊港中,在海者下锚	全树摇动,迎风步行感觉不便	13.9~17.1	50~61~	28~33
8	5.5	7.5	进港的渔船皆停留不出	微枝拆毁,人行向前,感觉阻力甚大	17.2~20.7	62~74	34~40
9	7.0	10.0	汽船航行困难	建筑物有小损(烟囱顶部及平屋摇动)	20.8~24.4	75~88	41~47
10	9.0	12.5	汽船航行颇危险	陆上少见,见时可使树木拔起或使建筑物损坏严重	24.5~28.4	89~102	48~55
11	11.5	16.0	汽船遇之极危险	陆上很少见,有则必有广泛损坏	28.5~32.6	103~117	56~63
12	14.0	—	海浪滔天	陆上绝少见,摧毁力极大	32.7~36.9	118~133	64~71
13	—	—	—	—	37.0~41.4	134~149	72~80
14	—	—	—	—	41.5~46.1	150~166	81~89
15	—	—	—	—	46.2~50.9	167~183	90~99
16	—	—	—	—	51.0~56.0	184~201	100~108
17	—	—	—	—	56.1~61.2	202~220	109~118

需要注意的是,风力等级表是根据标准气象观测场的数据制定的,实际风力可能因地形、建筑物等因素而有所变化。

另外,中国气象局于 2001 年下发的《台风业务和服务规定》,以蒲福风力等级将 12 级以上台风补充到 17 级。这些级别的风速范围分别为:13 级,37.0~41.4 m/s;14 级,41.5~46.1 m/s;15

级,46.2~50.9 m/s;16 级,51.0~56.0 m/s;17 级,56.1~61.2 m/s;1973 年琼海市那场超强台风"7314",中心附近最大风力为 73 m/s,已超过 17 级的最高标准,被确定为 18 级,这也是国际航海界关于特大台风的普遍说法。

2.风向及风压

(1)风向是指风吹来的方向,通常用 8 个或 16 个方位来表示。例如,风来自北方叫作北风,风来自南方叫作南风。在气象上,当风向在某个方位左右摆动不能确定时,会加以"偏"字来描述,如偏北风。当风力很小时,则采用"风向不定"来说明。

(2)风压是由于物的阻挡,使四周空气受阻,动压下降、静压升高,从而在侧面和背面产生局部涡流,静压下降、动压升高而产生的。这种静压的升高和降低统称为风压。简而言之,风压就是垂直于气流方向的平面所受到的风的压力。

3.船风与风的观测

当船舶航行时,空气对船舶做相对运动,从而产生了一种自船首朝向船尾方向的风,这种风被称为船行风,简称船风。其风向与航向同名,且风速与船速相等。由于船风的存在,实际作用于船舶上的风并非只有真风,而是真风与船风形成的合成风,被称作视风,如图 1-2-4 所示。

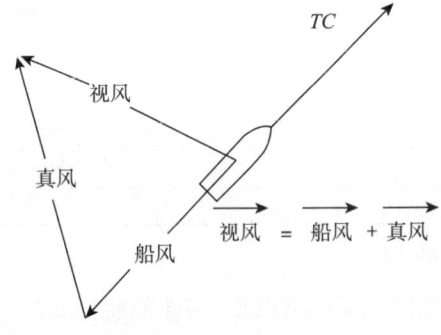

视风 = 船风 + 真风

图 1-2-4　船风与视风

在船上,船员通常可以通过观察附近锚泊船的旗帜摆动方向、附近烟囱冒烟的方向、附近岸边树木的摆动方向等方式来判定风向,也可以依据风掀起的波浪来判定风向,通常由风掀起的白浪花带的方向与风向垂直。

4.风对船舶航行的影响

同流一样,风对船舶航行也会产生偏转与漂移的作用,对船舶的航向、船位以及航速产生影响。为了让船舶能够按照预定的航线航行,应当将航向向上风方向修正一个风压差角 α,尤其是在湖泊、水库中航行时需要特别注意,如图 1-2-5 所示。风压差角的大小受多种因素作用,包括风向、风力、航向、航速以及船体受风面积等。

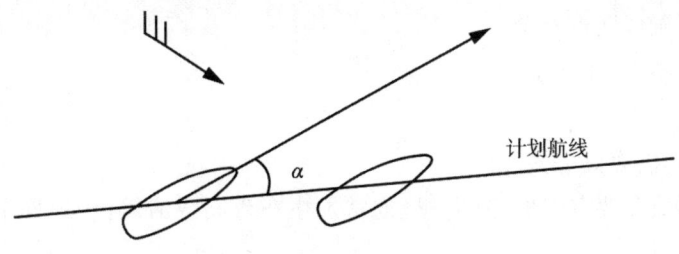

计划航线

图 1-2-5　风压差角

（二）能见度

1.能见度的概念

根据《水平能见度等级》(GB/T 33673—2017)，能见度的定义为：视力正常的人，在当时的天气条件下，能够从天空背景中看到和辨认的目标物（黑色、大小适度）的最大水平距离；在夜间，为中等强度的发光体能被看到和识别的最大水平距离。能见度通常以千米(km)为单位。大气透明度是影响能见度的直接因素，其次是目标物和背景的亮度以及人的视觉感应能力。

雾是影响能见度最为主要的因素。其他诸如沙尘暴、烟、雨、雪和低云等也会使能见度降低。例如，在长江下游地区，秋冬季节船舶在航行时常会遇到沙尘暴等使能见度下降的情况。

2.能见度的等级

《水平能见度等级》(GB/T 33673—2017)将能见度分为6个等级，如表1-2-2所示。表中能见度好则等级小，能见度差则等级大。

表 1-2-2 　能见度等级素

等级	定性描述用语	水平能见度 V/km
1	优	≥10 km
2	良	2 km≤V<10 km
3	一般	1 km≤V<2 km
4	较差	500 m≤V<1 km
5	差	50 m≤V<500 m
6	极差	V<50 m

3.能见度对船舶航行的影响

能见度不良会直接导致船舶能见距离降低，对船舶航行安全产生影响和危害，主要体现在以下几个方面：

（1）物标识别不清，给船舶定位导航带来不确定性，易偏航甚至迷失方向，引发触碰事故。

（2）在能见度低的情况下，无法及时准确判断周围船舶动态，容易发生事故。

（3）驾引人员长时间在能见度不良的环境下航行，容易身心疲劳、精神紧张，导致反应迟钝、判断失误，进而引发事故。

（三）雾

雾作为影响能见度的主要因素之一，具有变化性大且地区局限性显著的特点，所以很难对其进行预报。雾对船舶活动有着直接影响，尤其浓雾会使能见度变得非常恶劣，即便使用雷达等助航仪器，有时仍可能发生偏航、搁浅、触礁和碰撞等事故。因而，船舶驾引人员务必掌握好有关雾的知识，以确保航行安全。

1.雾的形成条件与种类

(1)雾的形成条件

雾的形成主要需要以下条件：

冷却：雾的形成需要空气的冷却。这通常发生在夜间或清晨，当地面散失日间吸收的热量，温度逐渐下降时。

加湿：空气中的水汽需要达到一定的饱和度。这通常发生在水汽充足的环境中，如水面附

近或湿度较高的地区。当空气中的水汽达到饱和状态时,水汽就会凝结成微小的水滴。

凝结核:凝结核是微小的固体颗粒,如尘埃、烟粒等,它们为水汽提供了凝结的表面。如果没有凝结核,水汽很难凝结成雾滴。

此外,雾的形成还与气压的稳定性有关。在气压稳定的情况下,本地空气流动极小甚至不流动,有利于雾的形成和维持。总的来说,雾的形成是多种因素共同作用的结果,了解这些因素有助于我们更好地预测和应对雾天气。

(2)雾的种类

根据雾的形成可以将雾分为以下几种类型:

辐射雾:因地表辐射冷却作用使近地面空气中的水汽凝结而形成的雾,在黄河流域的深秋、冬季、初春等时节较为常见。

平流雾:当暖湿空气移动到寒冷的地面或水面时,气团逐渐冷却而形成雾。这种雾通常持续时间较长,范围较大,雾体浓厚,多发生在冬春时节。

蒸发雾:冷空气流到暖水面上时,暖水面水汽蒸发到冷空气中凝结而形成的雾。蒸发雾在黄河流域的河流和湖泊上空常见,如黄河入“壶口”处,水流湍急而下,激起的水雾腾空而起,形成壮观的水底冒烟一景。

上坡雾:湿润空气沿着山坡上升时,因气团冷却而形成的雾。虽然这种雾在黄河流域可能不如其他类型常见,但在特定的地形条件下仍可能出现。

2.雾对船舶航行的影响

雾对船舶航行的影响主要体现在以下几个方面:

(1)能见度低:雾天气时,海上能见度不良,驾驶员可视距离变短,导致无法及时发现周围来船和航标等,给定位和导航等造成较大的困难,甚至可能引发船舶碰撞、搁浅等事故。

(2)雷达设备性能受限:雾天会使雷达波束衰减加大,检测距离缩短,同时雾中的水汽也会对雷达性能产生干扰,降低雷达的可靠性,进一步影响航行安全。

(3)船舶定位和导航困难:在近岸水域和受限水域航行的船舶,可利用周围的物标进行定位和导航。但在雾天,声信号在充满大量水滴的空气中传播会受到影响,导致船员通过声信号对距离和方向的判断出现误差。此外,当雾达到浓雾等级时,固定点光源所发出的光亮无法被看到,大大减弱了浮标灯光的助航作用。

(4)心理影响:雾天航行时,驾驶员可能因视野受限而产生心理恐慌,影响判断和操作,进一步增加航行风险。

(5)影响航行效率:大雾天气可能会耽误船舶进出港的时间,对货物的装卸和流转时间造成延长,降低航运速度和港口作业效率。同时,当封航持续时间过长时,船上人员的伙食补给也可能出现短缺,给船员的生活带来不便甚至威胁。大雾消散后港口解除封航时,由于前期停航会造成大量船舶积压,短时间内船舶集中进出港,船舶通航密度非常大,给航行安全带来很大的隐患。

因此,在雾天航行时,船舶应严格遵守相关安全管理规定,加强瞭望和观察,确保航行安全。

(四)龙卷风

龙卷风是一种少见的小尺度、局地性、突发性的强对流天气,它是在强烈的不稳定的天气条件下产生的一种小范围的空气涡旋。具体来说,龙卷风是近地面的不稳定能量在很小区域内集中释放的一种形式,通常被认为与上升气流和垂直风切变有关。在观测上,龙卷风表现为狭长的漏斗云或类似形态的尘土或水柱。

按形态和产生环境,龙卷风可以分为多涡旋龙卷、陆龙卷、水龙卷等。龙卷风主要出现在中纬度地区,北美洲、欧洲、俄罗斯、中国、日本及澳大利亚等地每年都会出现龙卷风,其中美国是龙卷风出现次数最多的国家。

1.龙卷风的特点

龙卷风是一种强烈的、小范围的空气涡旋,具有以下显著特点:

(1)尺度小

龙卷风的水平范围很小,直径通常为几米到几百米,最大可能达到1千米左右。

(2)风力强

龙卷风的风力极强,可达12级以上,最强龙卷风的地面风速为110~200米/秒。这种强烈的风力使得龙卷风具有极大的破坏力。

(3)伴有雷雨和冰雹

龙卷风一般伴有雷雨,有时也伴有冰雹。

(4)漏斗状云柱

当龙卷风产生时,总有一条直径为几十米到几百米的漏斗状云柱从对流云云底盘旋而下。有的能伸达地面,在地面导致灾害发生,被称为龙卷风;有的未及地面或未在地面产生灾害性破坏,被称为空中漏斗;有的伸达水面,被称为水龙卷。

(5)破坏力大

龙卷风的破坏力极大,能拔起大树、掀翻车辆、摧毁建筑物,甚至将人及地面物体卷吸至空中,对人类的生命和财产造成巨大威胁。

(6)持续时间短

龙卷风的持续时间一般仅有几分钟,最长不过几十分钟。但由于其破坏力极大,即使持续时间短,也能造成重大损失。

此外,龙卷风的发生有一定的地域和季节特征,通常出现在中纬度地区。在美国,龙卷风每年造成的死亡人数仅次于雷电,造成的损失非常严重。

2.龙卷风发生的季节

龙卷风的季节性较弱,春季、夏季、秋季均可发生。最常发生在春夏过渡季节或夏秋之交,尤以下午至傍晚最为多见。龙卷风可见于热带和温带地区,包括美洲内陆、澳大利亚西部、印度半岛东北部等。

3.龙卷风对船舶航行的影响

龙卷风对船舶航行的影响是极其严重的。具体来说,龙卷风的强大风力和旋转特性会对船舶造成以下影响:

(1)船舶操纵困难

龙卷风产生的强风可能使船舶操纵性能变差,尤其在上层建筑较大的船舶上,可能发生翻沉事故或货物移位,从而影响船舶的稳性。

(2)安全威胁

龙卷风会导致海面环境急剧变化,对船舶航行安全构成严重威胁。在龙卷风的影响下,船舶可能遭受严重损坏,甚至倾覆。

(3)搜救难度增加

如果船舶在龙卷风中被损坏或倾覆,海上搜救的难度会大大增加。恶劣的天气条件可能

导致搜救行动无法及时展开,进一步加大损失。

因此,在船舶航行过程中,应密切关注天气预报和气象变化,及时采取防范措施,确保航行安全。在遭遇龙卷风等极端天气时,应尽快采取避险措施,避免发生安全事故。

(五)寒潮

1.寒潮标准

寒潮是指高纬度地区的强冷空气势力大规模席卷至中低纬度区域,从而引发剧烈降温的天气活动。根据《寒潮等级》(GB/T 21987—2017),寒潮可划分为以下三个等级:

(1)寒潮:当某地日最低气温在 24 h 内降温幅度达到或超过 8 ℃,或者在 48 h 内降温幅度达到或超过 10 ℃,又或在 72 h 内降温幅度达到或超过 12 ℃,并且该地日最低气温不高于 4 ℃时,这样的冷空气活动即为寒潮。

(2)强寒潮:若某地日最低气温在 24 h 内降温幅度达到或超过 10 ℃,或者在 48 h 内降温幅度达到或超过 12 ℃,又或在 72 h 内降温幅度达到或超过 14 ℃,同时该地日最低气温不高于 2 ℃,这种冷空气活动称为强寒潮。

(3)特强寒潮:当某地日最低气温在 24 h 内降温幅度达到或超过 12 ℃,或者在 48 h 内降温幅度达到或超过 14 ℃,又或者在 72 h 内降温幅度达到或超过 16 ℃,并且该地日最低气温不高于 0 ℃时,此冷空气活动是特强寒潮。

2.寒潮天气的特点

寒潮天气的具体特点如下:

(1)温度剧降:寒潮来袭会使沿途地区大范围剧烈降温,气温在 24 h 内迅速下降到8 ℃以上,且最低气温在 4 ℃以下。中国南北方的寒潮标准略有不同,但整体而言,寒潮带来的降温幅度是显著的。

(2)大风天气:寒潮来临时常伴随着大风天气。大风级别根据地区不同而异,陆地上可能伴有 5~7 级大风,海洋上则可能伴有 6~8 级大风。

(3)降水现象:寒潮经过的地区可能会出现降水天气,包括雨、雪等。降水形式因地区而异,例如,在西北沙漠和黄土高原,寒潮可能表现为大风少雪,极易引发沙尘暴天气;在内蒙古草原则可能出现大风、吹雪和低温天气;在华北、黄淮地区,寒潮袭来时常常风雪交加;在东北地区则表现为更猛烈的大风、大雪,降雪量为全国之冠;在江南地区,寒潮常伴随着寒风苦雨。

第三节 内河助航标志与交通安全标志

一、内河助航标志

内河航道为确保航行安全与效率,普遍采用了多样化的标志系统,该系统主要包含两大类别:内河助航标志与内河交通安全标志。内河助航标志的核心作用是界定航道界限,确保航行安全,并引导船舶以最经济、最安全的方式行进。它们如同航道的引导者与守护者,为船舶提供明确的导航信息。而内河交通安全标志则侧重于传递与航行交通管理密切相关的各类信息,旨在通过这些信息的有效传达,实现对内河交通秩序的有效管理。这两类标志在功能上相互支撑,共同构成了内河航道不可或缺的安全保障体系。

(一)内河助航标志的概述

内河助航标志(以下简称内河航标)是反映航道尺度、确定航道方向、标示航道界限、揭示航道信息、引导船舶安全航行的标志,是供船舶在内河安全航行的重要助航设施。

现行的内河航标标准按照《标准化工作导则第 1 部分:标准化文件的结构和起草规则》(GB/T 1.1—2020)的规定起草。该标准代替《内河助航标志》(GB 5863—1993)和《内河助航标志的主要外形尺寸》(GB 5864—1993),将两个标准进行整合,对结构进行调整和编辑性改动,并做了一些技术变化。

1.内河航标的作用

内河航标在保障内河航道安全、顺畅及船舶高效航行上发挥着至关重要的作用。具体来说,内河航标的作用主要体现在以下几个方面:

(1)标示航道方向、界限与障碍物:内河航标通过其位置、形状、颜色以及灯光(如有)等特征,清晰地标示出航道的方向、边界以及航道中的障碍物,如浅滩、礁石、沉船等。这有助于船舶驾驶员准确判断航道情况,避免偏离航道或发生碰撞事故。

(2)揭示有关航道信息:除了基本的航道方向和界限外,内河航标还能传递更多与航道相关的信息,如水深、流速、水流方向、航道宽度变化、航道维护状态等。这些信息对于船舶驾驶员来说至关重要,能够帮助他们做出正确的航行决策,确保航行安全。

(3)为船舶航行指出安全、经济的航道:内河航标系统经过精心设计和布局,旨在为船舶提供一条既安全又经济的航行路线。通过引导船舶沿着特定的航道行驶,可以减少船舶在航行过程中的能耗和磨损,同时降低发生事故的风险,提高航行的整体效率和经济性。

2.内河航标的适用范围

《内河助航标志》(GB 5863—2022)适用于中华人民共和国境内的江、河、湖泊、水库、运河等内陆水域所配布的助航标志。注:国境河流等特殊通航水域根据具体情况另行规定。

3.决定河流左右岸的原则

决定河流左右岸的原则包括:按水流方向确定河流的上下游,面向河流下游,左手一侧为左岸,右手一侧为右岸。对于水流流向不明显或各河段流向不同的河流,按下列顺序确定上下游:

(1)通往入海口的一端为下游。

(2)通往主要干流的一端为上游。

(3)河流偏南或偏东的一端为下游。

(4)以航线两端主要港埠间主要水流方向确定上下游。

4.内河航标的涂色和光色原则

(1)涂色原则

需要区分左右岸的内河航标:左岸为白色(黑色),右岸为红色。

不必区分左右岸的内河航标:按背景的明暗确定,背景明亮处为红色(黑色),背景深暗处为白色。

(2)光色原则

内河航标灯光光色采用原则:左岸光色为绿光(白光),右岸光色为红光。

5.内河航标灯质三要素

灯光颜色、发光方式和闪光周期称为内河航标灯质三要素。

(1)灯光颜色

灯光颜色主要有红光、绿光、白光、黄光、蓝光五种。

(2)发光方式

发光方式有定光(工作时间内颜色和亮度不变的长明不断的灯光)、闪光(灯光颜色不变,每隔一定时间亮一次,亮的时间比暗的时间短的灯光)、莫尔斯光(灯标按照莫尔斯码的节奏发光,灯光颜色不变)、明暗光(顿光)(灯光颜色不变,每隔一定时间熄灭一次,发光时间比熄灭时间长的灯光)四种。

(3)闪光周期

完成一个循环所需要的总的时间为一个周期。单闪、双闪、明暗光等灯质的闪光周期不得超过 6 s,其他灯质的闪光周期不得超过 10 s。

6.内河航标灯质规定

(1)内河航标对闪光周期不做统一规定,需要区分同一功能的相邻航标时,可以采用不同的闪光周期。

(2)选用单闪、双闪、顿光等灯质时,其闪光周期不得超过 6 s;选用其他灯质时,其闪光周期一般不超过 10 s。

(3)在确定各种灯质时,其闪光的持续时间不得小于 0.4 s。选用莫尔斯信号闪光时,其长闪光时间应为短闪光时间的 3 倍,每两次闪光的间隔时间与短闪光时间相等,每组闪光后的间隔时间不小于长闪光时间。

(4)快闪光的明暗时间相等,其明暗次数为每分钟 60 次。

(5)并列或垂直悬挂两盏灯时,其间距应为 1.0~1.8 m。

(6)除采用规定灯质外,可根据具体条件选用《内河航标技术规范》所规定的代用灯质,但同一河区的不同种类的内河航标,其灯质必须明确区分,相邻河区间应注意协调,避免相互混淆或被误认。

7.内河航标最小安全航行距离

内河航标最小安全航行距离是指船舶在航行过程中,为了确保航行安全,必须保持与航标之间的最小距离。这个距离是根据航道的具体情况、航标类型、船舶类型、航行速度以及航行规则等多种因素综合确定的。

具体来说,内河航标最小安全航行距离可以包括以下几个方面:

(1)航道条件:航道的宽度、水深、水流速度等自然因素会影响船舶的航行安全,因此需要根据这些因素来确定航标与船舶之间的最小安全距离。

(2)航标类型:不同类型的航标(如岸标、水中灯桩、浮标等)在航道中的位置和作用不同,因此其最小安全航行距离也会有所差异。例如,岸标通常设置在航道边缘,用于标示航道界限,其最小安全航行距离一般较小;而浮标则可能设置在航道中心或特定位置,用于引导船舶航行,其最小安全航行距离需要更大以确保船舶能够安全通过。

(3)船舶类型:不同类型的船舶在航行时对安全距离的需求也不同。大型船舶由于体积大、惯性大,在航行过程中需要更大的安全距离来确保航行安全;而小型船舶则可能相对灵活,所需的安全距离较小。

（4）航行速度：船舶的航行速度越快，所需的安全距离也相应增加。因为高速航行的船舶在紧急情况下需要更长的距离来减速或避让障碍物。

（5）航行规则：各地区的航行规则和标准也可能对内河航标最小安全航行距离产生影响。这些规则和标准通常是根据当地的航道条件、船舶类型、航行速度等因素制定的，旨在确保航行安全。

（二）内河航标的分类、功能及特征

内河航标按制式分为视觉航标、无线电航标、虚拟航标三大类。

1.视觉航标

视觉航标按功能分为航行标志、信号标志、专用标志和警示标志四类，共23种。

（1）航行标志

航行标志是指示航道方向、界限与障碍物的标志。它包括过河标、沿岸标、导标、过渡导标、首尾导标、间接导标、侧面标、左右通航标、示位标、泛滥标及桥涵标，共11种。

①过河标

过河标标示过河航道的起点和终点，指示由对岸驶来的船舶在接近标志时沿着本岸航行，或指示沿本岸驶来的船舶在接近标志时转向驶向对岸。它也可设在上下方过河航道在本岸的交点处，指示由对岸驶来的船舶在接近标志时再驶往对岸。

过河标标杆上端装有两块正方形顶标，分别面向上下方航道；必要时可在标杆前加装梯形牌，以增加视距，梯形牌面向所标示的航道方向。过河标的正方形顶标可安装在三角形锥体顶端、塔形体上端，也可安装在具有浮力的底座上作为浮标设置。过河标如图1-3-1所示。

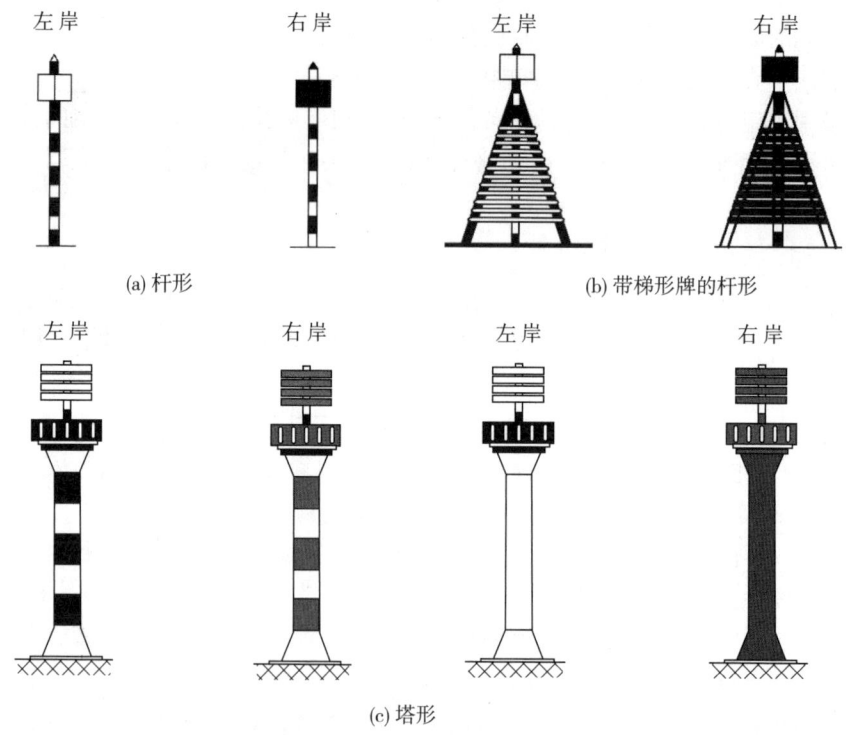

(a) 杆形 (b) 带梯形牌的杆形

(c) 塔形

图1-3-1　过河标

左岸的顶标和梯形牌为白色(黑色),标杆为白、黑色相间的横纹,塔身为白色或白、黑色相间的横纹;右岸的顶标和梯形牌为红色,标杆为白、红色相间的横纹,塔身为红色或红、白色相间的横纹。

左岸为白色或绿色,莫尔斯信号为"A"闪光(·—),右岸为白色或红色,莫尔斯信号为"N"闪光(—·);或者左岸为白色或绿色,莫尔斯信号为"M"闪光(——),右岸为白色或红色,莫尔斯信号为"D"闪光(—··)。

②沿岸标

沿岸标标示沿岸航道所在的岸别。标杆上端装有球形顶标一个,必要时顶标也可安装在塔形体上,增加视距,如图1-3-2所示。

左岸一侧的顶标为白色或黑色,标杆为白、黑色相间的横纹,塔身为白色或白、黑色相间的条纹;右岸一侧的顶标为红色,标杆为红、白相间的横纹,塔身为红色或红、白相间的横纹。

左岸一侧为绿色或白色,单闪光;右岸一侧为红色,单闪光。

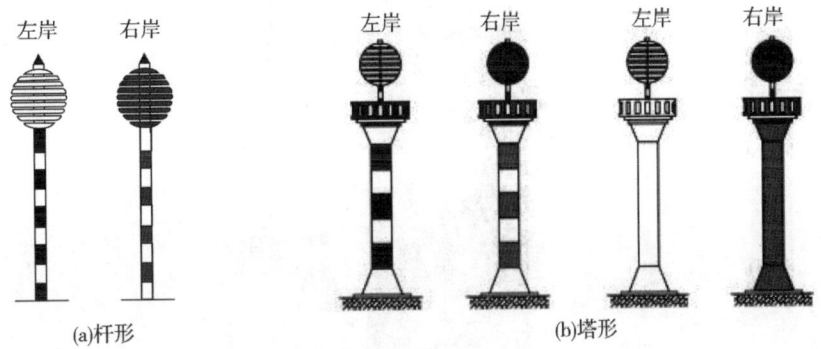

图1-3-2　沿岸标

③导标

导标由前后两座标志所构成的导线标示航道的方向,指示船舶沿导线标示的航道航行。前后两座标志的标杆上端各装一块正方形顶标,顶标均面向航道方向。如导线标示的航道过长以致标志不够明显,可在标杆前加装梯形牌,梯形牌面向所标示的航道方向。在导线标示的航道内,应使驾驶人员白天看到前标比后标略低,夜间保持后标灯光不被前标遮蔽;前后两标的高差及间距与导线标示的航道长度相适应,以保持导标的灵敏度;设标地点坡度较大,前后两座标志高差过大时,在两标连线之间加设一座形状相同的标志,如图1-3-3所示。

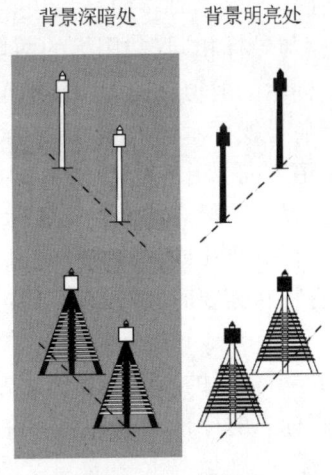

图1-3-3　导标

按背景的明暗确定顶标、标杆和梯形牌的颜色,背景明亮处为红色或黑色,背景深暗处为白色;红色或黑色梯形牌中央一道竖条为白色,白色梯形牌中央一道竖条为黑色或红色。前后标均为白色单面定光,背景灯光复杂,用白光容易混淆时,可用红色单面定光。

④过渡导标

过渡导标由前后两座标志组成,标示一方为导线标示的导线航道;另一方为沿岸航道或过河航道,指示沿导线标示的航道驶来的船舶在接近标志时驶入沿岸航道或过河航道,同样也指示由沿岸航道或过河航道驶来的船舶在接近标志时驶入导线标示的航道。前标与过河标相同,后标与导标相同;前标的一块顶标与后标的顶标组成导线,前标的另一块顶标面向另一条航道的方向。导线标示的航道过长、标志不够明显时,可以在标杆前加梯形牌,梯形牌面向所指示的航道方向,如图1-3-4所示。

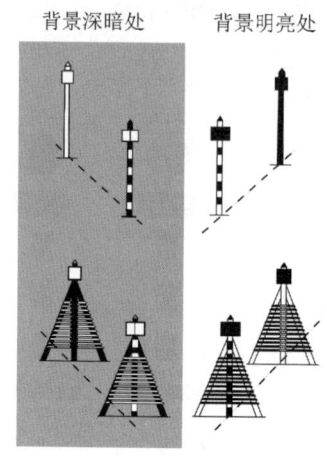

背景深暗处　　　背景明亮处

图1-3-4　过渡导标

前标的标杆和梯形牌的颜色与过河标相同,面向导线标示的航道的顶标与后标的颜色相同。另一块顶标的颜色与过河标相同;后标的颜色与导标相同。前标左岸为白色或绿色,双闪光或顿光;右岸为红色或白色,双闪光或顿光。后标左岸为白色或绿色,定光;右岸为红色或白色,定光。前后标的光色须一致。有特殊需要时,前标也可用定光。

⑤首尾导标

首尾导标由前后鼎立的三座标志组成两条导线,分别标示上下方导线标示的航道方向,指示沿导线标示的航道驶来的船舶在接近标志时转向另一条导线标示的航道。三座标志中,一座为共用标,与过河标相同,另两座与导标相同;共用标的两块顶标与另两座标志的顶标分别组成两条导线,面向上下方导线所标示的航道方向。根据航道条件与河岸地形,共用标可位于另两座标的前方、后方、左侧或右侧;导线标示的航道过长、标志不够明显时,在标杆前加装梯形牌,梯形牌面向导线所标示的航道方向,如图1-3-5所示。共用标的标杆和梯形牌的颜色与过河标相同,顶标颜色与导标相同,另两座标志的颜色与导标相同。

共用标的灯质与过渡导标的前标灯质相同,另两座标的灯质与过渡导标的后标灯质相同,同一导线的前后标的光色一致。有特殊需要时,各标都可用定光。

⑥间接导标

间接导标由前后两座标志构成,所标示的航线与相邻标志标示的航线间接连续,设置在较为复杂河段的浅滩航道。前后两座标志的标杆上端各装一块长方形顶标,顶标均面向航道方

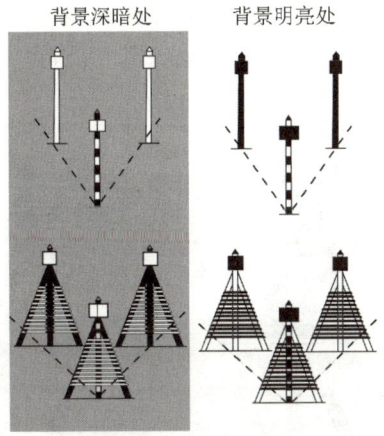

图1-3-5　首尾导标

向。导线标示的航道过长、标志不够明显时,在标杆前加装梯形牌,梯形牌面向所标示的航道方向,如图1-3-6所示。

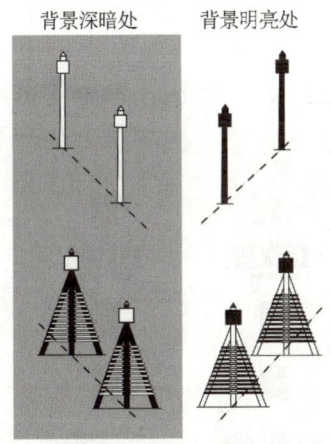

图1-3-6　间接导标

按背景的明暗确定顶标、标杆和梯形牌的颜色,背景明亮处为红色或黑色,背景深暗处为白色;红色或黑色梯形牌中央一道竖条为白色,白色梯形牌中央一道竖条为黑色或红色。前标为红色或绿色,单面定光;后标为红色或绿色,单面快闪。

⑦侧面标

侧面标设在浅滩、礁石、沉船或其他障碍物靠近航道一侧时,标示航道的侧面界限;设在优良航道两岸时,标示岸形、凸嘴或不通航的叉港,指示船舶在航道内航行。浮标可采用柱形、锥形、罐形、杆形或灯架顶部装有球形顶标的灯船等形式。锥形、罐形一般设置在具有浮力的底座上,左侧浮标为锥形或在柱形体上加装锥形顶标,右侧浮标为罐形或在柱形体上加装罐形顶标;或者只在左侧灯船加装球形顶标。固定设置在岸上或水中的侧面标采用锥形、罐形、杆形、塔形等形式。杆形和塔形岸标可加装顶标,左岸一侧可加装锥形顶标,右岸一侧可加装罐形顶标。

左岸一侧柱形体、锥形体或加装的顶标为白色或黑色,杆形标杆为白、黑色相间横纹,塔形塔身为白色或白、黑色相间横纹;右岸一侧柱形体、罐形体或加装的顶标为红色,杆形标杆为白、红色相间横纹,塔形塔身为红色或白、红色相间横纹;灯船的球形顶标均为黑色,如图 1-3-7 所示。左岸一侧为绿色或白色,单闪光、双闪光或定光;右岸一侧为红色,单闪光、双闪光或定光。

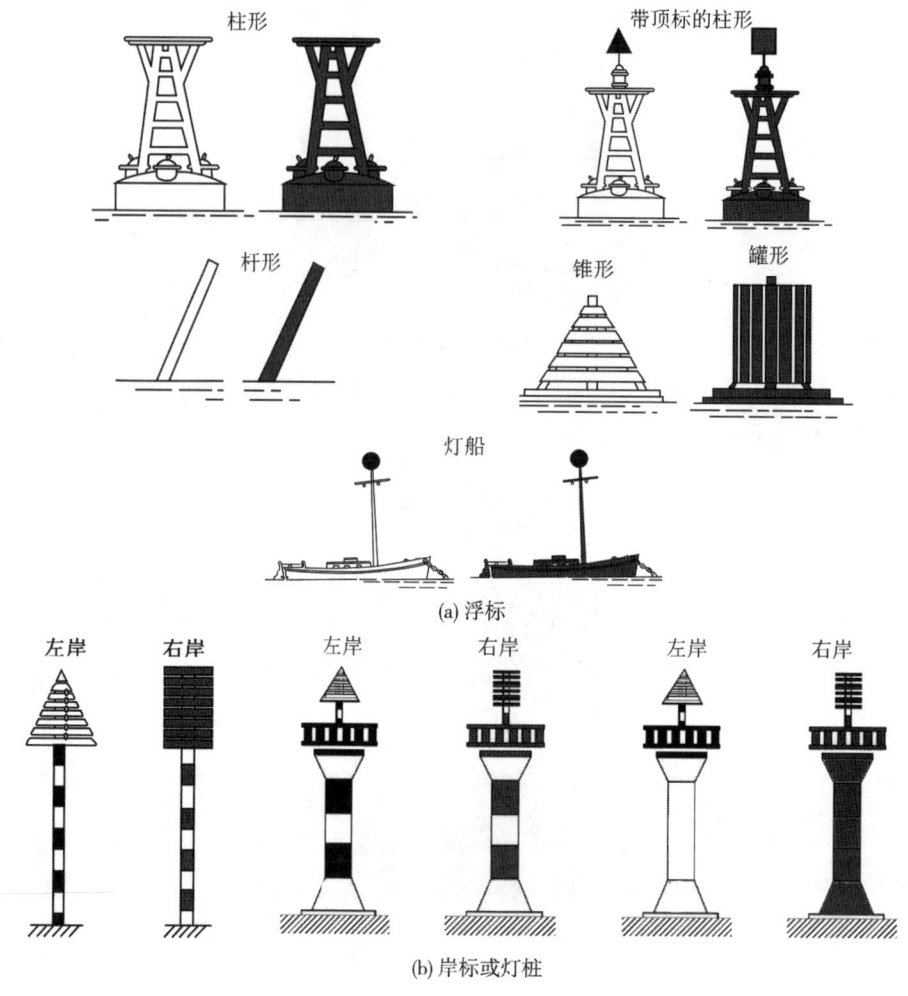

图 1-3-7　侧面标

⑧左右通航标

左右通航标设在航道中孤立河心障碍物或航道分叉处,标示该标两侧都是通航航道;或者连续布置在相邻的两条航道分隔线上,标示标志连线两侧分别为不同航路的航道。浮标可采用柱形、锥形或灯船;岸标、水中灯桩采用塔形,如图 1-3-8 所示。标体每面的中线两侧分别为红色和白色,灯质为白色或绿色,三闪光。

⑨示位标

示位标设在湖泊、水库、水网地区或其他宽阔水域以及水工构筑物上,标示岛屿、浅滩、礁石、凸嘴、通航河口、水工构筑物以及航道转向点等位置,供船舶定位或确定航向。示位标呈塔形,如图 1-3-9 所示。示位标可根据背景采用整体白、黑、红色,或白色与黑色相间、白色与红色相间横条纹;同一河流的示位标表面色应区别于塔形侧面岸标;设在通航河口处时,表面色应符合"干支衔接、左白右红"原则。其灯质为白色、绿色或红色莫尔斯信号闪光,不与其他种类的灯质相混淆。标示通航河口的示位标左岸为白色或绿色莫尔斯信号"H"(····)闪

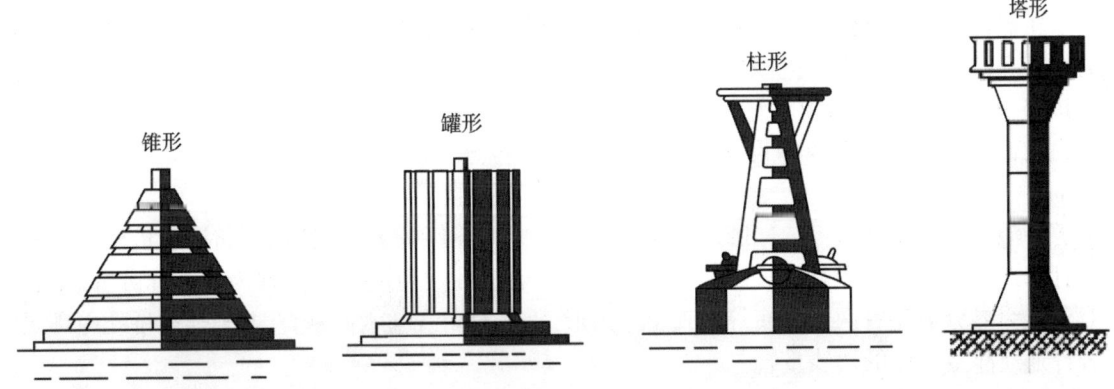

图 1-3-8　左右通航标

光,右岸为红色莫尔斯信号"H"(····)闪光。

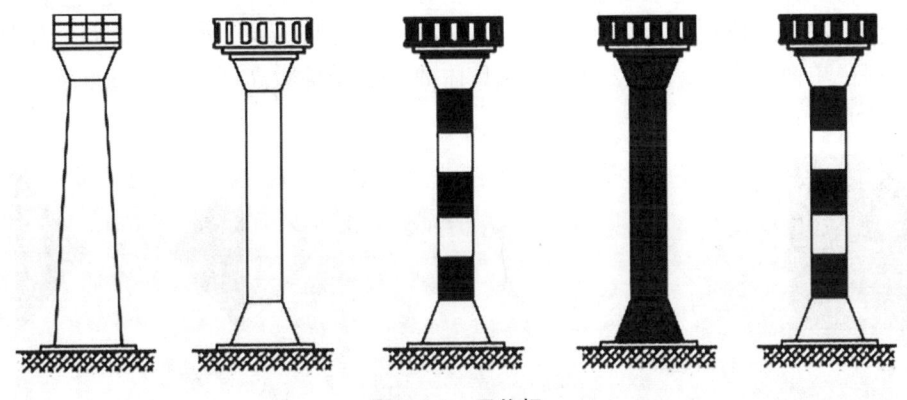

图 1-3-9　示位标

⑩泛滥标

　　泛滥标设在被洪水淹没的河岸或岛屿靠近航道一侧,标示岸线或岛屿的轮廓。其标杆上端装载一个锥体顶标,或安装在具有浮力的底座上作为浮标设置,如图 1-3-10 所示。标体左岸为白色或黑色,标杆为白黑相间的横纹;右岸为红色,标杆为红白相间的横纹。左岸灯质为绿色或白色定光;右岸灯质为红色定光。

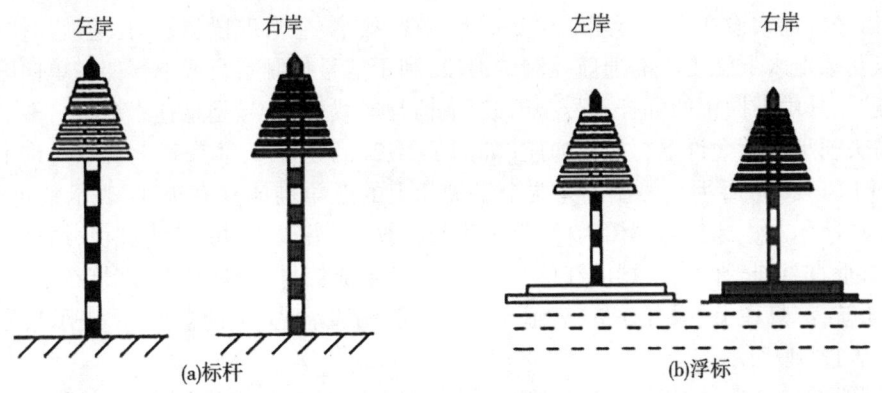

图 1-3-10　泛滥标

⑪桥涵标

桥涵标由桥涵标牌、桥柱灯和通航净空标牌组成,指引船舶通过桥梁。桥涵标牌设在单向通航桥孔迎船面的桥桁的适当位置,或设在双向通航桥孔的上下行航路迎船面上方桥桁的适当位置,标示桥梁的通航孔位置。桥柱灯设在通航桥孔迎船面的水中桥柱上,标示通航孔水中桥柱的位置。通航净空标牌设在桥梁通航孔桥桁两侧,标示满足设计通航净空尺度标准的范围。

桥涵标分为正方形标牌和圆形标牌。正方形标牌不区分大小船通航孔时,表示桥梁通航孔;区分时,表示大船通航孔。圆形标牌表示小船通航孔。通航净空标牌为菱形标牌,以垂直对角线为界分成左右两个共底等腰直角三角形,垂直对角线与水面垂直,并与通航桥孔内满足设计通航净空尺度的边线重合。

正方形标牌为红色;圆形标牌为白色;菱形标牌左右两个直角三角形用红、白两色区分,红色直角三角形的直角顶点指向航道一侧。桥梁背景颜色与标牌颜色相近时,在标牌四周加装隔离色带。桥涵标灯为单色单面定光灯,当与正方形桥涵标牌同址设置时为红色单面定光,当与圆形桥涵标牌同址设置时为绿色单面定光;通航净空标灯为黄色单面定光灯。桥柱灯为垂直设置的绿色单面定光灯,一般为2~4盏,具体数量根据桥墩高度和通航标准确定。桥涵标如图1-3-11所示。

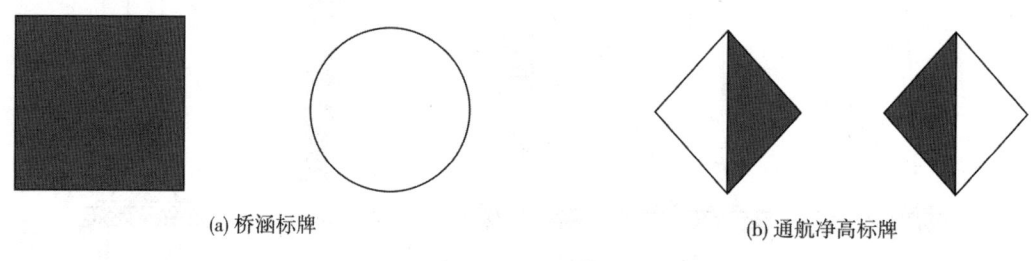

(a) 桥涵标牌   (b) 通航净高标牌

图1-3-11 桥涵标

(2)信号标志

信号标志是指标示特定河段界限、枢纽节制闸、航道里程、支流河口、港口等与航道或通航有关信息的标志。其包括通行信号标、鸣笛标、界限标、横流标、节制闸标、航道信息标、航道整治建筑物提示标等。

①通行信号标

通行信号标通常设在上下行船舶相互不能通视、狭窄、急弯航段,或单孔通航的桥梁、通航建筑物,以及水上水下施工等需通航控制的河段,利用信号控制上行或下行船舶单向顺序通航或禁止通航。其由带横桁的标杆和号型组成,横桁与岸线垂直,号型悬挂于横桁一端。号型一为箭形,箭头朝下表示允许下行船舶通航[如图1-3-12(a)所示],箭头朝上表示允许上行船舶通航[如图1-3-12(b)所示];号型二为两个锥尖朝上的三角锥体垂直排列,表示禁止通航[如图1-3-12(c)所示]。标杆与横桁为白、黑色相间斜纹,箭头和三角锥体为红色,箭杆为黑色或白色。其由垂直悬挂于横桁一端的红色、绿色定光灯组成信号,绿灯在上、红灯在下,表示允许下行船舶通航;红灯在上、绿灯在下,表示允许上行船舶通航;上下两盏红灯,表示禁止船舶通航[如图1-3-12(d)所示]。

对控制船舶进、出通航建筑物的通行信号标,根据需要在通航建筑物上下两端各设置红、绿单面定光灯一组。灯光面向来船方向,红灯表示禁止船舶通航,绿灯表示允许船舶通航;白天根据情况用红、绿旗代替红、绿灯。

通行信号也可采用光电设施显示。

(a) 允许下行船舶通行　　　　　(b) 允许上行船舶通行　　　　　(c) 禁止船舶通行

红色信号灯亮，禁止船舶通行　　　　　绿色信号灯亮，允许船舶通行

(d) 通航建筑物通行信号灯

图 1-3-12　通行信号标

②鸣笛标

鸣笛标通常设在通航控制河段或上下行船舶不能相互通视的急弯航道的上下游两端河岸上，指示船舶鸣笛。标杆上端装圆形标牌一块，标牌正中写黑体"鸣"字，标牌面向来船方向，如图 1-3-13 所示 。标杆为白、黑色相间斜纹，标牌为白底、黑边框、黑字，灯质为绿色、快闪光。

图 1-3-13　鸣笛标

③界限标

界限标设在通航控制河段、桥区水域或其他需要标示范围的河段上下游时，标示特定的河段范围界限；设在船闸闸室有效长度的两端时，标示闸室内允许船舶安全停靠的界限。标杆上端安装一块菱形标牌，标牌面向来船方向；界限标安装在具有浮力的底座上时，作为浮标设置；船闸界限标可镶绘在闸墙上。标杆为白、黑色相间斜纹，标牌为白底、黑边框，中间有黑色横条一道，如图 1-3-14 所示。灯质为红色，快闪。

图 1-3-14 界限标

④横流标

横流标标示航道内有横流,警告船舶注意。形体安装在具有浮力的底座上,或者在标杆上端安装菱形顶标设在岸上,如图 1-3-15 所示。左岸一侧菱形体为白色或黑色,标杆为白、黑色相间斜纹;右岸一侧菱形体为红色,标杆为红、白色相间斜纹。左岸一侧灯质为绿色,顿光;右岸一侧灯质为红色,顿光。

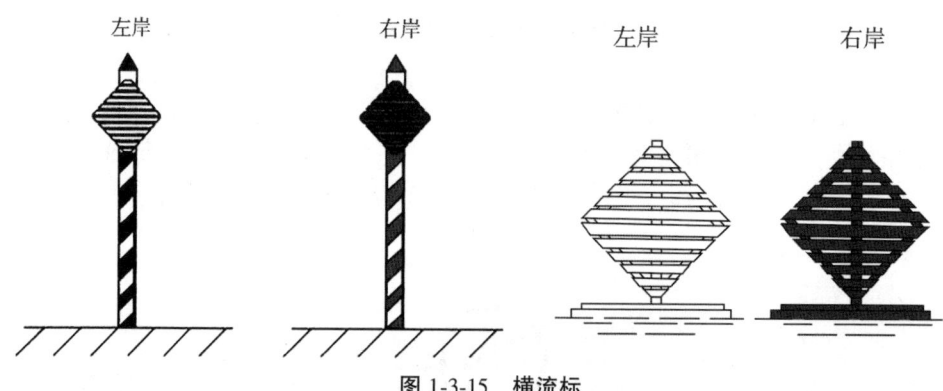

图 1-3-15 横流标

⑤节制闸标

节制闸标通常设在靠近节制闸上游或上下游一侧的岸上,或者将灯悬挂于节制闸的上游或上下游水面上空架空线上。它标示前方是节制闸,防止船舶误入发生危险。标杆上端安装一块圆形标牌,标牌面向上游或上下游来船方向,标牌上绘有船型图案及禁令标志,如图 1-3-16 所示。标杆为红、白色相间斜纹,标牌为白底、红边框、黑色船形图案,压红色斜杠。灯质为两盏并列红色定光灯。

图 1-3-16 节制闸标

⑥航道信息标

航道信息标揭示航道前方城市、港口、水上服务区、锚地、枢纽、船闸、航道管辖分界点、分汇流口等的名称、方向、距离、航道里程或航道保护等信息。两根立柱上端安装一块矩形标牌；标牌上根据需要绘制箭形、文字、图案、数字、字母等（如图 1-3-17 所示），其中文字、数字、字母等应符合《地名标志》（GB 17733—2008）的规定。

标牌为绿底或蓝底；箭头、箭杆和文字、图案、数字、字母均为白色；立柱为黑、白色相间斜纹或者蓝、白色相间斜纹或全白色。其可利用光电设施显示信息内容。

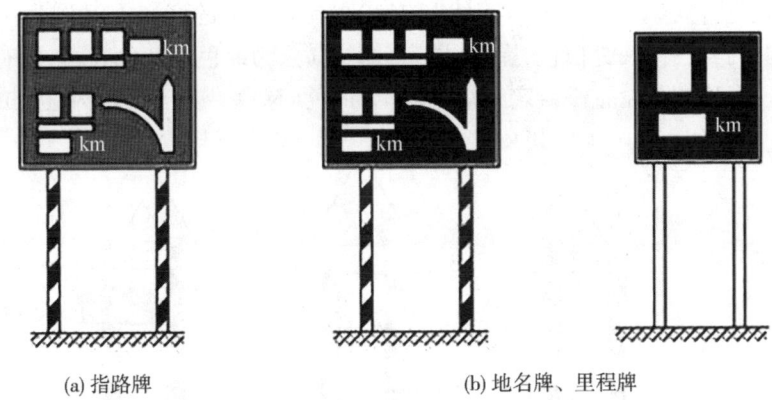

(a) 指路牌　　　　　　　　　　　(b) 地名牌、里程牌

图 1-3-17　航道信息标

⑦航道整治建筑物提示标

航道整治建筑物提示标设在潜坝、丁坝、护底带等航道整治建筑物附近河岸或水面，标示航道整治建筑物所在位置及范围。两根立柱上端安装一块正方形标牌，其左右两侧或一侧可带三角形标牌（顺河岸方向），如图 1-3-18 所示；正方形标牌上绘有坝头和水纹图案，标牌下部写"整治建筑物"；三角形标牌上绘有数字和单位，为标位处至所指向的航道整治建筑物保护水域端点的范围。标牌为蓝底，图案、文字、数字为白色；立柱为白色或蓝、白色相间斜纹或黑、白色相间斜纹。岸标不设灯光，安装在具有浮力的底座上时设灯光；灯质为黄色单闪或双闪，或利用光电设施显示信息内容。

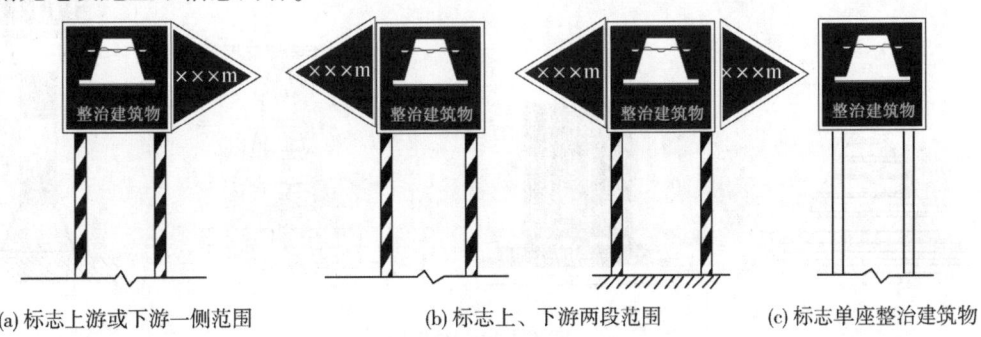

(a) 标志上游或下游一侧范围　　　(b) 标志上、下游两段范围　　　(c) 标志单座整治建筑物

图 1-3-18　航道整治建筑物提示标

（3）专用标志

专用标志是为标示拦河、跨（穿）越航道、临河的各种建（构）筑物，或为标示特定水域所设置的标志。专用标志包括管线标及专用标两种。

①管线标

管线标设置在需要标示管道、电缆等跨河管线的两端或一端岸上，或设置在跨河管线的上下游适当距离的两岸或一岸，警告船舶驶至标识区域时注意采取必要的措施。两根立柱上端安装一块等边三角形空心标牌，设在跨河管线两端岸上的标牌与河岸平行，设在跨河管线上下游的标牌与河岸垂直。标示水底管线的三角形标牌尖端朝上，当需要禁止船舶在敷设水底管线的水域抛锚、拖锚航行或垂放重物时，应在标牌下部写"禁止抛锚"（如图1-3-19所示），并根据需要配单、双箭头横条，上游侧箭头朝下游方向，下游侧箭头朝上游方向；标示架空管线的三角形标牌尖端朝下，标牌上部写"架空管线"；安装在具有浮力的底座上时作为浮标设置。立柱为红、白色相间斜纹，标牌为白色、黑边、黑字；箭头横条为绿色或蓝色底面，标有白色数字和文字。标牌的三个顶端各设置一盏定光灯，左岸为白色(绿色)定光，右岸为红色定光。

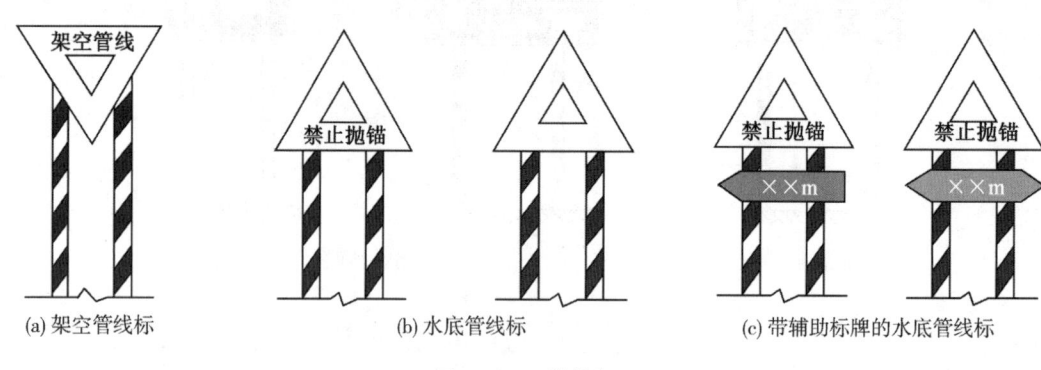

(a) 架空管线标　　　　　　(b) 水底管线标　　　　　(c) 带辅助标牌的水底管线标

图1-3-19　管线标

②专用标

专用标是指标示锚地、水上服务区、渔场、娱乐区、游泳场、水文测量、水上水下施工作业等特定水域，标示取水口、排水口、码头、泵房以及其他航道界限外的水工构筑物。浮标采用锥形、罐形或柱形，岸标采用塔形、灯桩、锥形、罐形等，如图1-3-20所示。灯质是黄色单闪光或双闪光。

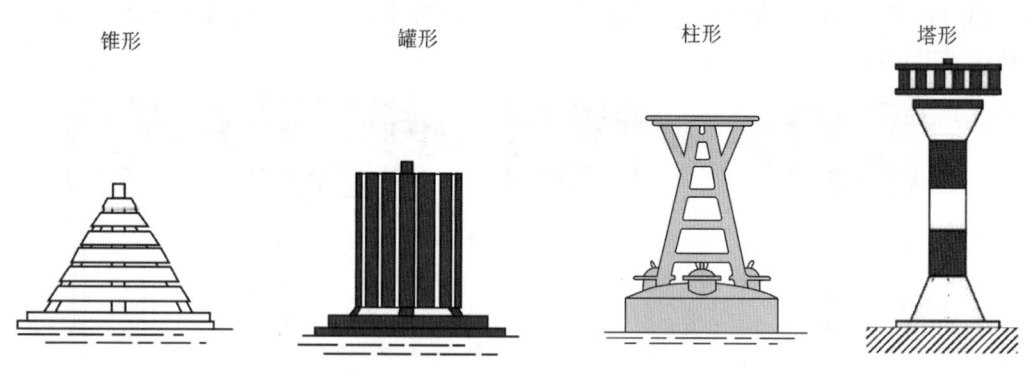

锥形　　　　　　　罐形　　　　　　　柱形　　　　　　　塔形

图1-3-20　专用标

（4）警示标志

警示标志主要为标示禁止抛锚水域、危险水域等所设置的标志。它包括禁止抛锚标与危险水域标两种。

①禁止抛锚标

禁止抛锚标设在水下或河岸附近有航道整治建筑物或其他水工设施的河岸上或水上,警示船舶不能抛锚、拖锚航行或垂放重物。单立柱上端安装一块长方形标牌,标牌上绘制铁锚图形压斜杠(如图1-3-21所示),可根据需要在标牌下方配单箭头横条,上游侧箭头朝下游方向,下游侧箭头朝上游方向。标牌为白底、红边框、红斜杠、黑铁锚;立柱为红、白色相间斜纹或全白色。灯质为黄色,快闪。

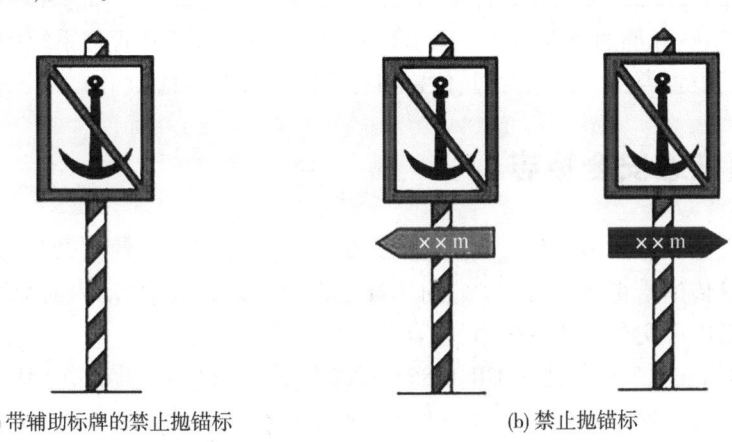

(a) 带辅助标牌的禁止抛锚标　　　　　(b) 禁止抛锚标

图1-3-21　禁止抛锚标

②危险水域标

危险水域标设在有沉船、水下碍航物、水工构筑物,以及正在进行水上水下施工作业等水域,警示船舶驶入该水域存在危险。在专用标或侧面标的标体顶部设置立体"×"形。当危险水域远离航道时,采用顶部带"×"形的专用标,表示该专用标标示的水域为危险水域[如图1-3-22(a)所示];当危险水域临近航道时,采用顶部带"×"形的航道侧面标,表示航道以外为危险水域[如图1-3-22(b)、(c)所示]。"×"形为黄色。灯质情况如下:设在专用标上的为黄色快闪,或黄色"×"形显形定光;设在侧面标标体顶部上的为"×"形,顶标不发光。该侧面标灯质在右岸侧采用红黄互闪光,在左岸侧采用绿黄互闪光。

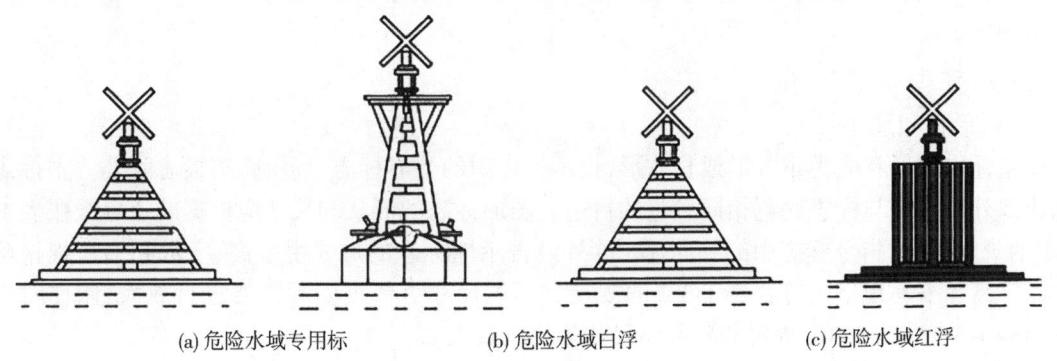

(a) 危险水域专用标　　　　　(b) 危险水域白浮　　　　　(c) 危险水域红浮

图1-3-22　危险水域标

2.无线电航标

无线电航标应根据船舶航行需要和航道条件设置。在航道口门、重要转向点、导堤堤头、桥梁通航孔以及其他重要部位,可设置雷达应答器、雷达指向标或自动识别系统(AIS)等装置。无线电航标可与视觉航标同时设置,也可单独设置。在视觉航标上设置的无线电航标,其安装位置不应影响视觉航标特征的表达,其用电不应影响航标灯的正常工作。

3.虚拟航标

虚拟航标可设置在有新发现的碍航物的水域、危险水域、环境复杂或航道条件变化频繁的水域。虚拟航标的设置、调整或撤销应及时发布信息,其信息可通过电子航道图数据平台、航标 AIS 基站发布。虚拟航标的设置种类和功能应与所替代的视觉航标的种类和功能相同。虚拟航标应采用统一、标准的数据格式和图示符号,在导助航系统及管理系统中应准确、清晰地表达虚拟航标的设置类型、名称、时间、位置和有效期等必要信息。

二、内河交通安全标志

内河交通安全标志作为一种管理交通的设施,通过图形符号、颜色以及文字的组合,将与交通相关的信息传达给交通参与者。它对于规范内河交通行为、推动内河交通安全管理走向现代化以及降低内河交通事故发生率,均有着极为关键的作用。

现行的《内河交通安全标志》(GB 13851—2022)是按照《标准化工作导则第 1 部分:标准化文件的结构和起草规则》(GB/T 1.1—2020)的规定起草的,此标准取代了《内河交通安全标志》(GB 13851—2019),且属于强制性标准范畴。该标准适用于内河通航水域,即中华人民共和国境内的江河、湖泊、水库、运河中可供船舶航行的水域及港口。海港设置交通安全标志时可参照此标准;我国与其他国家订有协议的国境河流设置交通安全标志时,经协商一致后亦可参照执行此标准。

内河交通安全标志主要分为岸基标志、桥梁标志和临水标志三类。

(一)岸基标志

岸基标志是指设置在内河通航水域两侧河岸上的标志。岸基标志按功能不同分为主标志和辅助标志。主标志按显示内容不同分为图形标志和告示性标志。主标志按作用不同分为警告标志、禁令标志、指令标志和提示标志。禁令标志按作用不同分为禁止标志、解除禁止标志和限制标志。

1.主标志

(1)形状和尺寸

主标志的形状应为正方形或长方形,提示标志中的分界标志、场所距离标志除外。主标志的边框外缘应有与标志底色相同颜色的衬边。图形标志的形状和尺寸应根据航道等级按表 1-3-1 的规定选取,指令标志中的导向标志除外。告示性标志的尺寸由字高、字数和书写规格确定。字高和书写规格应符合表 1-3-2 的规定。标志尺寸可依据实际需要进行放大,制作时应按照表 1-3-1 和表 1-3-2 规定的各部位尺寸等比例放大。

表 1-3-1　图形标志的形状和尺寸　　　　　　　　　　单位:mm

类别		尺寸(下限值)			
		Ⅰ、Ⅱ级航道	Ⅲ、Ⅳ级航道	Ⅴ、Ⅵ级航道	Ⅶ级航道
		A 型	B 型	C 型	D 型
正方形	边长×边长($a×a$)	2 000	1 500	1 200	1 000
长方形	长×宽($a×b$)	2 000×2 960	1 500×2 200	1 200×1 775	1 000×1 480
警告、禁令标志边框宽度(c)		192	144	115	96
指令、提示标志边框宽度(d)		35	30	25	20
禁令标志斜杠宽度(e)		144	108	86	72
衬边宽度(f)		35	30	25	20
图案制作网格(g)		96×96	72×72	57.5×57.5	40×40
解除禁止标志细斜杠	单杠宽度(i)	20	15	12	10
	杠间隔(j)	35	30	25	20
	全宽度(k)	140	105	86	70

表 1-3-2　告示性标志的文字尺寸和书写规范　　　　　　单位:mm

项目		尺寸(下限值)			
		Ⅰ、Ⅱ级航道	Ⅲ、Ⅳ级航道	Ⅴ、Ⅵ级航道	Ⅶ级航道
		A 型	B 型	C 型	D 型
高度=宽度(h)		480	360	300	240
汉字	笔画粗	$\frac{1}{10}h$			
	间隔	$\frac{1}{10}h$			
	行距	$\frac{1}{3}h$			
阿拉伯数字	字高	h			
	字宽	h			
	笔画粗	$\frac{1}{6}h$			
计量单位字符高	m	$\frac{1}{3}h$			
	kt	$\frac{1}{2}h$			
拉丁字高	大写	$\frac{1}{2}h$			
	小写	$\frac{1}{4}h$			
边框和衬边宽度	警告、禁令、指令类	$\frac{1}{10}h$			
	提示类	$\frac{1}{20}h$			
文字与边框内边的最小距离		$\frac{2}{5}h$			

（2）警告标志

警告标志是用于警告注意危险区域或地点的标志,颜色应为黄底、黑边框、黑图案。

①交叉河口标志

该标志标示前方为交叉河口,警告船舶加强瞭望、谨慎慢行,如图 1-3-23 所示。其应设置在交叉河口驶入河段的适当位置。

(a) 左侧丁字交叉(代码101)　　(b) 前方丁字交叉(代码102)　　(c) 右侧丁字交叉(代码103)

(d) 十字交叉(代码104)　　　　(e) Y字交叉(代码105)

图 1-3-23　交叉河口标志

②急弯航道标志

该标志标示前方为急弯航道,警告船舶加强瞭望、谨慎慢行,如图 1-3-24 所示。其应设置在急弯航段驶入河段的适当位置。

(a) 向左急弯(代码 106)　　　　(b) 向右急弯(代码 107)

(c) 反向急弯(代码108)　　　　(d) 连续急弯(代码 109)

图 1-3-24　急弯航道标志

③窄航道标志

该标志标示前方航道变窄,警告船舶加强瞭望、谨慎慢行,如图 1-3-25 所示。其应设置在变窄航段驶入河段的适当位置。

(a) 左侧变窄(代码 110)　　　　(b) 两侧变窄(代码 111)　　　　(c) 右侧变窄(代码 112)

图 1-3-25 窄航道标志

④紊流(急流、涡流)标志

该标志标示水域水流紊乱,警告船舶谨慎驾驶,注意紊流对船舶操纵的影响,如图 1-3-26 所示。其应设置在水流紊乱航段的起点。

图 1-3-26 紊流(急流、涡流)标志(代码 113)

⑤取水口标志

该标志标示有取水口,警告船舶在规定的距离外通过,且不应在附近停泊,如图 1-3-27 所示。其应设置在取水口或其上下游的适当位置。

图 1-3-27 取水口标志(代码 114)

⑥排水口标志

该标志标示有排水口,警告船舶谨慎驾驶,注意排出水流对船舶操纵的影响,如图 1-3-28 所示。其应设置在排水口或其上下游的适当位置。

图 1-3-28 排水口标志(代码 115)

⑦渡口标志

该标志标示前方有渡口,警告船舶注意渡船动向,主动避让,如图 1-3-29 所示。其应设置在渡口上下游的适当位置。

图 1-3-29 渡口标志(代码 116)

⑧高度受限标志

该标志标示前方水上过河建筑物的通航净高不符合《内河通航标准》(GB 50139—2014)的规定,警告船舶应在掌控自身高度的前提下根据当时水位通过,如图 1-3-30 所示。其应设置在通航净高受限的水上过河建筑物上下游的适当位置。在高度受限标志附近,应设置实时净高标尺。

图 1-3-30 高度受限标志(代码 117)

⑨宽度受限标志

该标志标示前方水上过河建筑物的通航净宽不符合《内河通航标准》(GB 50139—2014)的规定,警告船舶应在掌控自身宽度的前提下谨慎通过,如图 1-3-31 所示。其应设置在通航净宽受限的水上过河建筑物上下游的适当位置。

图 1-3-31 宽度受限标志(代码 118)

⑩注意落石或滑坡标志

该标志标示前方水域有落石或滑坡的危险,警告船舶注意掌握通过时机,如图 1-3-32 所示。其应设置在有落石或滑坡危险航段的起点。

图 1-3-32 注意落石或滑坡标志(代码 119)

⑪雷电高发区标志

该标志标示前方水域为雷电高发区,警告船舶注意预防雷击,如图 1-3-33 所示。其应设置在雷电高发航段的起点。

图 1-3-33 雷电高发区标志(代码 120)

⑫大雾高发区标志

该标志标示前方水域为大雾高发区,警告船舶注意团雾、谨慎驾驶,如图 1-3-34 所示。其应设置在大雾高发航段的起点。

图 1-3-34　大雾高发区标志(代码 121)

⑬大风高发区标志

该标志标示前方水域为大风高发区,警告船舶注意阵风、谨慎驾驶,如图 1-3-35 所示。其应设置在大风高发航段的起点。

图 1-3-35　大风高发区标志(代码 122)

⑭事故易发区标志

该标志标示前方为事故易发区,警告船舶加强瞭望、谨慎驾驶、注意避让,如图 1-3-36 所示。其应设置在事故易发航段的起点。

图 1-3-36　事故易发区标志(代码 123)

⑮涉水施工标志

该标志标示前方水域正在进行水上或水下施工作业(如疏浚、修筑护岸、起吊、打桩、建桥、测量等),警告过往船舶谨慎驾驶、注意避让,如图 1-3-37 所示。其应设置在涉水施工区域上下游的适当位置。

图 1-3-37　涉水施工标志

⑯注意危险标志

该标志标示以上警告类标志未能包括而需引起船舶警觉的区域,如图 1-3-38 所示。其设置在所要标示区域的起点,设置时应附加辅助标志补充说明标示区域的性质,如"交通管制""减速",岸边的"残桩""沉石""围堰""浅滩"等。

图 1-3-38　注意危险标志(代码 125)

（3）禁令标志

禁令标志是用于禁止或限制内河交通行为的标志。禁止标志应为白底、红边框、红斜杠、黑图案、图案压杠(禁止驶入标志除外)；解除禁止标志应为白底、黑边框、黑细斜杠、黑图案、图案压杠；限制标志应为白底、红边框、黑图案或文字。

①禁止通行标志

该标志表示禁止船舶双向通行,如图 1-3-39 所示。其应设置在禁止通行航段的起点。

图 1-3-39　禁止通行标志(代码 201)

②禁止驶入标志

该标志表示禁止船舶驶入,如图 1-3-40 所示。其应设置在禁止驶入航道的入口处和单向通行航道的出口处。

图 1-3-40　禁止驶入标志(代码 202)

③禁止转弯标志

该标志表示禁止船舶向左或向右转弯,如图 1-3-41 所示。其应设置在禁止转弯的交叉河口驶入河段的适当位置。

(a)禁止向左转弯(代码 203)　　　　　(b)禁止向右转弯(代码 204)

图 1-3-41　禁止转弯标志

④禁止掉头标志

该标志表示禁止船舶掉头,如图 1-3-42 所示。其应设置在禁止掉头航段的起点。

图 1-3-42　禁止掉头标志(代码 205)

⑤禁止追越标志

该标志表示禁止船舶或船队追越,如图 1-3-43 所示。其应设置在禁止追越航段的起点。

(a) 禁止船舶追越(代码 206)　　　　　　(b) 禁止船队追越(代码 207)

图 1-3-43　禁止追越标志

⑥禁止会船标志

该标志表示禁止船舶在该区域交会,如图 1-3-44 所示。其应设置在禁止会船航段的起点。航行船舶应根据通信信号或现场管理等通行。

图 1-3-44　禁止会船标志(代码 208)

⑦禁止并列行使标志

该标志表示禁止船舶并列行使,如图 1-3-45 所示。其应设置在禁止并列行使航段的起点。

图 1-3-45　禁止并列行驶标志(代码 209)

⑧禁止顶推标志

该标志表示禁止拖船船队采用顶推的拖带方式拖航,如图 1-3-46 所示。其应设置在禁止顶推航段的起点。

图 1-3-46　禁止顶推标志(代码 210)

⑨禁止傍拖标志

该标志表示禁止拖船船队采用傍拖的拖带方式拖航,如图 1-3-47 所示。其应设置在禁止傍拖航段的起点。

图 1-3-47　禁止傍拖标志(代码 211)

⑩禁止偏拖标志

该标志表示禁止吊拖船队采用偏缆(左或右)拖带拖航,如图 1-3-48 所示。其应设置在禁止偏拖航段的起点。

图 1-3-48　禁止偏拖标志(代码 212)

⑪禁止停泊标志

该标志表示禁止船舶锚泊或系泊,如图 1-3-49 所示。其应顺航道设置在禁止停泊区域的起点或中间,还应加设辅助标志,标示禁止区域的范围(长度)或方向。

图 1-3-49　禁止停泊标志(代码 213)

⑫禁止用锚标志

该标志表示禁止船舶锚泊、抛锚掉头、放倒锚、抛逆流锚(水中或岸上)等一切用锚方式,如图 1-3-50 所示。其应设置在禁止用锚航段的起点,还应加设辅助标志,标示禁止区域的范围(长度)或方向。

图 1-3-50　禁止用锚标志(代码 214)

⑬禁止系带标志

该标志表示禁止船舶系缆、系链,如图 1-3-51 所示。其应顺航道设置在禁止系带的设施上。

图 1-3-51 禁止系带标志(代码 215)

⑭禁止鸣笛标志

该标志表示禁止机动船鸣放声号,如图 1-3-52 所示。其应设置在禁止鸣笛航段的起点。

图 1-3-52 禁止鸣笛标志(代码 216)

⑮禁用高音喇叭标志

该标志表示禁止使用高音喇叭,如图 1-3-53 所示。其应设置在禁用高音喇叭航段的起点。

图 1-3-53 禁用高音喇叭标志(代码 217)

⑯禁止明火标志

因附近有危险品码头、油库码头或燃气管道等,禁止使用明火,故需要使用此标志,如图 1-3-54 所示。其应加设辅助标志,说明禁止明火的距离、方向。

图 1-3-54 禁止明火标志(代码 218)

⑰解除禁止掉头标志

该标志表示禁止船舶掉头的区域结束,如图 1-3-55 所示。其应设置在禁止掉头区域的终点。

图 1-3-55 解除禁止掉头标志(代码 301)

⑱解除禁止追越标志

该标志表示禁止船舶追越的航段结束,如图 1-3-56 所示。其应设置在禁止追越航段的终点。

图 1-3-56　解除禁止追越标志(代码 302)

⑲解除禁止会船标志

该标志表示禁止船舶会船的航段结束,如图 1-3-57 所示。其应设置在禁止会船航段的终点。

图 1-3-57　解除禁止会船标志(代码 303)

⑳解除禁止顶推或傍拖标志

该标志表示禁止拖船船队采用顶推或傍拖的航段结束,如图 1-3-58 所示。其应设置在禁止顶推或傍拖航段的终点。

(a) 解除禁止顶推标志(代码304)　　(b) 解除禁止傍拖标志(代码 305)

图 1-3-58　解除禁止顶推或旁拖标志

㉑解除禁止偏拖标志

该标志表示禁止吊拖船队偏缆(左或右)拖带的航段结束,如图 1-3-59 所示。其应设置在禁止偏拖航段的终点。

图 1-3-59　解除禁止偏拖标志(代码 306)

㉒解除禁止鸣笛标志

该标志表示禁止机动船鸣笛的区域结束,如图 1-3-60 所示。其应设置在禁止鸣笛区域的终点。

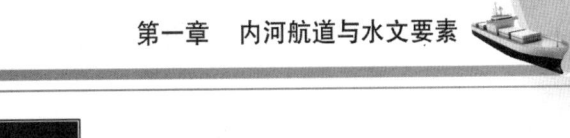

图 1-3-60　解除禁止鸣笛标志(代码 307)

㉓解除禁用高音喇叭标志

该标志表示禁用高音喇叭的区域结束,如图 1-3-61 所示。其应设置在禁用高音喇叭区域的终点。

图 1-3-61　解除禁用高音喇叭标志(代码 308)

㉔限制船舶宽度标志

航道上与通航有关的设施使通航净空宽度受限,故需要使用该标志禁止宽度超过标志所示数值的船舶通行。其应设置在通航净空宽度受限航段的起点,还应加设辅助标志,标示限制区域的范围(长度)或方向。该标志示例如图 1-3-62 所示,标示限制船舶宽度为 6.5 m。

图 1-3-62　限制船舶宽度标志(代码 401)示例

㉕航道一侧受限标志

航道一侧(左或右)受长期或临时因素影响,船舶通过时应与岸侧保持一定的距离,故需要使用该标志。其应设置在航道一侧受限航段的起点,还应加设辅助标志,标示受限区域的范围(长度)或方向。航道左侧受限标志示例如图 1-3-63(a)所示,标示应距左侧河岸 40 m 外通过;航道右侧受限标志示例如图 1-3-63(b)所示,标示应距右侧河岸 40 m 外通过。

(a)航道左侧受限标志(代码 402)示例　　　　　(b)航道右侧受限标志(代码 403)示例

图 1-3-63　航道一侧受限标志示例

㉖限制航速标志

该标志表示禁止船舶以高于或低于标示数值的对水航速行驶。其应设置在限速航段的起点,还应加设辅助标志,标示限制区域的范围(长度)或方向。限制高速标志示例如图1-3-64所示,标示船舶的对水航速逆流时不应超过6 km/h、顺流时不应超过8 km/h。限制低速标志示例如图1-3-65所示,标示船舶的对水航速不应低于6 km/h。

图1-3-64　限制高速标志(代码404)示例　　　　图1-3-65　限制低速标志(代码405)示例

㉗限制拖带尺度标志

该标志表示禁止拖船船队的拖带尺度超过标示数值。其应设置在限制拖带尺度航段的起点,还应加设辅助标志,标示限制区域的范围(长度)或方向。限制吊拖尺度标志示例如图1-3-66(a)所示,标示吊拖船队的拖带长度(L)不应超过180 m、宽度(B)不应超过6 m;限制顶推尺度标志示例如图1-3-66(b)所示,标示顶推船队的拖带长度(L)不应超过90 m、宽度(B)不应超过16 m;限制傍拖尺度标志示例如图1-3-66(c)所示,标示傍拖船队的拖带长度(L)不应超过50 m、宽度(B)不应超过15 m。

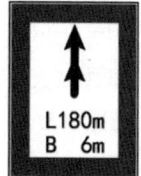

(a) 限制吊拖尺度标志(代码406)示例　　(b) 限制顶推尺度标志(代码407)示例　　(c)限制傍拖尺度标志(代码408)示例

图1-3-66　限制拖带尺度标志示例

㉘限制靠泊标志

该标志表示禁止超过标示范围的船舶靠泊,如图1-3-67所示。其应顺航道设置在限制靠泊范围的地方。限量可为靠泊的宽度(B)或船舶的并靠艘数,应以附加辅助标志标示。

图1-3-67　限制靠泊标志(代码409)

㉙限制船舶尺度标志

该标志为禁止超过标示数值的船舶进入本港或本航道的告示性标志,应设置在需要限制船舶最大尺度的港口或航道的入口处。该标志示例如图1-3-68所示。

超过下列任一尺度的船舶禁止驶入本港:	
总长	36.0 m
全宽	6.5 m
平均吃水	2.0 m
水线以上高度	5.5 m

图1-3-68　限制船舶尺度标志(代码410)示例

（4）指令标志

指令标志是用于指令实施交通行为的标志,颜色(除停航让行标志外)应为蓝底、白边框、白图案。

①导向标志

导向标志用于引导船舶的行驶方向,应设置在弯曲航道的大弯面、弯曲航道上桥梁的通航孔内侧以及丁字交叉河口对应叉河口的岸上。导向标基本单元应符合图1-3-69的规定。导向标组合使用示例如图1-3-70所示。

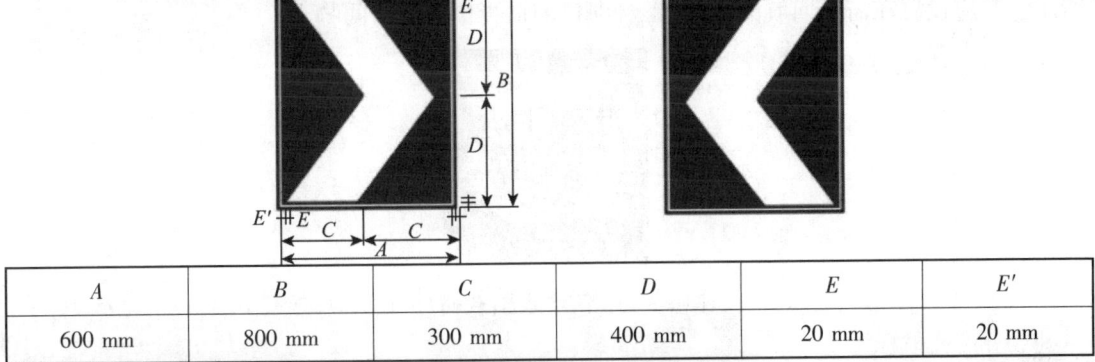

A	B	C	D	E	E'
600 mm	800 mm	300 mm	400 mm	20 mm	20 mm

图1-3-69　导向标基本单元(代码501)

(a) 向右　　(b) 向两侧　　(c) 向左

图1-3-70　导向标组合使用示例

②行驶方向标志

行驶方向标志指令船舶按照标示方向行进,如图1-3-71所示。其应设置在需要控制船舶流向或实行分流的河口驶入河段的适当位置。

(a) 向左转弯(代码502)　　(b) 直行(代码503)　　(c) 向右转弯(代码504)

图1-3-71　行驶方向标志

③靠一侧行驶标志

该标志指令船舶按照标示的一侧行使,如图1-3-72所示。其应设置在需要靠一侧行使航段的起点或分孔通航桥梁的中墩上方。

(a) 靠左侧行驶(代码505)　　　　(b) 靠右侧行驶(代码506)

图 1-3-72　靠一侧行驶标志

④回航标志

该标志指令船舶航经该处时,应绕一居间物(天然或人工)按逆时针方向行驶,如图 1-3-73 所示。其应设置在需要回航的交叉、汇合河口的适当位置或居间物上。

图 1-3-73　回航标志(代码 507)

⑤分道通航标志

该标志标示实行船舶分道通航制,指令船舶在规定的分道内行驶,如图 1-3-74 所示。其应设置在实行分道通航航段起点的岸边或通航分隔物上。

图 1-3-74　分道通航标志(代码 508)

⑥停航让行标志

该标志指令船舶在标志处停航,等候通行信号或现场指挥,如图 1-3-75 所示。其应设置在禁止会船或控制、管制河段规定让行航段的起点。

图 1-3-75　停航让行标志(代码 509)

⑦鸣笛标志

该标志指令船舶鸣放声号,如图 1-3-76 所示。其应设置在规定鸣放声号的地点。

图 1-3-76　鸣笛标志(代码 510)

⑧右舷会船标志

该标志指令船舶对驶相遇时,互以右舷会船,如图 1-3-77 所示。其应设置在应以右舷会船航段的起点。

图 1-3-77　右舷会船标志(代码 511)

⑨绕行标志

该标志指令船舶从一指定物(危险品码头、浮动设施、船舶等)左侧或右侧保持一定横距行驶,如图 1-3-78 所示。其应设置在需要过往船舶绕开行驶的指定物上或其上下游的适当位置,并附加辅助标志标示应保持的横距数值。

(a) 左侧绕行(代码 512)

(b) 右侧绕行(代码 513)

图 1-3-78　绕行标志

⑩停航受检标志

该标志指令船舶停航接受检查,如图 1-3-79 所示。其应设置在经批准设置的长期或临时检查站的适当位置。

图 1-3-79　停航受检标志(代码 514)

⑪横越区标志

该标志标示船舶横越航道的区域,即船舶应在此处横越航道,如图1-3-80所示。其应设置在横越区的两岸。

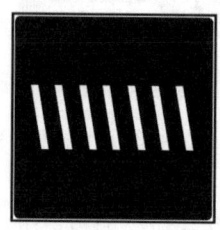

图1-3-80　横越区标志(代码515)

(5)提示标志

提示标志是用于传递与交通有关信息的标志,颜色(除航道尽头标志外)应为绿底、白边框、白图案或白字。

提示标志包括停泊区标志、锚地标志、掉头区标志、水上运动区域标志、航道尽头标志、通信联络标志、应急电话标志、地名标志、分界标志、场所距离标志、交叉河口方向距离标志、岸线使用范围标志、航道(线)起讫标志等十三种。

2.辅助标志

凡主标志无法完整表达其规定,应附加辅助标志。辅助标志应附设在图形标志下,对图形标志做补充说明,不单独使用。

辅助标志的颜色应为白底、黑字、黑边框。

辅助标志的形状为长方形,长度应与其所附主标志的宽度相等,高度应根据内容按表1-3-3规定的文字尺寸和书写规格确定;当内容较多,一行排列不下或因表达内容而需要时,可增加高度做两行排列。

辅助标志的显示要素包括时间、距离、方向、范围、区域或船舶种类等。

辅助标志所表述的文字应简洁明了、准确而无歧义,需要时可使用"箭头"等图形符号。

表1-3-3　辅助标志文字尺寸及书写规格　　　　单位:mm

项目		尺寸			
		Ⅰ、Ⅱ级航道	Ⅲ、Ⅳ级航道	Ⅴ、Ⅵ级航道	Ⅶ级航道
汉字	高度(h)	A型	B型	C型	D型
		320	240	190	160
	笔画粗	$1/10h$			
	间隔	$1/10h$			
	最小行距	$1/3h$			
拉丁字母	大写	h			
	小写	$1/2h$			
阿拉伯数字	字高	h			
	字宽	$3/5h$			
	笔画粗	$1/6h$			

续表

项目		尺寸			
计量单位字符	t	4/5h			
	m	1/2h			
文字与边框线的最小距离		2/5h			
边框线宽		25	20	15	10

（二）桥梁标志

桥梁标志按作用不同分为桥梁警示标志和桥梁提示标志。

1.桥梁警示标志

（1）桥梁警示标志的定义

桥梁警示标志是设置于桥墩（或遮挡桥墩的防撞设施）、桥梁主梁（或拱圈）上，标示桥梁通航孔和通航净空外部轮廓，指引船舶过桥的标志。船舶驾驶人员应依据警示信息谨慎驾驶。

（2）桥梁警示标志的设置位置和适用条件

桥梁警示标志按设置位置和适用条件分为甲、乙两类：

①甲类标志设置于桥墩（或遮挡桥墩的防撞设施）的迎船面上，适用于水中有墩的桥梁；

②乙类标志设置于桥梁主梁（或拱圈）的迎船面上，适用于所有桥梁。

（3）桥梁警示标志的形状及颜色

桥梁警示标志为长方形图案，由红色和白色等宽度相间的、倾角为45°的斜纹构成，不设边框和衬边，如图1-3-81、图1-3-82所示。

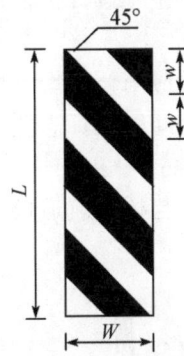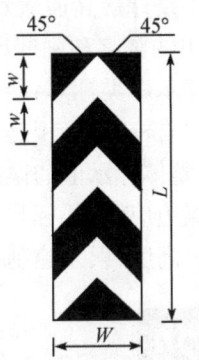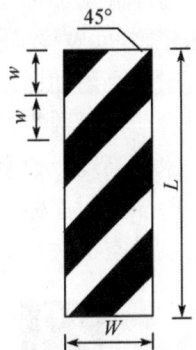

标引符号说明：L——标志长；W——标志宽；w——斜纹在标志边缘的尺寸。

图1-3-81 甲类标志（代码701）

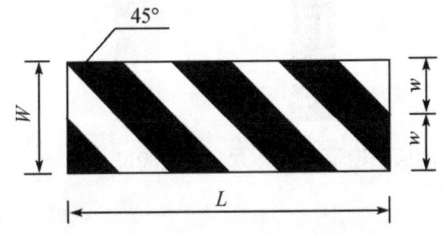

图1-3-82 乙类标志（代码702）

（4）桥梁警示标志的型号和尺寸

桥梁警示标志的型号、宽度和斜纹尺寸应根据核定的航道等级从表1-3-4中选用。表1-3-4给出的标志宽度和乙类标志长度为下限值,可根据实际需要加大。斜纹在标志边缘的尺寸(w)为固定值,斜纹的宽度应为$w×\sin45°$。甲类标志的长度应根据桥墩的高度和需要标示的范围确定,但不应小于常水位至航道设计最高通航水位的距离。

表1-3-4　桥梁警示标志的型号和尺寸　　　　　　　　　　　　　　单位:m

航道等级	标志型号	标志宽度	斜纹在标志边缘的尺寸(w)	乙类标志的长度
Ⅰ、Ⅱ级航道	A	≥1.5	0.75	≥6.0
Ⅲ、Ⅳ级航道	B	≥1.0	0.5	≥4.0
Ⅴ、Ⅵ级航道	C	≥2/3	1/3	≥3.0
Ⅶ级航道	D	≥0.5	0.25	≥2.0

2.桥梁提示标志

（1）实时净高附加标尺

实时净高附加标尺是对桥梁警示甲类标志做补充的标志,附加于桥梁警示甲类标志的一侧,用以显示通航孔的实时净空高度。

①实时净高附加标尺应为长方形图案,由绿色底、白色阿拉伯数字和刻度(短横线和小圆点)构成,不设边框线,标志示例如图1-3-83所示。

②实时净高附加标尺中的阿拉伯数字应标示米(m)的整数,不标计量单位。在标尺靠近主标志的一侧应加标辅助读数的刻度,刻度在米的整数处应为横线,在米的等分处应为圆点。数字和刻度标示值的基准均在其下缘,标尺数字、刻度的尺寸应符合表1-3-5的规定。

③实时净高附加标尺的上端应位于设计最高通航水位以上,下端应位于设计最低通航水位与常水位之间,宽度应按表1-3-5给出的数字和刻度尺寸确定。

④实时净高附加标尺附加在桥梁警示甲类标志任意一侧时,其侧边应与桥梁警示甲类标志对齐贴合。标尺数字、刻度的下缘应与桥梁警示甲类标志两色斜纹相间线在标志侧边的交点在同一水平高度。数字、刻度和标尺整体标示值的误差应控制在±5 mm。

⑤实时净高附加标尺的标志面和侧边应铅垂,标尺标示数值的原点与桥下航道位置对应的桥梁通航净空上底标高应在同一水平高度,误差控制在±5 cm。

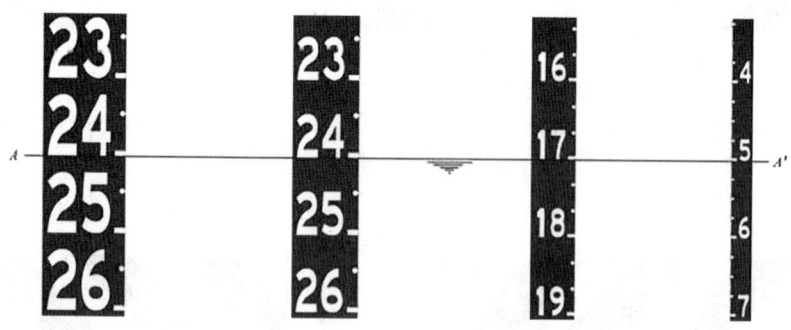

图1-3-83　对应各型桥梁警示甲类标志的实时净高附加标尺(代码801)

表 1-3-5　实时净高附加标尺数字、刻度的尺寸　　　　　　　单位:m

对应桥梁警示甲类标志型号	数字尺寸			刻度尺寸		
	字高(h)	字宽	字间隔、与标志边缘的最小距离	横线长	横线宽	圆点直径
甲 A 型	0.75	$h/2$	$h/10$	$h/5$	$h/10$	$h/10$
甲 B 型	0.5					
甲 C 型	1/3					
甲 D 型	0.25					

（2）桥名标志

桥名标志用以标示桥梁名，由绿底、白色边框线和文字构成，不设衬边，各型号对应的尺寸应符合表 1-3-6 的规定，可根据实际需要等比例放大。桥名标志的文字可使用手写体。

表 1-3-6　桥名标志的型号和尺寸下限　　　　　　　　单位:mm

航道等级	标志型号	标志外形尺寸		汉字尺寸			
		宽度	边框线宽	字高	字宽	字间隔	与边框线内边的距离
Ⅰ、Ⅱ级航道	A	1 200	60	720	480	72	180
Ⅲ、Ⅳ级航道	B	1 000	50	600	400	60	150
Ⅴ、Ⅵ级航道	C	800	40	480	320	48	120
Ⅶ级航道	D	600	30	360	240	36	90
阿拉伯数字与汉字高度(h)相等，宽度为$h/2$;拼音字母、拉丁字母和少数民族文字的高度为$h/3\sim h$							

桥名标志应设置于桥梁上部构件迎船面一侧或桥梁上下游迎船面的适当位置，根据设定位置的实际情况，确定长方形标志上文字是直排（直置）还是横排（横置），标志示例如图 1-3-84 所示。

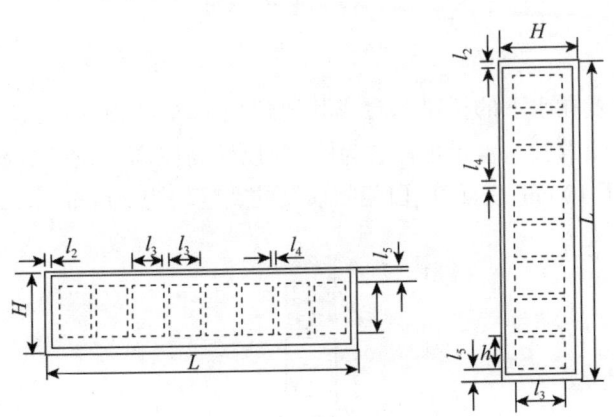

标引符号说明:l_2——边框线宽;l_3——字宽;l_4——字间隔;l_5——字与边框线内边距离。

图 1-3-84　桥名标志（代码 802）示例

（3）通航孔编号标志

通航孔编号标志用以标示桥梁通航规则中的通航孔编号，设置于桥梁通航孔迎船面上的适当位置，适用于有多个通航孔的桥梁。通航孔编号标志应为斜置正方形图案，由绿底、白色边框线和文字构成，不设衬边，各型号对应的尺寸应符合表 1-3-7 的规定，可根据实际需要等比例放大,通航孔编号标志示例如图 1-3-85 所示。

表 1-3-7　通航孔编号标志型号和尺寸下限　　　　　　　　　　　单位:mm

航道等级	标志型号	标志外形尺寸		阿拉伯数字尺寸		
		边长	边框线宽	字高	字宽	字间隔
Ⅰ、Ⅱ级航道	A	1 200	60	720	360	72
Ⅲ、Ⅳ级航道	B	1 000	50	600	300	60
Ⅴ、Ⅵ级航道	C	800	40	480	240	48
Ⅶ级航道	D	600	30	360	180	36

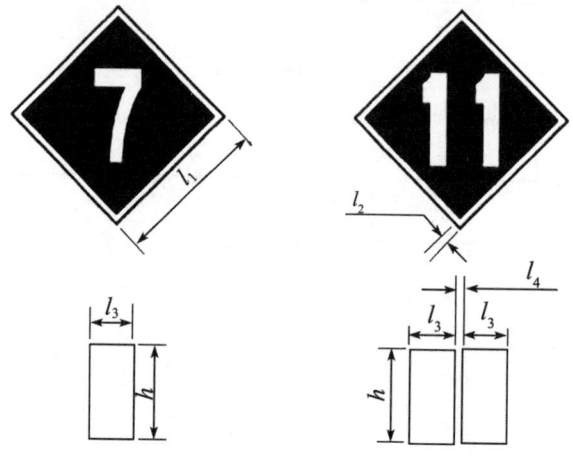

标引符号说明:l_1——边长

图 1-3-85　通航孔编号标志(代码 803)示例

(三)临水标志

1.警示桩标志

警示桩标志应设置在水下的桥梁承台或其他建(构)筑物顶面周边,以显示其边界位置,警示船舶驾驶人员谨慎驾驶。警示桩标志为圆桩,顶标高应高出设计最高通航水位 50 cm 以上,横截面直径应大于 10 cm,表面红、白相间横纹的宽度均为 20 cm,不设边框和衬边,如图 1-3-86 所示。

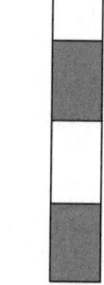

图 1-3-86　警示桩标志(代码 901)

2.实时净高标尺和闸门槛水深标尺

（1）实时净高标尺和闸门槛水深标尺均由铭牌和标尺组成，标尺示例如图1-3-87、图1-3-88所示。实时净高标尺应设置在水中建（构）筑物上下游显而易见的适当位置。闸门槛水深标尺应设置在闸门槛上下游显而易见的适当位置。铭牌和标尺可分体制作，但安装时应连成一体。

（2）实时净高标尺和闸门槛水深标尺的铭牌不设边框线，其外形尺寸应根据字数按表1-3-8规定的文字和书写规格确定。

（3）实时净高标尺和闸门槛水深标尺的标尺不设边框线，其外形和各部位尺寸应符合表1-3-8的规定和下列制作要求：

①高度（标示范围）应不小于航道设计最低通航水位至设计最高通航水位的距离。

②刻度均为米制，在标尺的一侧（左或右均可，以便于观察为准）设一根刻度纵线，紧挨刻度纵线每隔1 m设一道长横线，长横线外侧用阿拉伯数字标示整数，不标计量单位；两道长横线中间设一道短横线，长、短横线中间设一个圆点；标尺刻度表示数值的基准均在刻度横线、圆点和阿拉伯数字的下缘。

③实时净高标尺用以显示水上过河建（构）筑物的实时净空高度，其标示数值的原点（0位）应为该过河建（构）筑物经核定的通航净空上底标高，实时净高标尺的数字序列按由上而下、上小下大的规则排列，水位越高显示的数值越小。

④闸门槛水深标尺用以显示当时水位闸门槛上的实际水深，其标示数值的原点（0位）应为该闸门槛的顶标高（如果该闸门槛的外缘设有消能槛，且消能槛的顶标高高于闸门槛，则应为消能槛的顶标高），闸门槛水深标尺的数字序列按由下而上、下小上大的规则排列，水位越高显示的数值越大。

表 1-3-8　铭牌和标尺的尺寸　　　　　　　　单位:mm

部位	刻度纵线宽	长刻度线		短刻度线		圆点	阿拉伯数字			阿拉伯数字与长横线的间隔	图形文字与标志边缘的距离	汉字			
		长度	宽度	长度	宽度	直径	高度	宽度	间隔			高度	宽度	间隔	行距
尺寸	60	120	25	80	25	25	400	240	15	15	50	400	400	15	40

图 1-3-87　实时净高标尺（代码1001）示例

图 1-3-88　闸门槛水深标尺（代码1002）示例

第二章

船舶设备与助航仪器

第一节　甲板设备

一、锚设备

（一）锚设备的组成

（1）锚设备是船舶的主要设备之一,包括锚、锚链、锚链筒、制链器、锚机、锚链舱、锚链管和弃链器等部分。这些设备在船舶的起、抛锚过程中起着至关重要的作用。

（2）锚是锚设备的主要组成部分,用于在船舶需要停泊或固定位置时将其抛入水中,利用锚爪啮入海底产生抓力,使船舶能够稳定地停泊在水面上。

（3）锚链是连接锚和船舶的重要部分,它能够传递锚的抓力到船舶,保证船舶的停泊稳定。同时,锚链也能够在需要时协助船舶掉头或转向。

（4）锚链筒、制链器、锚机、锚链舱、锚链管和弃链器等设备构成了锚设备的辅助系统。

①锚链筒用于引导锚链从舷外至甲板,并储存锚干和部分锚链。

②制链器设置在锚机和锚链筒之间,用于固定锚链,防止其滑出。

③锚机是抛锚与收锚的动力机械,也可以作铰链用。

④锚链舱用于储存锚链。

⑤锚链管是引导锚链进出锚链舱的通道。

⑥弃链器是在紧急情况下,使锚链末端迅速与船体脱开的装置。

（二）锚设备的种类和特点

锚设备主要取决于其组成部分。锚是锚设备中的关键部分,用于抓入海底泥土以固定船舶。根据锚的结构和使用特性,锚可以分为以下几种常见种类:

1.无杆锚

无杆锚也称山字锚,在目前海警舰艇上被普遍使用,如图2-1-1所示。这种锚的特点是其锚干可以收进锚链筒内,因此非常适合作为艏锚使用,其抓重比一般为2~4。

图 2-1-1　美式海军无杆锚

2.有杆锚

有杆锚具有明显的横杆结构,适用于特定类型的土壤条件,如图2-1-2所示。其锚干与锚爪为一体浇筑整体,而锚杆是活动的。其特点是结构简单;抓重比比较大,一般为4~8;抓底稳定性比较好。

图 2-1-2　有杆锚

3.大抓力锚

大抓力锚的设计便于其在松软或黏性海底土壤中提供更大的抓力,结合了有杆锚和无杆锚的特点,一般为有杆转爪锚,如图2-1-3所示。其特点是锚爪宽而长、啮土深、稳定性好,从而获得较大的抓力,抓重比可达17~34。但这类锚的锚爪强度较弱,容易变形。

锚设备的种类多样,选择合适的锚设备对于确保船舶的安全停泊至关重要。在实际应用中,需根据船舶类型、作业环境以及停泊需求等因素综合考虑,选择最合适的锚设备组合。

图 2-1-3　丹佛尔大抓力锚

（三）锚链组成、分类和标志

1.锚链组成

锚链是由多个链环相互连接而成的,主要用于连接锚和船体并传递锚的抓力。

锚链通常由以下部分组成:

①锚端链节:锚链的起始部分,与锚直接相连。

②中间链节:锚链的主体部分,由许多链环组成,负责连接锚端链节和末端链节。

③末端链节:锚链的结束部分,与船体相连。

2.锚链分类

（1）按链环的结构,锚链可分为有档锚链和无档锚链两种。

①有档锚链:链环设有横档,其强度比无档锚链大,变形小,且堆放时不易扭缠。这种锚链为现代大中型船舶广泛采用。

②无档锚链:链环没有横档,仅用于小型船舶。

（2）按制造方法,锚链可分为铸钢锚链、电焊锚链和锻造锚链等。

①铸钢锚链:强度高、刚性好、变形小、耐磨,但工艺复杂、成本高。

②电焊锚链:用符合要求的圆钢材料弯制并焊接而成,具有生产工艺先进、简单,成本低,质量好等优点。

③锻造锚链:具有较好的耐冲击韧性,但制造工艺复杂、成本高、质量不稳定。

3.锚链标志

锚链标志是指在连接链环(或连接卸扣)及其附近的链环上所涂有的表示船舶锚链节的标记,如图 2-1-4 所示。这个标记的主要目的是在抛锚、起锚时,能够及时掌握船舶抛锚的位置和锚链的长度。

标记的具体方式通常是这样的:

（1）在第 1 节和第 2 节之间的连接链环前后一个链环的横档上绕金属丝(或白钢环),并在该两链环上涂上白色水线漆,在连接链环上涂红漆。

（2）在第 2 节和第 3 节之间连接链环前后两个链环的横档上绕金属丝(或白钢环),并在该两链环之间的所有链环上涂白色水线漆,在连接链环上涂红漆。

（3）从第 3 节开始到第 5 节,每一节的标记方式都类似。而从第 6 节开始,重复第 1 节到

第5节所用的方法。

此外,为了提醒船舶注意锚链已松开,以免失锚,最后的1~2节通常会做明显的标志,如涂上红色或黄色油漆。

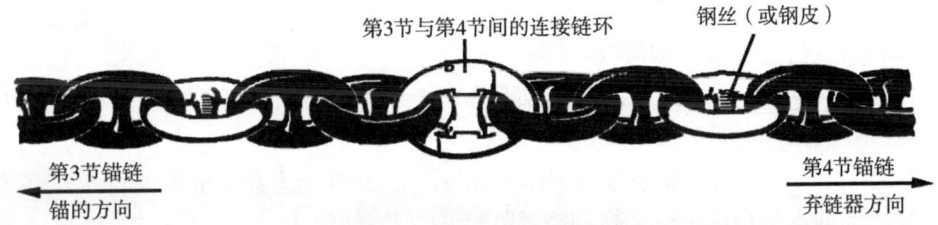

图 2-1-4 锚链标志示意图

（四）锚设备的用途

锚的用途大致可分为停泊、操纵和应急。

（1）停泊用锚

船舶利用锚和锚链的系留力,使船安全、稳妥地系留于水面。锚泊作为一种停泊方式,具有作业简单、机动性较高、抗风能力强等特点。

锚泊操纵虽不复杂,但若操纵不当,也会发生断链、丢锚、损坏锚机,甚至走锚搁浅等事故。

（2）操纵用锚

①抑制船速。靠泊时,若余速过大,可用抛短链锚来抑制船速,减小船舶惯性;此外,抛锚后便于用车,在抑制船舶过多前冲的同时能有效地发挥舵力,便于操纵。

②控制船身横向移动。靠泊时使用外档锚,缓松锚链来控制船舶贴靠码头的速度;离泊时则可借助绞开锚而横向摆出。

③协助掉头。在有风、流影响或水域受限时,可抛短链锚来协助掉头,出链长度约为水深的2.5倍。

④稳住船首。在有风、流影响的情况下进行移泊或在狭水道中移动时,若船舶需要倒车后退一定距离,则可用拖锚来稳住艏向。

（3）应急用锚

①避免碰撞、触礁、上滩时用锚;

②为保证狭水道航行安全时用锚;

③大风浪航行时,漂滞时用锚;

④系泊中为缓和船体受外力的摇动时用锚;

⑤搁浅后固定船体以及协助脱浅时用锚。

（五）锚设备的维护保养

（1）定期检查锚设备的外观和结构完整性,包括锚、锚链、卸扣、横档和转环等部分。注意检查是否有裂纹、缺口、夹渣或其他影响使用性能的缺陷。对于不影响强度的表面缺陷,可以进行焊补修整。

（2）对锚设备进行称重和试验,确保其符合安全标准。成品锚应在未经油漆的情况下进行外观检查和试验。

（3）对于锚链,要特别注意检查其磨损状况,特别是连接部位。锚链的最大厚度磨损不应超过其直径的12%。当发现磨损接近这个临界值时,使用时要特别小心,以免超过其负荷。

(4)检查锚链的标志是否清晰,并轮流使用左右锚以减少磨损。同时,要检查刹车是否良好,离合器要勤加油,保证操作灵活轻便。

(5)对于链轮的齿轮箱,要经常加油并保证油质清洁无杂质。注意观察齿轮和刹车杆的螺纹等的磨损情况,及时进行维修或更换。

(6)锚链制链器平时要保持活络,经常除锈涂漆。锚链筒上下口的口唇处易磨损,应经常检查其磨损情况,修船时进行堆焊磨光。

(7)在修船检查时,应将锚链全部倒出,进行清洁工作。检查锚链舱的排水设备是否正常,对已经损坏的木衬垫应进行调换,并对锚链舱进行除锈涂漆。

(8)对于锚设备的定期检查保养,建议至少每半年进行一次。在检查过程中,如果发现锚损坏,应及时送厂修理或更换备用锚。

二、系泊设备

系泊设备是船舶上用于固定和系泊的重要设备,其主要作用是确保船舶能够安全、稳定地停泊在码头、浮筒或其他固定设施上,防止由风浪、水流等自然因素导致的船舶漂移或碰撞。系泊设备包括系船缆、系缆设备。

(一)系船缆

1.缆绳的种类与特点

(1)植物纤维缆绳

植物纤维缆绳是由植物纤维制成的绳索,其原料主要为剑麻、野芭蕉、芝麻和棉花等植物纤维,常用的有白棕绳(见图2-1-5)、油麻绳和棉麻绳。植物纤维缆绳具有以下特点:

①柔软和质轻:植物纤维缆绳的手感柔软,质地轻盈,这使得它在使用和搬运时非常方便。

②便于使用:由于植物纤维缆绳柔软和质轻的特点,它易于操作,能够适应各种复杂的系泊和牵引需求。

③强度较差:尽管植物纤维缆绳具有一定的强度,但与化学纤维缆绳和钢丝绳相比,其强度较小。因此,它更适宜用于一些轻负载和临时性的场合。

图2-1-5　白棕绳

(2)化学纤维缆绳

化学纤维缆绳,也称化纤缆绳,其主要材质是化学纤维。化学纤维是用天然高分子化合物

或人工合成的高分子化合物为原料,经过制备纺丝原液、纺丝和后处理等工序制得的具有纺织性能的纤维。化学纤维缆绳的种类繁多,根据生产工艺和用途的不同进行分类。尼龙绳(见图 2-1-6)、维尼伦绳、涤纶绳、乙纶绳、丙纶绳等是常见的化学纤维缆绳材料。

图 2-1-6 尼龙绳

化学纤维缆绳具有许多特点:

①耐腐蚀:化学纤维缆绳具有良好的耐腐蚀性能,即使在恶劣的气候或环境条件下使用,仍然可以保持良好的性能。

②耐磨损:经过特殊处理的化学纤维缆绳,具有较强的耐磨损性能,可以承受高强度的工作,如搬运重物、拉扯物体等,且不易断裂。

③高强度:化学纤维缆绳的强度与钢索相当,具有出色的高强度性能,而且缆绳的减振能力强,具有超强的破坏韧性。这使得化学纤维缆绳在吊装货物、拖动物体等方面具有明显优势。

④柔韧性好:化学纤维缆绳具有较强的柔韧性能,因此在拉扯、排水等工作中更容易做到平稳。同时,在复杂的环境中使用时,如地下、构筑物中等,其更具有灵活性。

⑤易于操作:化学纤维缆绳不仅重量小、灵活性好,而且易于操作。

总之,化学纤维缆绳是一种具有优良性能的绳索,广泛应用于各种领域,如吊装、运输、救援等。使用时需要注意其使用安全要求,并根据实际需要选择合适的类型和规格。

(3)船用钢丝绳

船用钢丝绳是用若干整根的镀锌钢丝绞制而成的,即先用钢丝绞成股,再用数股绞成绳,绳与股的捻向相反,如图 2-1-7 所示。船用钢丝绳多为右捻绳,比同样大小的纤维绳强度大得多,经久耐用,因此在船舶上广泛使用。钢丝绳根据其柔软程度,通常分为硬钢丝绳、半硬钢丝绳和软钢丝绳三种。

图 2-1-7 船用钢丝绳

船用钢丝绳具有多种特点,如能够传递长距离的负载,承受多种载荷及变载荷的作用,具有较高的抗拉强度、抗疲劳强度和抗冲击韧性等。此外,船用钢丝绳在高速工作条件下耐磨、抗振、运转稳定性好,且耐腐蚀性好,能够在各种有害介质的恶劣环境中正常工作。其柔软性能也较好,适宜于牵引、拉拽、捆扎等多方面的用途。

在造船过程中,船用钢丝绳被广泛应用于各种吊装和牵引作业,如船体分段吊装、设备安装、船舶下水等。通过使用船用钢丝绳,造船工人可以更加高效、安全地完成各种作业,提高生产效率和质量。

2.缆绳的使用保养注意事项

（1）纤维绳的保养

①避免磨损:在纤维绳经常接触粗糙表面的部位,如导缆孔等,可以使用旧帆布或旧麻袋片等加以包扎,以减少摩擦和磨损。同时,定期检查绳索的磨损情况,一旦发现磨损或断裂,应立即更换。

②保持干燥和清洁:纤维绳应避免受潮和污染。在储存和使用过程中,应确保绳索处于干燥状态,避免发霉、腐烂和其他损坏。如果绳索变脏,应使用刷子在添加了洗涤液的水中擦洗,但切勿使用高压清洁设备,因为这可能会让杂质（如沙粒）渗入,从而削弱绳索内部的纤维强度。清洗后,应将绳索盘起并悬挂晾干,避免阳光直接暴晒。

③正确储存:储存纤维绳时,最好将其松散放置在绳袋中而不是盘绕起来,以避免产生环圈和扭结。同时,储存和使用温度不得超过 80 ℃,累积的使用和储存时间也不应超过 15 年。在良好的储存条件下,绳子可以在首次使用前储存 5 年,而不会影响其未来的使用寿命。

④注意使用强度:使用纤维绳时,实际拉力不能超过绳索本身的使用强度,否则会造成绳索变形或拉断。特别在吊装或牵引重物时,应根据实际情况选择合适的绳索类型和规格,并确保绳索的使用方式正确。

⑤定期检查:定期检查纤维绳的完好性和性能,特别是用于重要或高风险场景的绳索。检查时应仔细观察绳索是否有明显的磨损、断裂、变形或腐蚀等迹象,并根据检查结果及时更换或维修。

（2）钢丝绳的保养

①定期检查:定期对船用钢丝绳进行全面检查,特别要注意检查钢丝绳的磨损情况、断丝情况、腐蚀情况等。对于磨损严重、断丝过多或腐蚀严重的钢丝绳,应及时更换。

②清洗保养:定期清洗钢丝绳,清除表面的油污、泥沙等杂质,保持钢丝绳的清洁。清洗后,可涂抹适量的防腐剂或润滑脂,以提高钢丝绳的抗腐蚀能力和使用寿命。

③润滑保养:在钢丝绳的滑轮、滚筒等运动部件上,应定期加注适量的润滑剂,以减少钢丝绳与这些部件之间的摩擦,降低磨损率。

④储存保养:在钢丝绳停用期间,应将其存放在干燥、通风、无腐蚀性气体的环境中,避免阳光直射。同时,应定期检查钢丝绳的储存状态,确保其完好无损。

⑤合理使用:在使用船用钢丝绳时,应注意避免超载、超速、急刹车等不当操作,以减少对钢丝绳的磨损。同时,应根据实际情况选择合适的钢丝绳类型和规格,确保其能够满足使用需求。

⑥维修保养:对于出现问题的钢丝绳,应及时进行维修和更换。例如,对于断丝较少的钢丝绳,可以进行局部修补;对于磨损严重的钢丝绳,可以进行局部更换或整体更换。

（二）系缆设备

系缆设备包括导缆装置、系缆桩以及附属装置。

1.导缆装置

导缆装置是指使缆绳按一定方向从舷内通向舷外引至码头或其他系缆地点、避免缆绳的急转弯折并尽量减少缆绳与舷边磨损的一种器具,如图2-1-8所示。这种装置主要由导缆孔、导缆钳、导向滚轮、导向滚柱和滚柱导缆器等组成,常安装在船舶的首、尾和两舷。

(1)导缆孔:圆形或椭圆形的铸钢件,一般嵌在舷墙上(多见于船中)。系缆经过它时,接触面呈圆弧形,避免了舷墙对系缆的切割作用,也便于系缆琵琶头顺利通过。

(2)导缆钳:形式比较多,有闭式和开式、无滚轮和带滚轮等种类。其主要是以无滚轮和带滚轮进行分类的。导缆钳一般采用铸造,有整体式和组合式两种,通常装在舷边,多见于船首、尾部。

(3)导向滚轮:装在甲板上的圆台形基座上,位于舷边导缆器与绞缆机之间,用来改变缆绳方向,以便引至卷筒。滚轮旁的羊角可以防止系缆松弛时缆绳滚落到甲板上。导向滚轮通常作为配合锚机绞缆的导缆装置。

(4)滚柱导缆器:一般设在甲板端部,也称万向导缆器。这种导缆器在孔的左右及上下均设滚轮或滚柱,大大降低了缆绳通过时的摩擦力。

这些装置共同协作,确保缆绳在船舶与码头或其他系缆地点之间安全、有效地传输。同时,它们也减少了对缆绳的磨损,延长了缆绳的使用寿命。

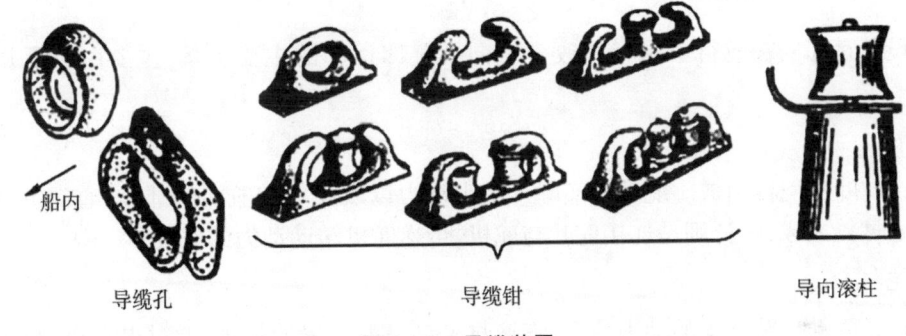

船内

导缆孔　　　　　　导缆钳　　　　　　导向滚柱

图 2-1-8　导缆装置

2.系缆桩

系缆桩是船舶上用于系牢缆绳的桩柱,主要设在船首、船尾和船中的左右舷甲板上,如图2-1-9所示。它们的作用是确保船舶在停靠或系泊时能够安全、稳定地固定在码头、浮筒或其他船只旁。

系缆桩通常由铸钢或锻钢制成,具有较大的底座和粗壮的桩体,以确保其能够牢固地安装在甲板上。桩体上通常会有几个系缆孔,用于穿过缆绳并将其固定在桩上。

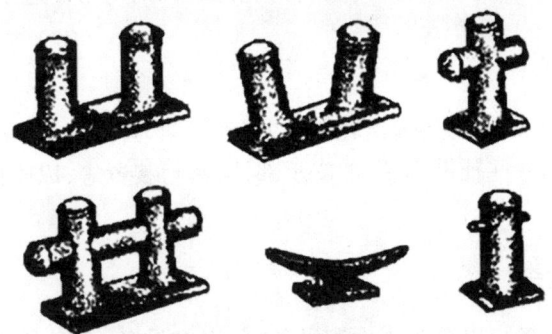

图 2-1-9　系缆桩

3.附属装置

附属装置包括制缆索、挡鼠板、撇缆绳、碰垫等。

（1）制缆索

制缆索固定在缆桩附近的眼板上。船舶系缆时，缆绳绞紧后要用制缆索在缆绳上打个止索结，防止缆绳松回，再从绞缆机上松下缆绳挽在缆桩上。

（2）挡鼠板

挡鼠板是用塑料或薄钢板制成的，其形状为圆形或伞形，扣在缆绳上，防止老鼠通过。

（3）撇缆绳

撇缆绳是用来传递缆绳的。其多由直径6~8 mm的编织绳制成，长度不少于30 m。

（4）碰垫

碰垫俗称靠把或靠球，多用橡胶或圆木制成。其作用是缓冲船舶间或船舶与码头的碰撞，以保护船舷。

三、舵设备

（一）舵设备的组成

舵设备是船舶在航行中保持和改变航向及旋回运动的主要工具，主要由以下几个部分组成：

1.舵

舵由舵叶和舵杆组成。舵叶是实际产生水动力以改变船舶航向的部分，通常由金属或高强度复合材料制成；舵杆则是连接舵叶与舵机，传递舵机转动动力的部分。

2.舵机

舵机是驱动舵叶转动的动力装置，它接收来自操舵装置的指令，通过电动机、液压或其他动力方式驱动舵叶转动。舵机通常位于船尾部的舵机间。

3.操舵装置

操舵装置是船员控制舵机转动舵叶的装置，通常包括舵轮、舵柄或电子控制系统。船员通过这些装置给出舵角指令，使船舶改变航向。

4.转舵装置

转舵装置是连接舵机和舵叶的部分，负责将舵机的转动动力传递给舵叶，使舵叶能够按照指令转动。

5.传动装置

传动装置用于将舵机的动力传递给转舵装置，确保动力传递的效率和稳定性。

此外，舵设备还包括一些辅助部件，如支承部件、密封装置等，以确保舵设备的正常运行和船舶的航行安全。

（二）舵设备的分类

按照驱动动力，舵设备可以分为人力舵设备、蒸汽舵设备、电动舵设备与电动液压舵设备

等。随着技术的发展,现代船舶普遍采用电动或电动液压舵设备,这些设备具有操作简便、响应迅速、精度高等优点,能够满足现代船舶对航行性能和安全性的要求。

（三）舵设备的作用

舵设备是船舶在航行中不可或缺的装置,它保证了船舶的航向稳定性和操纵灵活性,为船舶的安全航行提供了重要保障。

舵设备在船舶航行中发挥着至关重要的作用,主要包括以下几个方面:

1.定向控制

舵设备通过操舵装置使舵叶转动,改变水流在舵叶上产生的横向作用力,从而为船舶提供回转力矩,使船舶能够按照船长的操作指令改变航向。这种能力使得船舶在航行中能够准确地响应驾驶员的指令,如避开障碍物或进行转弯等。

2.姿态控制

除了改变航向,舵设备还可以通过调整船舶的姿态来控制航向。在航行过程中,船舶可能会受到横向风浪等外力的影响,导致船体姿态发生变化。舵设备能够通过调整舵角,使船舶保持稳定的航行姿态,减少因外力干扰而导致的航向偏差。

3.操纵灵活性

舵设备的设计和操作使得船舶驾驶员能够灵活地操纵船舶。无论是大型船舶还是小型船舶,舵设备都可以根据不同的操纵需求来实现快速、准确的舵转。这种灵活性使得船舶在各种航行条件下都能够保持良好的操纵性能。

（四）影响舵效的因素

影响舵效的因素主要有以下几个:

(1)舵角:舵角的大小直接影响转船力矩和转头角的大小,所以在极限舵角内,舵角越大,舵效就越好。

(2)舵面积比:舵叶浸水的舵面积比越大,舵效会变得越好。

(3)舵速:舵速越大,舵效就越好。不过,降低船速并加大转速也可以达到增大舵速的目的,从而提高舵效。

(4)舵机性能:操舵所需时间越短,舵效就越好。比如电动液压舵机性能就比较好,舵来得快、回得也快,易把定。

(5)排水量:排水量增大时,舵效会变差,所以满载的大船在港内操纵时,起转会显得迟钝,停转也不易。

(6)纵倾和横倾:艏倾时航向稳定性会下降,舵效也会变差,而适量艉倾时舵效会比较好。船舶存在横倾时,向有横倾侧转向的舵效会比较差。

（五）舵设备的维护保养

1.日常检查

(1)保持舵机间的清洁干燥,避免电机受潮。

(2)定期检查舵叶、舵杆和连接法兰的情况,查看是否有变形、裂纹、松动或磨损。

(3)特别注意,在大风浪、冰区航行,搁浅或其他特殊情况下,对舵设备的检查应更加仔细。

2.定期保养

(1)定期对舵机内部进行清洁,去除积累的灰尘和杂质,注意不要损坏舵机内部的零部件。

(2)对舵设备的活动部分进行加油润滑,确保其灵活运转。

(3)对有锈迹的部位进行除锈涂漆,防止锈蚀加剧。

3.开航前准备

(1)在每次开航前12 h,驾驶员应会同轮机部门的相关人员对操舵装置的工作情况进行校核。

(2)启动舵机,使油泵工作,确保舵机处于良好状态。

(3)派人观察舵叶周围是否有障碍物,核对主罗经与分罗经的误差和舵轮与舵角指示器的一致性。

4.航行中检查

(1)值班驾驶员应经常检查舵机的工作状况是否正常,避免"跑舵"现象的发生。

(2)在大风浪时,应检查舵机间可移动物体是否绑扎好,防止其影响舵机的正常工作。

第二节 助航仪器

一、磁罗经

(一)磁罗经的基本结构

磁罗经通常由罗经盆和罗经柜组成,如图 2-2-1 所示。罗经盆内有一个刻度盘,上面刻有 0°~359° 的刻度,还有八个等向点上的明显标记,如 N、NE、E 等。刻度盘下装有磁针,它在地磁场的作用下可以稳定指北,带动整个浮子和刻度盘指示地理方位。磁罗经中还有一个重要的部件是罗经盘,它用于指示方位,表面有刻度盘,并且采用了非铁材质制成。罗经盘内部由磁钢、特定轴帽和浮宰等组成,这使得罗经盘能够灵敏地指示方位。

图 2-2-1　台式磁罗经

1.罗经盆

罗经盆的主体由非铁的、带有磁体材质的金属材料制作而成,有良好的密封结构以存储液体。罗经盆的边缘有金属环和橡皮圈用以压缩密封,这保证了其出色的密封性。罗经盆的侧边位置设有注液孔,用于注液与排气。罗经盆的前后与左右四个方位上都存在一条基线,在安装完成后,罗经盆相对于船首方向的基线被称为首基线,它为船员提供了航向导航的关键信息。为了保持罗经盆的稳定性,通常在磁罗经的罗经盆底部位置有相应的重物来配重,这样即使在船只摇晃的情况下,罗经盆也能保持相对的水平状态。

2.罗经柜

罗经柜是由非磁性材料制成的。它的顶部有一个万向平衡环用于放置罗经盆;下部则用于放置校正磁棒和软铁,帮助调整磁罗经的准确度。

（二）磁罗经的分类

磁罗经按结构可分为干罗经和液体罗经两种,按用途则可分为标准罗经、操舵罗经、应急罗经、艇用罗经等。

现代船舶多在驾驶台顶的露天甲板上安装能将罗经读数投射到驾驶室内的标准罗经,这种罗经可以兼作操舵罗经。

（三）利用磁罗经进行导航的方法

船舶利用磁罗经进行导航时,其精度是至关重要的。为了确保导航的精准性,船员需要采取一系列措施。

(1)在使用磁罗经之前,必须对其进行校正确认,确保磁罗经本身的误差小于0.5°。这就像是给磁罗经进行一次"体检",确保其状态良好,能够准确指引方向。

(2)磁罗经的安装位置也至关重要。它需要远离带磁的金属与电线,以避免受到外界磁场的干扰。通常,磁罗经会被安装在船只的中线位置上,如驾驶室的附近,这样方便船员随时观看并判断方向。

(3)在航行过程中,船员会根据海图来确定起始地和终点,并规划出航线。磁罗经会帮助他们实时判断船舶的航向,确保船舶按照预定的航线行驶。同时,船员还需要密切关注航线上可能出现的障碍物或危险区域,并根据实际情况调整航向,确保航行安全。

(4)为了提高导航精度,现代船舶还会配备其他先进的导航设备,如电子罗经、GPS等。这些设备与磁罗经配合使用,可以进一步提高导航的准确性和可靠性。

船舶利用磁罗经进行导航时,通过校正确认、合理安装以及与其他导航设备的配合使用,可以确保导航的精度和安全性。这使得船舶在茫茫大海中能够准确找到方向,顺利到达目的地。

（四）如何正确安装磁罗经

磁罗经的正确安装对确保船舶导航的准确性至关重要。

(1)确定安装位置。磁罗经应安装在船舶的中心线上,并远离任何可能干扰地磁场的设备,如电缆、电机等。大中型船舶一般都会配备专用的罗经室,罗经室内不应存在其他干扰的磁性材料,也不能有影响磁罗经观察视线和清晰度的设备。小型磁罗经则一般安装在小艇的中间位置,远离带磁性的其他物件。

（2）确保安装稳定。磁罗经的安装应稳固,避免因船舶摇晃或颠簸而影响其准确性。安装完成后,相关人员应对其进行校准,确保磁罗经的指向准确无误。

（3）船员在操作磁罗经时还需要注意一些事项。例如,在操作过程中,应保持船舶稳定,避免摇晃和颠簸对磁针的影响。同时,定期对磁罗经进行校准也是必要的,以确保其长期的准确性。

磁罗经的安装、使用和维护都需要严格按照规范进行,这样才能确保船舶导航的准确性和安全性。

（五）磁罗经的维护保养

1.基线核对

在安装磁罗经时,应确保标准罗经安装在艏艉面内,罗经基线应与艏艉面重合。定期核对罗经基线时,通常可利用前桅中心线和烟囱中心线来进行校对,误差应小于 0.5°。

2.气泡排除

罗经盆中如有气泡会妨碍罗盘读数,严重时会影响液体对罗盘的平稳支撑。因此,应定期检查并排除罗经盆中的气泡。

3.罗盘磁力检查

定期检查罗盘的磁力状况,确保其正常。如果发现磁力异常,应及时进行调整或更换。

4.自差校正

磁罗经在使用过程中可能会产生自差,应定期进行自差校正,确保罗经指向的准确性。

5.清洁与保养

定期清洁磁罗经的表面和内部,去除灰尘和污垢。应定期对罗经柜和罗经盆的密封性进行检查,确保无泄漏。

二、甚高频电话

甚高频电话（VHF-Radio telephone 或 VHF-RT）是船舶甚高频段设备话音终端,主要用于海上近距离通信,如驾驶台与驾驶台和救助现场之间的通信,通信时使用的频率是甚高频段波段,如图 2-2-2 所示。甚高频段（VHF）无线电波的频率范围为 30～300 MHz,国际上规定甚高频水上移动业务电台的频率为 156～174 MHz。这种电话利用甚高频段的无线电波在空间传播来进行语音通信,是沟通船—船、船—岸、岸—船以及船队内部近距离信息联系的一种助航仪器。

（一）船用甚高频电话的主要性能

1.通信距离与范围

VHF 无线电话在水上通信中主要依赖直线传播,理论上,其通信距离可以达到约 100 n mile;但在实际使用中,正常的通信范围通常限制在 30～50 n mile。船用 VHF 无线电话一般发射功率为 25 W,其传播范围正常值约为 25 n mile。

图 2-2-2　VHF 无线电话

2.通信功能

VHF 无线电话是船舶通信的重要终端,广泛用于船与船、船与岸之间的通信。通过 VHF 无线电话,船舶可以获得有关航行的安全信息,如他船的航行动态、危险警告等,还可以交换各自的航行意图,从而确保船舶航行的安全。

3.法规与责任

VHF 无线电话的使用受到严格的法规监管。根据《中华人民共和国内河海事行政处罚规定》,船舶必须遵守 VHF 频道的选用规定,如果船舶未在规定频道上守听,或者未正确使用 VHF 无线电话进行通信,可能会面临罚款的处罚,在严重的情况下还可能对责任船员进行适任证书的扣留或吊销。

船用甚高频电话在船舶通信中扮演着重要的角色,具有明确的通信范围和功能,并受到相关法规的严格管理。船舶和船员在使用 VHF 无线电话时必须遵守相关规定,以确保通信的有效性和安全性。

（二）船用 VHF 无线电话的操作事项

1.安装位置与标识

双向无线电话应安放在驾驶室内,并确保在紧急状况时能够便于取用。同时,其安放位置附近应有醒目标志,以便于快速识别和使用。

2.设备检查与准备

在使用前,船员应仔细阅读说明书,熟悉面板上各个开关和旋钮的名称、功能和操作说明。特别要调整好音量和静噪这两个功能旋钮,以确保通话质量,避免对设备造成损害。

3.通信方式与使用场景

双向无线电话应能用于救生艇(筏)之间、救生艇(筏)与船舶之间以及救生艇(筏)与救助单位之间的现场通信。同时,在需要保证遇险、紧急通信时,双向无线电话应使用一个有效的原电池,确保通信的顺畅进行。

4.功率控制

当该设备用于近距离通信时,应将功率开关置于"小功率"位置,以减少电池的功耗。

5.紧急情况下的操作

在船舶遇险弃船时,应由指定人员将设备带入救生艇(筏),并确保设备在紧急情况下能够正常工作。

6.其他需注意的事项

使用船用VHF无线电话时,还需注意遵守相关法规和规定,确保通信的合法性和安全性。

（三）VHF无线电话的通信要求

1.通信清晰与准确

在VHF无线电话通信时,信息传输应清晰、准确,避免产生误解或信息丢失。因此,在通信时,双方应保持语言简洁明了,避免使用模糊或复杂的表达方式。

2.频率选择与使用

VHF无线电话的通信频率应严格遵守国际和国内的相关规定,不得随意更改或占用其他频率,确保通信的合法性和有效性。

3.守听与回应

VHF无线电话在通信过程中,要求双方保持守听状态,及时回应对方的呼叫和询问。特别是在紧急情况下,通信者应迅速响应,确保信息的及时传递和处理。

4.保密与安全

VHF无线电话通信涉及的信息可能涉及船舶的安全和隐私,因此要求通信双方严格保密,不得泄露相关信息。同时,双方应采取必要的安全措施,防止通信被非法截听或干扰。

5.设备检查与维护

为确保VHF无线电话的正常运行和通信质量,应定期对设备进行检查和维护,包括检查设备的电源、天线、接收和发射功能等是否正常,及时更换损坏的部件或进行维修。

6.人员培训

操作人员应在接受相关的培训后方可进行VHF无线电话的通信操作,确保操作人员熟悉设备的功能和操作要求,提高通信的效率和准确性。

VHF无线电话的通信要求涉及多个方面,包括通信的清晰性、频率的选择与使用、守听与回应、保密与安全以及设备的检查与维护等。遵守这些要求有助于确保VHF无线电话通信的顺利进行,提高船舶通信的效率和安全性。

（四）VHF无线电话的维护保养

1.日常检查

船员应严格按照船检规范的要求,对VHF无线电话进行日常检查。主要检查内容包括主电源、应急电源和备用电源,无线电分电箱,照明设备,以及自动充电设施的工作状态。

应确保在紧急情况下,如全船失电,VHF无线电话仍能正常通信,从而保障船舶航行安全。

2.防水、防潮、防振和防尘

在湿度大、温差变化范围较大和振动的环境中,VHF无线电话的维护保养尤为重要,使用中应确保设备防水、防潮、防振和防尘,避免设备受到损坏或性能下降。

3.清洁与保养

船员应保持VHF无线电话的清洁,定期清理设备表面和内部的灰尘和污垢;检查主机与

各部分电缆的接头接触是否良好,确保信号传输的稳定性和清晰度。

4.避免阳光直射

船员应避免设备长时间受阳光直射,以减少设备老化和损坏的风险。

5.定期通电保养

船员应每周至少对 VHF 无线电话进行一次通电保养,确保设备各部件正常工作。

6.保险丝更换

更换保险丝时,船员必须确保其不超过规定的额定值,以防止设备过载或损坏。

7.培训与记录

应对船员进行针对 VHF 无线电话的维护保养培训,确保他们熟悉设备的操作和维护要求。应建立维护保养记录,记录每次维护保养的时间、内容和结果,以便追踪设备的维护历史和状态。

三、船用雷达

（一）船员雷达的组成

船用雷达主要由以下五个部分组成:

1.天线

天线是雷达的核心部件之一,负责发射和接收无线电波。天线的设计对于雷达的性能至关重要,它影响着雷达的探测范围、分辨率和精度。

2.发射机

发射机是产生射频脉冲的设备,能够产生强大的射频能量,并通过天线发射出去。发射机的性能决定了雷达的发射功率和脉冲重复频率,从而影响着雷达的探测能力和抗干扰能力。

3.接收机

接收机负责接收从目标反射回来的回波信号,并将其转换为可处理的电信号。接收机的灵敏度、动态范围和噪声抑制能力都是影响其性能的关键因素。

4.信号处理与控制系统

信号处理与控制系统负责对接收到的回波信号进行处理,提取出目标的位置、速度等信息,并将其转换为可视化的图像或数据。控制系统则负责控制雷达的工作状态,如扫描模式、探测范围等。

5.显示器

显示器是雷达与船员之间的接口,它将处理后的信号以图像或数据的形式展示出来,供船员观察和判断,如图 2-2-3 所示。现代船用雷达的显示器通常具有高分辨率、彩色显示和多种操作模式,方便船员进行航行和避碰操作。

以上五个部分共同协作,使得船用雷达能够实时、准确地获取目标信息,为船舶的安全航行提供重要保障。

图 2-2-3　显示器

（二）船用雷达的工作原理

船用雷达的工作原理主要基于无线电波的发射、传播、反射和接收。以下是船用雷达工作的基本步骤：

1.发射无线电波

船用雷达的发射机产生强大的射频脉冲，这些脉冲通过天线以定向的方式发射出去。这些无线电波以光速在空气中传播，遇到物体后会反射回来。

2.接收反射回波

当天线发射出去的无线电波遇到目标（如其他船只、岛屿、礁石等）时，部分能量会被目标反射回来，形成回波。这些回波被雷达的天线接收，并传输到接收机。

3.处理与解析信号

接收机将接收到的回波信号进行放大、滤波和解调等处理，提取出有关目标的信息。然后，信号处理系统会对这些信息进行进一步的处理，如距离计算、角度测量等，从而确定目标的位置和属性。

4.显示目标信息

处理后的目标信息被传输到显示器上，以图像或数据的形式展示出来。船员可以通过观察显示器上的雷达图像，了解周围水域的态势，包括目标的数量、位置、距离、航向和航速等信息。

船用雷达通过不断重复发射和接收无线电波的过程，实时更新周围水域的态势信息，为船员提供重要的导航和避碰依据。这种工作原理使得船用雷达在复杂多变的海洋环境中具有高度的可靠性和实用性。

（三）船用雷达图像的识别

船用雷达图像的识别主要涉及对雷达接收到的海面反射信号进行处理和分析，以识别和提取出船舶、岛屿、礁石等目标的信息。这一过程通常结合了多种技术和算法，以提高识别的准确性和效率。

（1）船用雷达会发射无线电波并接收来自目标的反射回波。这些回波信号经过预处理后，会进行特征提取。特征提取是船用雷达图像识别的关键步骤，它涉及从图像中提取出与目标相关的各种信息，如目标的形状、大小、位置等。

（2）这些特征信息会被输入分类器或识别算法中进行处理。在分类器或识别算法中，这

些特征信息会被用来区分不同类型的目标。这些算法通过对大量样本数据进行训练和学习，能够自动识别和分类不同类型的目标。

（3）在进行船用雷达图像识别时，还需要考虑到海洋环境的复杂性和多变性。例如，海浪、海杂波、天气等因素都可能对雷达图像产生干扰和影响。因此，一些高级的雷达图像识别方法会采用信号处理技术、图像处理技术或者融合多种传感器的数据，以提高识别的鲁棒性和准确性。

（4）船用雷达图像识别的结果会以图像或数据的形式展示出来，供船员或相关人员进行观察和判断。这些结果对于船舶的航行安全、避碰、导航以及海上救援等都具有重要意义。

（四）影响雷达图像识别的因素

船用雷达图像识别受到多种因素的影响，这些因素可能导致识别结果的准确性、可靠性和稳定性发生变化。以下是一些主要的影响因素：

1.雷达系统参数

（1）波长

雷达波长的选择与目标的表面特性密切相关。目标表面粗糙且入射波波长较小时，回波较强，目标明显；反之，目标可能不明显，增加识别难度。同时，波长越长，其穿透力越强，对目标的检测也相对容易。

（2）波束角度

波束角度包括雷达波入射角和波束俯角。雷达波入射角影响目标的后向散射，雷达波入射角越大，目标在图像中的细节信息越明显，越有利于识别。波束俯角也是影响后向散射的重要因素，随着波束俯角的增大，目标后向散射增强。

（3）极化方式

不同的极化方式对雷达图像的获取和识别都有影响，需要根据实际应用场景选择合适的极化方式。

（4）目标方位角

船用雷达图像的识别对目标方位角非常敏感。相同的目标在方位角差异较大的情况下，其雷达图像可能会有很大的视觉差异，增加了识别的难度。

（5）速度变化

舰船在方向上的速度变化可能导致雷达图像失真，如聚焦效应产生的拖舰现象和旁瓣效应等，这些都会干扰雷达图像的识别。

2.环境因素

（1）海况条件

海浪、海杂波等自然现象会对雷达信号产生干扰，影响图像的清晰度和目标的识别。

（2）天气状况

恶劣的天气条件，如大雨、大雾等，会减弱雷达信号的传播，降低图像的分辨率和识别效果。

（3）图像噪声和干扰

①散斑噪声：SAR遥感图像中存在的散斑噪声会加大目标识别的难度。

②其他电磁干扰：其他无线电设备或电磁干扰源可能产生干扰信号，影响雷达图像的获取

和识别。

3.算法和技术因素

（1）算法选择

不同的识别算法对不同的目标和场景有着不同的适应性。选择合适的算法对于提高识别性能至关重要。

（2）数据处理技术

图像处理、特征提取和分类等技术的先进性也会影响识别的准确性。

为了提高船用雷达图像识别的准确性和可靠性，需要综合考虑以上因素，并根据实际应用场景选择合适的雷达系统参数、算法和技术手段。同时，还需要对雷达系统进行定期的维护和校准，以确保其性能的稳定性和可靠性。

（五）船用雷达引航要点

船用雷达在引航过程中的要点主要包括以下几个方面：

（1）充分利用雷达的功能

雷达的主要功能是探测并显示周围目标的信息。对于引航员来说，利用雷达提前判断3 n mile以外的目标是否存在危险是至关重要的，这有助于船舶及早采取避让措施，确保航行安全。

（2）观察与判断目标动态

除了判断目标的距离，引航员还需根据雷达显示的信息，观察目标的运动状态，如速度、方向等，从而预测其可能的行动轨迹，为避让行动提供参考。

（3）注意小船的动态

小船由于体积小、机动性强，行为可能较难预测。因此，引航员应更加关注小船的动态，设想它们可能会采取的措施，并做好应对准备。

（4）结合导航设备使用

虽然雷达是引航过程中的重要工具，但引航员还应结合其他导航设备，如电子海图、AIS等进行综合判断。这些设备可以提供更多的信息，有助于引航员做出更准确的决策。

（5）保持正规瞭望

在引航过程中，选择一个相对固定的位置进行正规瞭望是非常重要的。这有助于减小瞭望盲区范围，使引航员能够更全面地掌握周围环境的信息。同时，这个位置应便于观察雷达、守听 VHF 以及查看电脑导航。

（6）检查通信设备

应随时检查 VHF 是否值守在规定的频道，确保他船或交管部门能够联系上本船。这对于避免通信中断、保障航行安全至关重要。

船用雷达在引航过程中的正确应用需要引航员具备丰富的经验和专业知识，能够熟练掌握雷达的操作技巧，并结合其他导航设备进行综合判断。同时，保持高度的警觉性和责任心也是确保航行安全的关键。

（六）使用船用雷达进行避让的注意事项

（1）应有选择地交替使用不同量程进行搜索，发现目标后应保持不断跟踪并进行雷达标绘，以判明是否存在碰撞危险。避让措施要及时，且变量要大，包括对航向和航速的调整。同

时,要考虑本船雷达的盲区及阴影扇面,确保雷达覆盖的范围没有遗漏。

(2)要熟悉并掌握相关仪器(如罗经、计程仪、无线电助航仪器等)的性能及误差,并随时检查这些仪器的使用效果。必要时,可以利用等深线或特殊水深变化与实测水深的比较,求得近似船位,以提高定位的精度。

(3)船舶驾驶员应结合海区的定位、船舶电子仪器性能以及当时情况的避让条件,充分利用雷达和其他无线电设备进行定位和导航。这有助于更准确地判断周围船舶的动态和航行意图,从而做出更恰当的避让决策。

(4)根据《中华人民共和国内河避碰规则》(以下简称《内河避碰规则》)的规定,每一艘船舶在任何时候都应使用视觉以及适合当时环境和情况的一切有效手段保持正规瞭望,对局面和碰撞危险做出充分的估计。

(5)需要特别注意的是,雷达在显示目标时可能存在反射弱小物标的缺陷或假回波的问题。驾驶员在使用雷达时应对这些问题有所了解和准备,避免因此产生误判或漏判。

使用船用雷达进行避让是一个复杂而精细的过程,需要驾驶员具备丰富的经验和专业的知识,能够熟练掌握雷达的操作技巧,并结合其他导航设备和规则进行综合判断。

(七)船用雷达的基本操作

(1)首先将船用雷达的电源开关打开,确保雷达设备能够得到正常供电。

(2)根据实际需求,设置雷达的工作参数,例如雷达的功率、增益、频率等,以实现最佳的工作效果。

(3)打开雷达显示器,以便观察雷达回波图像。

(4)根据实际需要,选择适当的雷达扫描模式,例如水平扫描、垂直扫描、扇形扫描等。

(5)此外,根据一些更具体的操作指南,可能还包含以下步骤:

①调整"SEA""RAIN""GAIN"和"BRILL"旋钮,选择 RANGE 量程,并调节"TURN"旋钮至物标清晰出现在荧光屏上。注意,"SEA""RAIN"和"TURN"旋钮分别有手动模式和自动模式,但雨雪和海浪不能同时设置为自动。

②捕捉物标,按下"ACQ MANUAL"键,移动光标到物标上,再按下左键,物标即被捕捉。

③读取物标数据,按下"TGT DATA"键,将光标移动到物标上,按下左键,物标数据即被读取。

④按下"AZI/MODE"键,进行真北、真运动、相对运动等选择。

⑤在操作雷达时,需要注意屏幕上可能出现的杂波。如果杂波较多,可以通过转动特定的旋钮(如"SEA"旋钮)来抑制部分杂波,但应避免调整过度,以免有用的回波也被抑制。

以上仅为一般性的操作步骤,具体可能会因雷达型号和船舶类型的不同而有所差异。因此,在实际操作中,建议参考船舶雷达的使用手册或接受专业人员的培训,以确保正确和安全地操作雷达设备。

四、自动识别系统

(一)自动识别系统的组成

自动识别系统(Automatic Identification System,简称 AIS)由岸基(基站)设施和船载设备共同组成。AIS 集网络技术、现代通信技术、计算机技术、电子信息显示技术于一体,是一种新型的数字助航系统和设备。

AIS 通常由 VHF 通信机、GPS 定位仪和与船载显示器及传感器等相连接的通信控制器组成。这些设备能够自动交换船位、航速、航向、船名、呼号等重要信息。装在船上的 AIS 在向外发送这些信息的同时,接收 VHF 通信机覆盖范围内其他船舶的信息,从而实现自动应答,如图2-2-4 所示。

图 2-2-4　AIS 终端

（二）AIS 的工作原理

AIS 通过配合全球定位系统(GPS),将船舶动态(如船位、航速、船首向等)与静态资料(如船名、呼号、吃水及危险货物等)结合,并通过 VHF 频道向附近水域的船舶及岸台广播。这使得邻近船舶及岸台能够及时掌握附近海面所有船舶的动静态信息,从而可以立刻互相通话协调,采取必要的避让行动,对保证船舶安全有很大的帮助。

（三）AIS 的优势

AIS 具有实时性强、准确性高、广泛覆盖、高效通信、自动化程度高、智能化程度高、安全性和可靠性高等优势,为船舶航行提供了重要的支持和保障。

1.实时性和准确性

AIS 能够实时、准确地提供船舶的位置、航向、航速等信息。通过 GPS 定位,AIS 能够确保信息的准确性,并且能够在短时间内更新船舶的状态,使得其他船舶和岸台能够及时了解附近船舶的动态。

2.广泛覆盖和高效通信

AIS 利用 VHF 频道进行通信,具有较广的覆盖范围。这使得在广阔的海域中,船舶之间以及船舶与岸台之间能够实现高效的通信,减少了信息传递的延迟和误解。

3.自动化和智能化

AIS 实现了船舶识别的自动化和智能化。通过自动交换船舶信息,AIS 能够减少人为错误和疏忽,提高船舶识别的准确性和效率。同时,AIS 还可以与其他船舶导航和监控系统相结合,实现更高级别的智能化管理。

4.安全性和可靠性

AIS 提高了船舶航行的安全性。通过实时获取附近船舶的信息,船舶可以及时采取避让措施,减少碰撞风险。此外,AIS 还具有高度的可靠性,能够在恶劣的天气和海况条件下正常

工作,确保船舶的安全航行。

(四)AIS设备的基本操作步骤

1.安装AIS设备

在安装前,需要准备必要的设备和配件,如AIS发射机、AIS接收机、VHF无线电话、GPS接收机和GPS定位系统等。同时,还需要确保有适当的电源供应,如电池等。

在安装时,将AIS发射机和接收机连接起来,并把AIS和VHF无线电话安装在船上。同时,将GPS接收机和GPS定位系统连接起来并安装在船上。

2.激活AIS设备

确认AIS设备已经按照正确的连接方式安装好后,需要激活设备,使其在海上安全可见系统中可供启用。

3.接收数据

在AIS设备被激活后,通过AIS接收机可以接收其他船舶在海上发射的数据,包括定位和船舶的其他相关信息。

4.发射数据

在当AIS设备被激活后,通过AIS发射机可以发射自身的定位、船舶信息和其他相关数据,以便其他船舶获取定位和船舶信息。

5.查看船位

在AIS设备被激活后,可以获取自身和其他船舶的定位信息,从而了解船舶的实时位置。

操作AIS设备时应遵循相关的安全规定和操作规程,确保设备的正常运行和数据的安全传输。此外,还需要定期对设备进行维护和检查,以保证其性能和可靠性。

以上仅为AIS设备的基本操作步骤,具体操作可能因设备型号和制造商的不同而有所差异。在实际操作中,建议参考设备的使用手册或向设备供应商咨询,以确保驾引人员正确、安全地操作AIS设备。

(五)AIS数据输入的基本过程

AIS数据的输入主要依赖于AIS设备自动接收和解析来自其他船舶的AIS信号。以下是AIS数据输入的基本过程:

1.信号接收

AIS设备通过VHF频道接收来自附近船舶的AIS信号。这些信号包含了船舶的静态、动态和航程数据。

2.数据解析

接收到的AIS信号被AIS设备解析成可读的数据格式。这包括解析船名、呼号、MMSI(海上移动业务标识)、IMO(国际海事组织)编号等静态数据,以及经度、纬度、航速、航向等动态数据。

3.数据显示与记录

解析后的数据可以在AIS设备的显示屏上实时显示,也可以被记录并存储在设备的内存中,以供后续分析和使用。

AIS 数据的输入是自动进行的,无须人工干预。同时,为了确保数据的准确性和可靠性,AIS 设备需要定期进行校准和维护。

需要强调的是,AIS 数据的输入和使用应遵循相关的国际和国内法规,确保数据的合法性和安全性。

(六)AIS 信息的获取与使用

1.信息获取

(1)设备接收

AIS 设备通过 VHF 频道接收其他船舶发出的 AIS 信号。这些信号包含了船舶的各类信息,如船名、呼号、MMSI 号、位置、航速、航向等。

(2)数据解析

接收到的 AIS 信号会被设备内部的处理器进行解析,并转换成可读的数据格式。

(3)数据显示

解析后的数据可以在 AIS 设备的显示屏上直接显示,方便用户查看。

2.信息使用

(1)海上交通安全

AIS 信息的主要作用之一是提高海上交通安全。通过实时获取附近船舶的位置、航速和航向等信息,船员可以更好地了解周围船舶的动态,从而避免碰撞事故的发生。

(2)船舶监控与管理

港口管理部门或航运公司可以利用 AIS 信息进行船舶的实时监控和管理。例如,可以追踪船舶的航行轨迹,了解船舶的实时位置,从而优化航线,提高航运效率。

(3)海事调查与救援

在发生海事事故或需要紧急救援时,AIS 信息可以为搜救人员提供关键线索。通过分析船舶的航行轨迹和最后位置,可以迅速定位事故地点,展开救援行动。

此外,随着技术的发展,AIS 信息还可以与其他系统(如 GIS 地理信息系统)进行集成,实现更高级别的船舶监控和管理功能。

需要注意的是,使用 AIS 信息时应遵守相关法律法规,确保数据的合法性和安全性。同时,也要注意保护个人隐私,避免泄露敏感信息。

(七)使用 AIS 设备时的注意事项

1.合规性

应确保所使用的 AIS 设备符合国际和国内的相关标准和规定。所有客船、300 总吨及以上的国际航行船舶和 500 总吨及以上的非国际航行货船,都应在规定时间内配备一台 AIS 设备。非法编译、占用或冒用其他船舶识别码的设备将无法发挥应有的作用,对航行环境产生不良影响。

2.设备检查与维护

应定期检查 AIS 设备的运行状态,确保其正常启动和工作。在航行或锚泊时,AIS 设备应始终处于运行状态,不要随意关闭 AIS 设备,除非有必要关闭以保护船舶的安全。二副应负责

AIS 设备的日常管理和维护工作,确保设备性能稳定。

3.信息更新与准确性

应确保 AIS 设备中船舶数据的实时更新和准确。责任船员应随时查看 AIS 设备数据,每航次至少检查一次。在航行开始、船舶信息发生变化时,责任船员应手动输入和更新相关动态信息数据,如船舶吃水、船上危险品、航行状态等。同时,定期检查和验证 AIS 设备动态信息的准确性也是有必要的。

(1)沟通与协作

船长和值班驾驶员应关注 AIS 设备接收到的所有信息,并使用 VHF 无线电话与相关船舶和港口交管部门及时沟通。这有助于避免碰撞和其他航行风险,提高航行安全性。

(2)设备标识与操作指引

设备操作程序应张贴在设备旁,以便船员随时查看。此外,《船舶 AIS 使用管理规定》也应张贴在驾驶室的明显位置,提醒船员遵守相关规定。

(3)培训与熟练度

船舶驾驶员应能熟练操作 AIS 设备,并了解其在航行安全中的重要作用。定期的培训和实践操作有助于增加船员对 AIS 设备的熟悉程度和提高操作技能。

五、船用全球卫星定位系统

(一)全球定位系统简介

船用全球卫星定位系统主要依赖于全球导航卫星系统(GNSS),其中使用最为广泛的是美国的全球定位系统(GPS),如图 2-2-5 所示。GPS 最初是由美国国防部建立的,主要用于美国军事部门的精确导航和定位。随着技术的不断更新和普及,GPS 的应用范围已经扩展到包括航运业在内的多个行业。

在船舶航行中,GPS 的应用使航行记录过程更加简单便捷,结果也更加精确。它解决了船舶转向时确定准确转向点的问题,可以全天候实时提供船位信息,使船舶能够稳定航行。此外,GPS 的精确授时也取代了传统的天文钟,用于对时作业。在抛锚操作中,GPS 也可以显示进入锚位并抛锚的相关信息。

图 2-2-5 全球定位系统(GPS)

（二）GPS 的主要功能

1.定位功能

GPS 通过接收多颗卫星的信号，能够精确计算出用户的三维位置（经度、纬度和高度）信息。这种定位功能在船舶航行中尤为重要，可以帮助船员准确了解船舶的实时位置，从而进行精确的航线规划和导航。

2.导航功能

基于定位信息，GPS 可以为用户提供导航服务。在船舶上，这意味着可以根据目的地规划出最优航线，并在航行过程中提供实时导航指引，确保船舶按照预定路线行驶。

3.测速功能

GPS 不仅可以确定位置，还可以测量用户的运动速度。在船舶航行中，这有助于船员了解船舶的实时速度，以便根据需要进行调整，确保航行安全和经济性。

4.授时功能

GPS 具有精确的授时能力，可以为用户提供准确的时间信息。在船舶上，这可以用于同步各种设备和系统的时间，确保航行数据的准确性和一致性。

GPS 通过提供精确的定位、导航、测速和授时功能，为船舶的安全、高效航行提供了重要支持。在复杂的海上环境中，GPS 发挥着至关重要的作用，大大提高了船舶的安全性和效率。

（三）GPS 设备的使用注意事项

1.设备安置与保护

GPS 船载终端和 GPS 天线不应被擅自移动，同时应避免金属物遮挡 GPS 天线，以确保信号接收不受干扰。船舶应保持驾驶室室内环境整洁、干燥，尽量避免让船载终端、显示屏等设备接触到水、油等液体，防止设备损坏或影响使用效果。

2.设备使用与维护

在日常使用中，驾驶员应小心操作，避免拖拽主线等配件，以免导致接口脱落或损坏。对于已固定的 GPS 主机、主线、显示屏等，一旦发现松动等现象，应及时进行加固。船舶应保持 GPS 船载终端 24 h 开机，确保随时可以进行定位与导航。如果发生设备故障，应及时将 GPS 船载终端送至专业维修中心维修，或通知维修人员上船进行修理。

3.防晒与定位辅助

船舶在航行或停泊时，应注意避免让 GPS 显示屏直接暴露在阳光下，以防止屏幕过热或损坏。此外，在近岸航行，特别是进出港时，应尽量使用陆标定位，如雷达距离和罗经方位等，这些定位方法通常更为准确和迅速。

遵循以上注意事项，可以确保船用 GPS 的正常运行，提高定位精度，并有助于船舶的安全航行。同时，定期的维护和检查也是必不可少的，以确保设备的长期稳定性和可靠性。

六、船用测深仪

船用测深仪是一种用于测量水深的重要设备，广泛应用于海洋、河流等水域的航行和探测

活动中,如图 2-2-6 所示。下面将详细介绍船用测深仪的原理、使用注意事项以及常见类型。

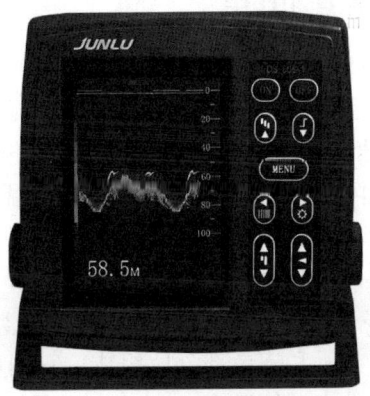

图 2-2-6　船用测深仪

（一）船用测深仪的原理

船用测深仪主要通过向水下发射声波并接收其反射回来的信号来测量水深。具体来说,测深仪会向水下发射一束声波,当声波遇到水底时,会反射回来并被测深仪接收。通过测量声波从发射到接收的时间,以及声波在水中的传播速度,就可以计算出水深。

（二）船用测深仪的使用注意事项

1.安装位置

测深仪应安装在船舶的适当位置,以确保其能够准确地向水下发射声波并接收反射信号。同时,应避免将其安装在可能受到强烈振动或干扰的位置。

2.维护保养

定期对测深仪进行维护和保养,确保其处于良好的工作状态。检查电缆连接是否牢固,清洁传感器表面,避免污垢或海藻等附着物影响测量精度。

3.使用环境

注意测深仪的使用环境,避免在恶劣的天气或海况下使用,以免对其造成损坏或影响测量精度。

（三）船用测深仪的常见类型

1.回声测深仪

回声测深仪通过向水下发射声波并接收其反射回来的信号来测量水深。这种类型的测深仪具有测量精度高、可靠性强的特点,广泛应用于各种水域的航行和探测活动中。

2.激光测深仪

激光测深仪利用激光束进行测量,具有较高的测量精度和较快的测量速度。然而,激光测深仪的价格相对较高,且在使用时需要注意避免激光束受到干扰或遮挡。

船用测深仪在船舶航行和探测活动中具有重要的作用。在使用过程中,需要注意其安装位置、维护保养以及使用环境等因素,以确保其能够准确、可靠地测量水深。同时,根据实际需求选择合适的测深仪类型也是非常重要的,在内河航行船舶中,较常使用的是回声测深仪。

（四）回声测深仪的工作原理和作用

（1）回声测深仪的工作原理是,利用换能器在水中发出声波,根据声波至障碍物的往返时间和所测水域中声波的传播速度,计算出障碍物(水底)与换能器之间的距离,即水深。

（2）声波在海水中的传播速度会受到多种因素的影响,包括海水的温度、盐度和水中压强。在海洋环境中,这些物理量越大,声速也越大。常温下,海水中声速的典型值为 1 500 m/s,而在淡水中,声速大约为 1 450 m/s。因此,在使用回声测深仪之前,通常需要对仪器进行校准,以校正这些变化对测量结果的影响。

（3）回声测深仪的类型众多,可以分为记录式和数字式两类。这些仪器通常由振荡器、发射换能器、接收换能器、放大器、显示和记录部分所组成。它们可以在船舶航行中快速准确地连续测量水深,为船舶提供实时的水深信息。

（4）除了测量水深,回声测深仪还有其他的重要作用。首先,它可以用来发现水中障碍物,确保船舶安全航行。其次,当船舶在沿岸航行且无法用准确的方法测定船位时,可以观测某一物标的方位和当时测得的水深,以推算出近似的船位。

回声测深仪是一种功能强大且实用的船用设备,它利用声波反射的原理准确测量水深,并为船舶的安全航行和定位提供重要信息。

（五）回声测深仪的操作与应用

1.操作

（1）准备阶段

在使用回声测深仪之前,操作人员首先需要对仪器进行校准,以考虑水温、盐度和压力等因素对声波传播速度的影响。这通常涉及一系列精确的测量和计算,以确保测量结果的准确性。

（2）安装与设置

操作人员将回声测深仪安装在船舶的适当位置,确保其能够稳定地工作并准确地向水下发射声波;根据具体的仪器型号和测量需求,设置相应的参数,如测量范围、采样频率等。

（3）开始测量

操作人员启动回声测深仪,使其开始发射声波并接收反射回来的声波。仪器会自动记录声波往返的时间,并根据预设的参数进行计算。

（4）数据记录与显示

回声测深仪会将计算得到的水深数据记录在内部存储器中,并通过显示屏或其他输出设备显示出来。操作人员可以实时查看测量结果,并根据需要进行进一步的处理和分析。

2.应用

（1）水深测量

回声测深仪主要用于测量水域的深度,特别在海洋、河流和湖泊等水域中。通过连续的测量,可以绘制出水深分布图,为船舶航行、港口建设和水下工程施工提供重要的参考信息。

（2）障碍物探测

除了测量水深,回声测深仪还可以用于探测水中的障碍物,如礁石、沉船或其他水下物体。这对于确保船舶的安全航行至关重要,可以避免船舶与障碍物发生碰撞。

（3）定位与导航

在某些情况下，回声测深仪可以用于辅助定位和导航。通过观测特定物标的方位和当时测得的水深，可以推算出近似的船位，这对于在沿岸航行且无法用准确方法测定船位的船舶来说尤为重要。

第三章

船舶操纵

第一节　外界因素对操船的影响

一、风对操船的影响

船舶在风浪中航行,相对风作用在船体水线以上部分会产生风动力。风对船舶操纵的影响主要表现在四个方面:

(1)风动力的纵向分力使船舶的航速和冲程增大或减小;

(2)风动力的横向分力使船舶向下风向漂移;

(3)风动力与船舶重心高度形成风动力转船力矩,使船舶发生偏转运动;

(4)风动力与船舶横稳心高度形成横倾力矩,使船舶发生横倾。

1.风动力及风动力转船力矩

(1)风动力

风动力是指处于一定运动状态下的船舶的船体水线以上部分所受的空气动压力;风舷角 θ 是指风向与艏艉线的夹角;风动力角 α 是指风动力作用线与艏艉线之间的夹角;风动力作用点(中心)是指船舶水线以上受风作用的合力作用点 A,如图 3-1-1 所示。

风动力的大小与风速、风舷角 θ、船体受风面积和船舶上层建筑形状(包括空、满载,吃水差,上层建筑布置情况等)有关。

风动力角与风舷角 θ、水线上船体正面积与侧面积之比及吃水变化有关。通常情况下,船舶的水线上船体侧面积总是大于正面积,故风动力方向与艏艉线的夹角总大于风向与艏艉线的夹角,较风向更接近于正横方向。

风动力作用点至船首的距离主要取决于风舷角 θ、船舶上层建筑形状以及面积分布情况。

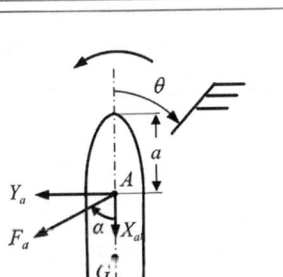

图 3-1-1　风动力与风动力作用点(中心)示意图

随着风舷角 θ 的增大,风动力中心 A 将由船的前部移向船的后部,并呈非线性变化。当 θ 小于 90°时,A 点在 G 点之前;当 θ 等于 90°时,A 点在 G 点附近;当 θ 大于 90°时,A 点在 G 点之后,如图 3-1-2 所示。

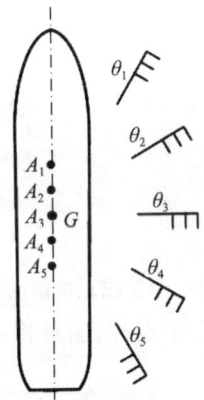

图 3-1-2　风动力中心随风舷角变化示意图

风动力的大小、方向和作用点,被称为风动力的三要素。

(2)风动力转船力矩

风动力转船力矩又称风压力转船力矩,当船舶处于水上漂浮状态时,以船舶重心为支点,风动力转船力矩等于风动力与风动力作用线至船舶重心垂直距离的乘积。

2.水动力及其转船力矩

船舶因种种原因与其周围的水有相对运动时,船舶所受水的作用力称为水动力。这种船水之间的相对运动,有的是由船舶本身自力(凭借车、舵、缆的作用)所造成的,有的是由外界条件(凭借拖船、风动力、水流的作用)所造成的。

水动力的大小、方向、作用点与水和船的相对运动方向(即漂角)密切相关。已知水动力三要素之后,欲求水动力转船力矩,如同求风动力转船力矩一样,也须视支点而定。船舶在航行时,以船舶重心为支点,水动力转船力矩等于水动力与水动力作用线至船舶重心垂直距离的乘积。

3.风致偏转

船舶在受风作用下的偏转方向,取决于风压力转船力矩和水动力转船力矩的合力矩方向。在分析风致偏转时,水动力转船力矩是指因船舶移动而引起的相对水流的水动力转船力矩,而不考虑自然流的影响。在分析风致偏转时,关键要弄清风动力和水动力的大小、方向和作用点位置。

（1）船舶在静止中受风

风从正横前吹来,$\theta<90°$,A 点在 G 点之前,风动力产生的转船力矩 M_a 使船首转向下风;同时 F_a 使船舶向下风方向漂移,此时流来自船尾方向,W 点在 G 点之后,M_w 使船尾转向上风。因此,风从正横前吹来时,M_a 和 M_w 均使船首向下风向偏转(顺风偏转),直至接近正横受风,使 A 点、W 点都在 G 点附近,M_a、M_w 均趋向于零,船舶才停止偏转,仅向下风方向漂移,如图 3-1-3（a）所示。

风从正横后吹来,$\theta>90°$,A 点在 G 点之后,M_a 使船尾转向下风,同时 F_a 使船舶向下风方向漂移,此时流来自船首方向,W 点在 G 点之前,M_w 使船首转向上风。因此,风从正横后吹来时,M_a 和 M_w 均使船首转向上风(逆风偏转),直至变成正横附近受风,M_a、M_w 趋于零,船舶偏转停止,仅向下风方向漂移,如图 3-1-3(b)所示。

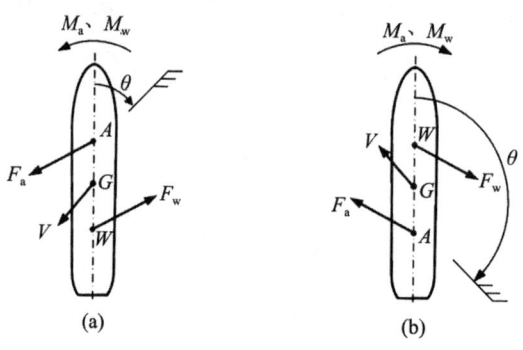

图 3-1-3 静止中船舶正横前后来风时的偏转

综合来看,船舶静止中或船速接近于零时,船身将趋向于和风向接近垂直。

（2）船舶在前进中受风

正横前来风时,$\theta<90°$,A 点和 W 点均在 G 点之前,如图 3-1-4 所示。船首偏转方向将依 M_a 与 M_w 之代数和而定。当 $M_a>M_w$ 时,则出现顺风偏;当 $M_a<M_w$ 时,出现逆风偏。

正横后来风时,$\theta>90°$,A 点在 G 点之后,W 点在 G 点之前,M_a、M_w 共同使船首逆风偏转。

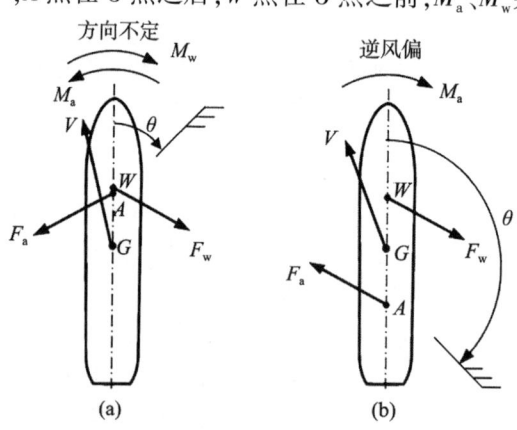

图 3-1-4 前进中船舶正横前后来风时的偏转

综合来看,船舶在前进中受风的偏转规律如下:当正横前来风时,风动力力矩和水动力力矩的作用方向相反,效果互相抵消;而当正横后来风时,风动力力矩和水动力力矩的作用方向

相同。因此,船舶在前进中斜顶风比斜顺风更易于保向。

(3)船舶在后退中受风

当正横前来风时,$\theta<90°$,A点在G点之前,W点在G点之后,M_a与M_w共同使船尾逆风偏转,如图3-1-5所示。当正横后来风时,$\theta>90°$,A点、W点均处于G点之后,此时船舶偏转方向根据M_a与M_w之代数和来决定。由于船尾要比船首肥大,且船尾还有舵及螺旋桨叶等设备,所以当船舶倒航时,作用于船尾部下风侧的水动力F_w较大,且W点比A点更靠近船尾。因此,在一定风速下,当船舶有一定退速时,不论风舷角是多少,M_w往往大于M_a,使船尾迎向上风。但若退速较低,船舶的偏转基本上与静止时情况相同,船尾不一定迎风。

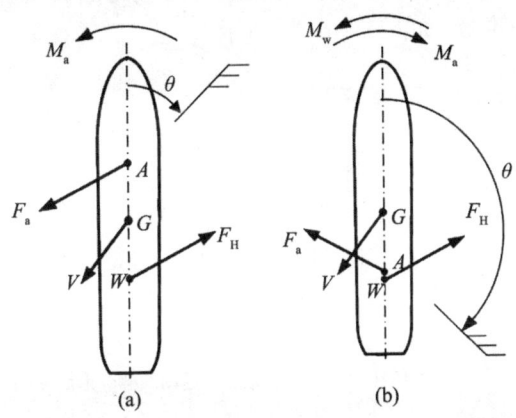

图3-1-5 后退中船舶正横前后来风时的偏转

综合来看,船舶在后退中受风时,无论风是从正横前吹来,还是从正横后吹来,只要船舶有一定的退速,就会出现艉迎风的现象。这就是船舶操纵实践中常说的"后退中,艉找风"。

二、水流对操船的影响

1.水流对船速和冲程的影响

船舶顺流航行时,实际船速等于静水船速与流速之和;顶流航行时,实际船速则等于静水船速与流速之差。因此,在静水船速和流速不变的条件下,顺流航行时的对地船速比顶流航行时的实际对地船速大2倍流速。

顶流时,对地冲程减小,流速越大,冲程越小;顺流时,对地冲程增大,停车后减速的过程非常缓慢。因此,当船舶顺流航行时,不论是掉头还是避让都应及早停车淌航。

2.水流对舵力和舵效的影响

舵力及其转船力矩与舵叶对水速度的平方成正比,而舵叶对水速度又与船舶对水速度成正比。由于不论顶流或顺流,只要流速相等,船舶相对于水的速度都是不变的,等于静水船速,所以在舵角等条件相同时,顺流和顶流时的舵力相等,其转船力矩也相等。

舵效是一个对地的概念。顶流时对地船速比顺流时小2倍流速,故使用同样的舵角顶流时能在较短的距离上使船首转过较大的角度。因此,顶流时的舵效较顺流时更好。但当船首斜向顶流时,由于流压力矩的作用,船舶向迎流舷回转困难,舵效反而较差。

3.水流对船舶漂移的影响

航行船舶正横前受流时,流速越快,流舷角越大,船速越慢,则流压差角就越大(艏向与船舶重心运动方向之间的夹角），横向漂移速度也越大；反之，流速越慢，流舷角越小，则流压差角就越小，横向漂移速度也越小。操纵船舶时应注意横流的影响，尤其在过急流、浅滩及桥区等航段时，应注意流舷角的调整。

4.水流对船舶旋回运动的影响

船舶在均匀水流中做旋回运动时，受水流的影响，船舶的旋回圈近似椭圆形，如图3-1-6（a）所示。

船舶在有流水道内旋回或转向时应注意，有流时转向时机与静水时不同，静水时可在物标接近正横前转向，而顺流航行时应提前转向，逆流航行时应延迟转向。这样，在水动力的作用下，船舶在转向后才能落位准确，如图3-1-6(b)所示。

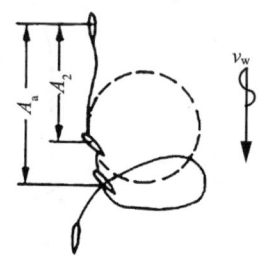

(a) 船舶在均匀水流中做旋回运动的椭圆形旋回圈

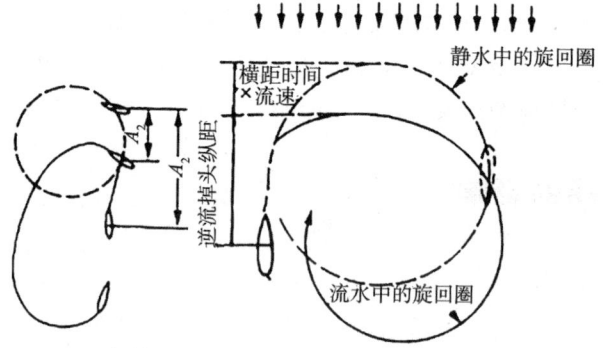

(b) 船舶顺流或逆流旋回360°时椭圆长轴与流向的关系

图3-1-6 水流对船舶旋回的影响示意图

三、受限水域对操船的影响

受限水域是指相对不同吃水和宽度的船舶而言，水深相对较浅和航道相对较窄的水域。在受限水域操船时，船舶运动会出现不同于在宽广的深水域时的现象和特点，如图3-1-7所示。船舶往往同时受到浅水效应和岸壁效应的影响，不安全的因素较多，给船舶操纵带来一些特殊的影响。

1.浅水效应

船舶驶入浅水区时将产生浅水阻力。此阻力将对船舶的操纵性产生诸多影响。

（1）船体下沉与跳动

当船舶运动时，由于船体周围的水流被加速，动压增大、静压减小，因而船体下沉，同时由于船首、尾的水压力分布发生变化而使纵倾改变。

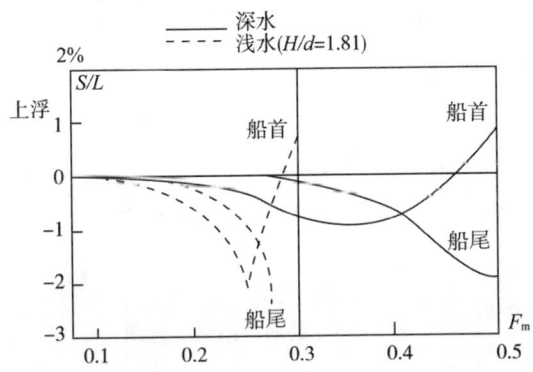

图 3-1-7　船舶在浅水区与深水区下沉比较示意图

另外,船舶驶入浅水区时,由于浮力与船舶重力不平衡,会造成船体上下沉浮的运动现象,该现象被称为"船体跳动"。

(2)船速下降

浅水造成的船速下降,主要有以下原因:

①由于船体相对流速加快,摩擦阻力增大。

②船体下沉后,浸水体积增大,使摩擦阻力相应增大。

③由于流速加快,沿船身流线的压力差额变化较大,越向船尾方向压力增大越急剧,从而使涡流阻力增大。

④水深限制了兴波的水质点做圆周运动的空间,也增加了兴波能量的损耗,因此,兴波阻力增大。

⑤由于船尾螺旋桨附近涡流的增大以及排出流的排泄不畅,在功率不变的条件下,螺旋桨旋转阻力增大、负荷加重,从而使转速下降,推进效率降低;加之各桨叶推力不均匀,致使船体剧烈振动。

(3)兴波变化

船舶从深水区刚驶入浅水区时,由于惯性作用,航速不会立即下降,而船体周围相对平均流速增加,船首压力增大,产生的兴波和波浪声也较大。但这一段时间较短,随着浅水阻力产生作用,船速下降,加上水深对兴波的制约,散波的高度和浪花声都将变小。

(4)船首偏转现象

上行船舶利用缓流航道航行而驶入浅水区时,船首向深水一侧偏转的现象被船员称为"跑舵"。为了避免搁浅,驾驶人员常让船"跑舵",必要时降低船速,使船向深水区航行一段距离后,再调顺航向,继续航行。

(5)赶浪与拖浪

船舶在浅水区航行,航行波与船舶纵中剖面的夹角随水深的减小而增大,使航行波看起来像在向前追赶船舶,被船员形象地称为"赶浪",如图 3-1-8(a)所示。

船舶在浅水区航行,当航速达到一定值时,航行波与船舶纵中剖面间的夹角达 90°,且波峰分别位于艏艉处,并同船舶一起移动,船员常称此现象为"拖浪",如图 3-1-8(b)所示。

(6)旋回性下降,航向稳定性提高

船舶从深水进入浅水中,旋回性变差,而追随性、航向稳定性变好。

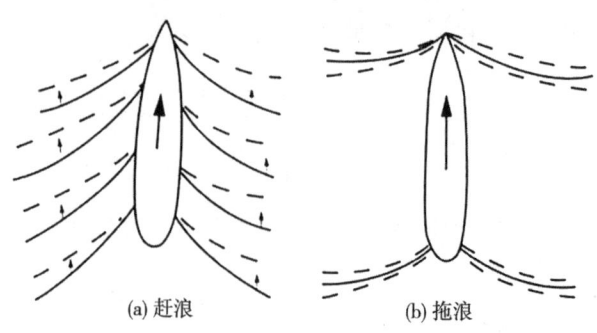

(a) 赶浪　　　　　　　　(b) 拖浪

图 3-1-8　赶浪与拖浪示意图

（7）冲程减小

船舶在浅水域航行时,由于船体下沉,船速下降,冲程减小。

2.预防浅水效应的措施

船舶进入浅水区,会出现船体下沉、船速下降、船首偏转等现象,容易发生吸浅、倒头、搁浅等危险。因此,船舶驶入不适航浅水域时应采取如下措施:

（1）保持足够的富余水深

为了保证船舶在浅水区的安全航行,必须留有足够的富余水深。确定富余水深时应考虑船体的下沉量、船体的纵倾变化、船体在波浪中的摇荡、河床的底质、水位的变化量等。

（2）减速行驶

船舶在浅水域快速航行,会导致浅水阻力急剧增大、主机负荷增加和燃料浪费,增加吸浅或搁浅的危险,应适当减速行驶。

（3）连续测深

船舶驶入不适航浅水区时,为探明航路水深,使船舶始终航行于深水水域,应连续测深。

（4）提高船舶控制能力

一是要早用舵、早回舵,用舵舵角要适当增大;二是慢车与常车要交替应用,以保证船舶拥有足够的控制能力。

（5）备锚

船舶在驶入浅水区前应进行备锚,必要时使用。

3.岸壁效应

水道宽度受限时,当船舶偏航按近水道岸壁时,因船体两舷所受水动力不同,而出现的船舶整体吸向岸壁、船首转向中央航道的现象被称为岸壁效应。

（1）岸壁效应及其产生原因

船舶偏至航道某一侧距岸壁较近时,航行中船首排开的水向左右两舷侧分流,近岸一舷由于岸壁阻挡水流而扩散缓慢;同时一部分需从船底流过的水也因水浅而流动不畅。因此在船首近岸舷形成高水位,产生转船力矩推船首转向航道中央的这种现象被称为岸推。

岸推产生的同时,船体被岸壁"吸拢"的现象被称为岸吸。发生岸吸时,近岸侧过水断面小,流速增大,压力减小。此外,螺旋桨正车时,把前方的水吸入盘面后排向后方,使吸入流的一面,即船中尾部两侧,尤其内舷侧形成较低水位,压力减小。因此,船中尾部近岸舷水流流速快、压力小,船舷两侧构成推船向岸靠拢的压力差,如图 3-1-9 所示。

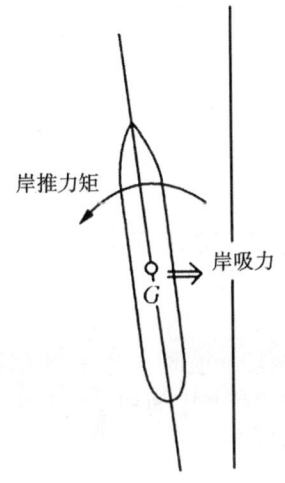

图 3-1-9　岸推与岸吸

（2）岸壁效应的影响因素

①船岸间距越小，岸壁效应越激烈。

②水道宽度越小，岸壁效应越激烈。

③船速越高，岸壁效应越激烈。

④船型越肥大，岸壁效应越激烈。

⑤水深越小，岸壁效应越激烈。

（3）预防岸壁效应的措施

船舶在沿岸或沿码头岸壁航行时，一定要保持适当岸距，不宜距岸太近。航道宽度受限时应减速行驶，驶离岸壁时，应用小舵角慢慢摆开，不宜操大舵角。

船舶接近岸壁航行时，为了抵消岸壁效应的作用，需要向岸壁方向压舵才能保向，如果压舵角达5°以上仍不足以稳向，应立即减速或增加岸距。

四、船间效应

船舶在近距离接近航行，如对驶、追越或驶近系泊船时，船舶两舷的水流对称性地遭到破坏，会产生类似岸壁效应，如互相吸引与排斥、转头、波荡等现象，被称为船间效应，如图 3-1-10 所示。

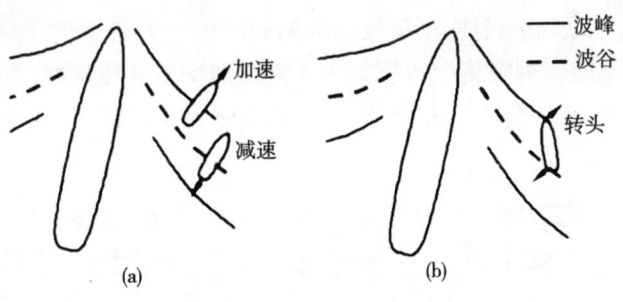

图 3-1-10　船间效应

1.船间效应的影响因素

（1）两船横距越小，船间作用力越大。一般来说，当横距小于两船船长之和时就会产生这种作用；当横距小于两船船长之和的一半时，相互作用明显增强。

（2）船速越高，则兴波越激烈，相互作用越强。

（3）两船作用时间越长、速度差越小，相互作用越强。在对驶局面中，两船相对运动速度较高，相互作用力和力矩虽然很大，但作用时间短暂，在其所产生的运动发展起来之前，两船已相互驶过，因而该力的作用效果大为减弱；在追越局面中，尤其当两船速度差较小时，作用时间持续较长，相互作用明显。

（4）船舶吨位大小相差较大的两船并航时，吨位较小的船受影响较大。

（5）在浅窄的受限水域中航行时，所产生的相互作用比在广阔的深水域中明显。

2.船间效应实例分析

对于航进中的船舶，在船首、尾处的压力增大，给靠近航行的他船以排斥作用；而在中部附近的压力减小，给靠近航行的他船以吸引作用。

（1）追越中两船相互作用

图 3-1-11 是两艘大小接近相等的船在追越中发生船间效应的情况示意图。

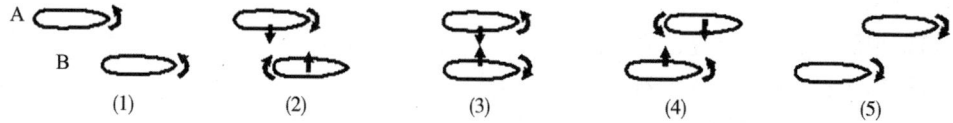

图 3-1-11　追越中船间效应情况示意图

两船在（1）位时，A 船船首与 B 船船尾平齐，此时若两船距离较近，前船易出现内转，可能挡住后船的进路，发生被后船船首触碰的危险。两船在（2）位时，将出现危险的转头运动，此时易出现追越船船首突然内转碰撞被追越船船中或船尾的现象。而位置（4）的情况则相反，被追越船船首易碰撞追越船的船中或船尾。当两船平行时，在（3）位，两船间横向作用力很大，若并行时间较长，随着两船迅速接近而易出现追越船船尾擦碰对方船舶中的危险现象。

（2）对驶时两船相互作用

如图 3-1-12 所示，在对驶会船时，因两船间的相互作用而造成的碰撞危险比在追越中小，但当两船横距过小，一船船首［如位（2）］或船尾［如位（4）］分别处于他船内舷的低压区时，则会因剧烈的转头而使该船首或船尾碰撞他船。因此，在对驶会船时，为防止两船间的相互作用，会船前应减速缓行，以减小兴波，尽量保持两船间距大于大船船长；待两船船首持平时，切忌用大舵角抑制船首外转，否则将导致船首进入对方船中部低压区时加速内转而造成碰撞。正确的方法是适当加车以提高舵效，稳定船首向，减小通过的时间，使相互作用迅速消失而安全通过。

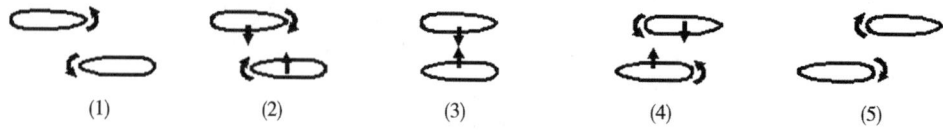

图 3-1-12　对驶时船间效应情况示意图

第二节　靠离泊、掉头及锚泊操纵

一、船舶系缆及带缆顺序

（一）靠离码头

1.系缆的名称和作用

如图 3-2-1 所示,系缆的名称及作用如下:

艏缆:又称头缆或拎水缆,防止船舶后移及船首外移;

艏横缆:防止船首外移;

艏倒缆:防止船舶前移及船首外移;

艉倒缆:防止船舶后移及船尾外移;

艉横缆:防止船尾外移;

艉缆:防止船舶前移及船尾外移。

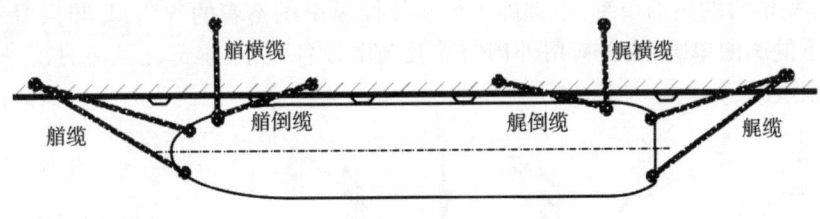

图 3-2-1　系泊用缆示意图

2.靠泊带缆顺序

靠泊带缆的先后顺序、带缆的快慢直接关系到整个靠泊操纵的顺利与否。带缆的先后顺序与当时风流情况密切相关。

（1）一般情况下的带缆顺序

能否及时带上第一根缆对安全靠泊至关重要。在有流码头,船舶多取顶流靠;在静水码头,船舶多取顶风靠。

靠泊时一般应先船首带缆,后船尾带缆;而船首应先带艏缆,以稳住船身,避免因风流作用使船舶出现后缩,后带倒缆、横缆。若先带艏倒缆,在倒缆吃力后,其横向分力将使船首因过快压拢码头而受损。

（2）吹开风或吹拢风较强时的带缆顺序

吹开风或吹拢风较强时,一般先带艏横缆,无条件时亦可将艏缆与艏倒缆同时带上,并尽快收紧,如图 3-2-2 所示。这样,吹开风时可防止船首被吹开而陷入被动;吹拢风时可防止船尾被风压拢过快而触碰码头。

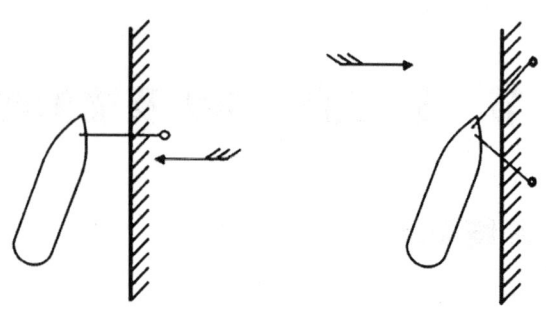

图 3-2-2　吹开风或吹拢风时的靠泊带缆顺序

（3）艉部出缆顺序

艉部出缆通常在船首已带上艏缆及艏倒缆并已稳住船身后开始进行,以免影响动车。

带缆的先后顺序应从操纵全局出发,以有利于稳定船身、保护车舵、平稳贴靠码头为原则。所以艏艉应协调配合,相互呼应,使船身与码头平行或近乎平行地缓缓靠拢,接触力量越小越好。

3.离泊用缆

如图 3-2-3 所示,离泊时倒缆的运用措施如下:

（1）离泊备车前的缆绳调整:收紧前后各缆,使之受力均匀,防止冲车时断缆。

（2）备车完毕后的离泊单绑:单绑即先行解掉操纵中用不着的各缆,并非只留一根缆。对于一般情况下的离泊单绑,船首应留外档艏缆及艏倒缆各一根;艉部在顶流时留一根艉倒缆,顺流时留一根艉缆,如风流方向相反,则留受力大的一根。在静水码头时根据风向而定。

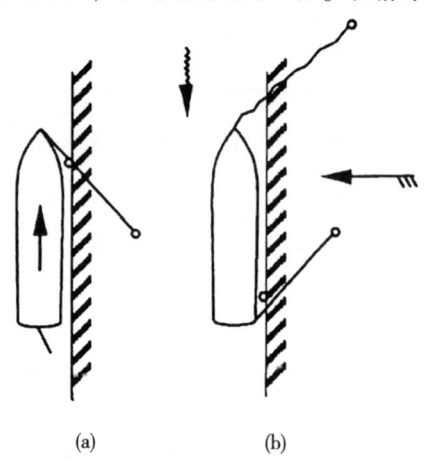

(a)　　　　　(b)

图 3-2-3　离泊时倒缆的运用

（3）溜缆:离泊时,船首或船尾的最后一根缆绳,有时用来阻滞艏艉偏转或控制船身的前后移动,需对其做一时溜出、一时刹住的操作,俗称“溜缆”。

溜缆时应采用钢丝缆;溜缆不适用于大型船舶;溜缆的速度不宜过快,一次溜出的长度不宜过长;应由熟练船员溜缆,以保证安全。

4.用缆注意事项

（1）停泊中因水位涨落、装卸货及风流等影响,应及时调整各缆的松紧程度,保持各缆受

力均匀。严防个别缆绳受力过大而崩断。

（2）缆绳与之摩擦的部位应及时衬垫,尽量减少磨损。

（3）各缆与码头线的交角要适当。应根据用缆的目的正确选择和调整缆绳的使用角度,以适应具体条件。吹开风时,缆绳与码头线的交角宜大一些;顶流较强时,缆绳与码头线的交角宜小一些。此外,各系缆的水平俯角应尽量减小。

（4）码头上桩时,应将琵琶头从桩上缆绳的琵琶头圈中穿出后上桩。

（5）缆绳挽桩要牢固。挽桩道数要足够,以防滑出。

（二）靠泊操纵

1.靠泊操纵要领

（1）控制速度

船舶驶靠码头时控制速度是关键,在保持舵效的基础上,余速慢些为好。控制速度应注意以下几点:

①掌握好慢车和停车时机。船舶慢车和停车时机应根据船舶装载情况、船舶冲程,结合当时当地风流的方向和速度,以及本船倒车功率确定。

②船抵码头下端位置是控制速度的关键。可根据码头物标移动速度来判断航速的快慢,如发现航速较快,可预先用倒车抑制。

③吹开风较强时,为降低淌航中的风致漂移速度,淌航余速应适当提高。

④码头边的流速比航道中稍缓慢,对此应有所估计。

（2）摆好船位

一般情况下,船舶驶靠码头的船位,通常是指慢车、停车时的船舶位置,用纵距和横距来衡量。

①纵距

纵距是指靠泊船的船首在停车淌航时至泊位上端点的纵向距离。一般情况下,纵距为2~3倍的船长,视风流情况及船舶冲程大小做适当调整。

②横距

横距是指靠泊船的船首在停车淌航和驶抵泊位前段横开位置处时,至码头外缘线的垂直距离,又分为初始横距和入泊横距。停车淌航时,船至码头的横向距离,视在风流影响的情况下,选定船舶与码头夹角的大小而定。夹角大,则横距适当增大;夹角小,则横距适当缩小。吹开风时,横距适当缩小;吹拢风时,横距适当增大。

（3）调整好驶靠角

驶靠角是指船舶驶靠码头时,艏艉线与码头外缘线之间的夹角。

确定靠拢角大小的总原则:重载船顶流较强靠泊时,靠拢角宜小,以降低入泊速度并减小拢岸力;空船、流缓、吹开风时,靠拢角宜大,以防船首被吹离码头而无法带上艏缆;吹拢风时,若采用拖外档锚制动,靠拢角也宜大,以防船尾被很快压向泊位下端。

调整靠拢角度宜早。在驶靠码头的过程中,必须切实掌握船速的大小,尽量少用倒车。淌航前进时,要摆好船位,不断调整风流压差,并减小船与风或流的夹角,以获得较好的驶靠角。最理想的情况是使船近似平行地贴靠码头。

2.靠泊方法

靠码头的操纵方法因船舶、泊位和环境条件的不同而千差万别,甚至因操纵者的习惯和风格而异。下列操纵方法供参考选用。

（1）滑行驶靠，又称小角度驶靠或惯性淌航驶靠，如图 3-2-4 所示。在水流平缓、风力较小、泊位下方水域宽敞的码头靠泊时宜使用该方法。

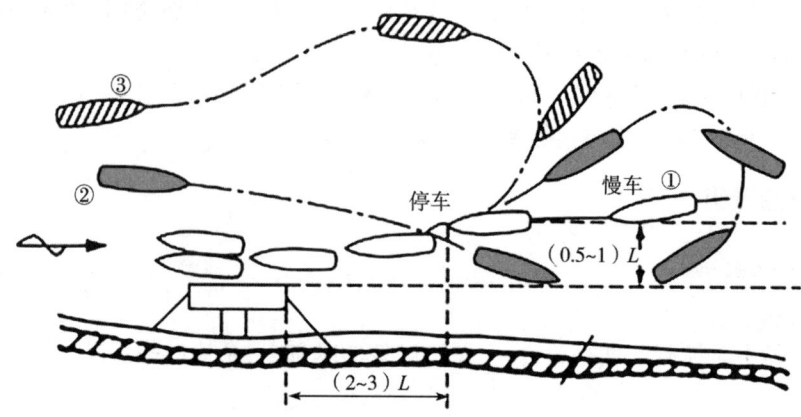

图 3-2-4　船舶滑行驶靠示意图

一般情况下，滑行驶靠时靠泊船沿着码头所在的一侧，与码头外缘线保持 0.5~1 倍船长的横距，慢车航行。当船首与码头的下端点距离 2~3 倍船长时，船舶停车，用舵对准码头上端外侧，使艏艉线与码头外缘线的夹角不大于 15°，借助船舶惯性滑行前进。当船舶停下来时，递上艏倒缆，再出其余各缆。

（2）横移驶靠，又称嵌档驶靠或平移驶靠，如图 3-2-5 所示。在水流较急或泊位上下方均有停泊船（泊位空当小）的情况下可使用该方法。

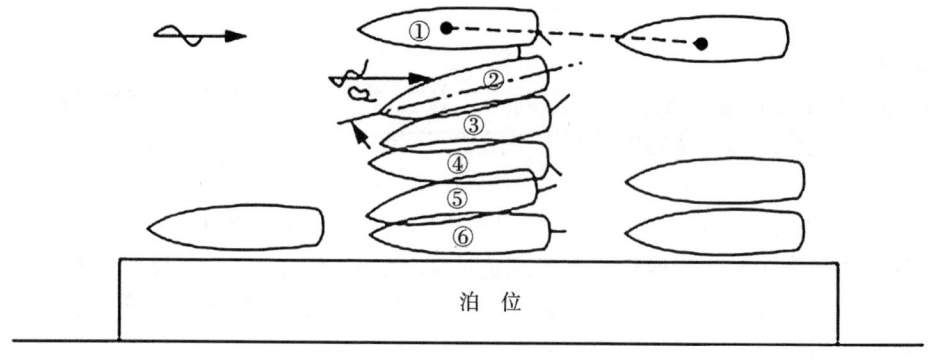

图 3-2-5　顶流横移驶靠示意图

一般情况下，横移驶靠时，船舶前后移动速度的控制以调整车速为主，船舶横向移动速度的控制以调节流舷角的大小为主。操舵的方向及舷角的大小主要视控制船舶的流舷角的需要而定。

（3）大角度驶靠，如图 3-2-6 所示。在有强吹开风的情况下或遇弱流和艉吹开风时，采用滑行驶靠不易靠拢码头，宜采用大角度驶靠。

（4）扬头驶靠，即在有困档水或吹拢风的情况下，船首扬头顶着风流合力方向，再在风流合力的作用下，使船尾先靠上码头。

（5）顺流驶靠，如图 3-2-7 所示。在流速较小的运河中，或涨潮末的转潮期间，或在弱回流区中，由于航道狭窄，或为了避免复杂的掉头操纵，可采取顺流驶靠。

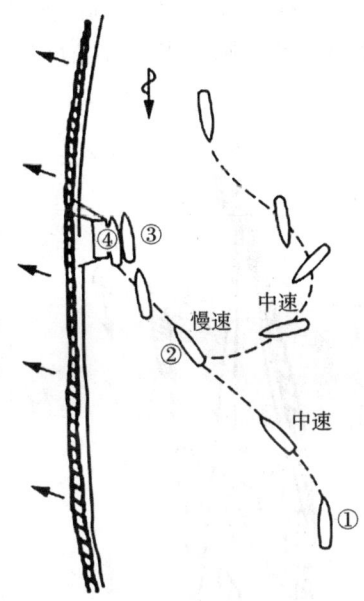

图 3-2-6　大角度驶靠示意图

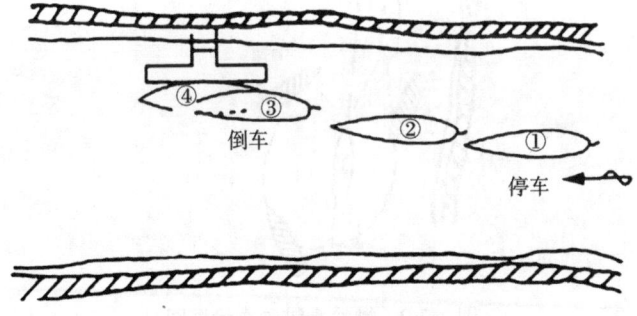

图 3-2-7　顺流驶靠示意图

（6）抛锚驶靠，有抛开锚驶靠、抛拎水锚驶靠、抛倒锚驶靠等方法。

①抛开锚驶靠：在强吹拢风的情况下，为了控制船舶向码头靠拢的速度，并为离泊提供方便，于船舶靠泊码头时，在泊位正横外侧抛下外档艏锚进行驶靠，如图3-2-8所示。

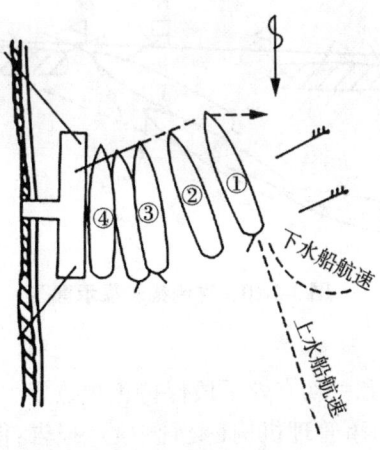

图 3-2-8　抛开锚驶靠示意图

②抛拎水锚驶靠：若遇艏吹强拢风、困档水、急流或码头结构强度较弱的情况，于船舶靠泊时，在码头上游方向抛下外档艏锚进行驶靠，用以承受吹拢风或强流的作用，以减轻码头负荷，如图3-2-9所示。

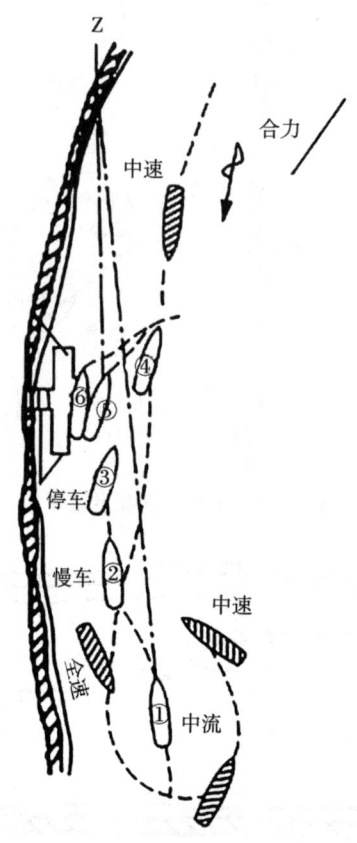

图 3-2-9　抛拎水锚驶靠示意图

③抛倒锚驶靠：若遇强后八字风或码头边的水域内有困档水、回流，于船舶靠泊时，抛下外档艏锚并使锚和锚链方向位于船首后方进行驶靠，用以控制船速，便于利用车、舵灵活操纵船舶，如图3-2-10所示。

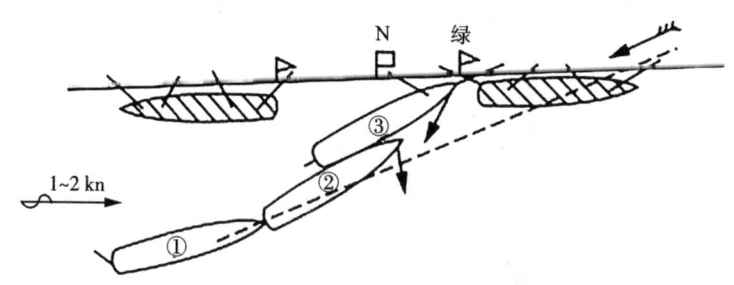

图 3-2-10　抛倒锚驶靠示意图

3.靠泊步骤

（1）瞭望：利用视觉、听觉和一切有效手段保持正规瞭望。

（2）沟通联系：按规定向海事管理机构（交管中心）报告；保持在规定频道守听，适时通报本船动态；按规定鸣放声号（两长声）。

（3）靠泊准备：评估泊位通航环境，确定靠泊方法和注意事项；人员就位，准备缆绳、撇缆和碰垫。

（4）靠泊操作：对当时局面和风险进行判断，准确把握驶离航路时机，安全驶出；抵近泊位时，控制好船舶余速、靠泊角度和与泊位的纵横距离，熟练使用车、舵、锚、缆操纵船舶安全靠泊。

（5）号灯、号型：靠泊后按规定显示信号。

4.京津冀地区内河水域靠泊注意事项

京津冀地区内河水域多为平原河流水域，船舶靠泊需要注意以下几点：

（1）在风流影响下靠泊

码头附近风流作用方向相反时，驾驶员首先应判断当时船舶所受风压和流压大小，若流压大于风压，则船舶顶流顺风驶靠码头；若风压大于流压，则船舶顶风顺流驶靠码头；若条件许可，则船舶应顶风流合力方向驶靠码头。

（2）在静水码头靠泊

在静水码头靠泊，则主要考虑风的影响，通常以顶风驶靠为宜，并保持艏艉线与风向的夹角越小越好。若强吹拢风，要注意抢占上风位置；若抛开锚驶靠，在接近码头时，应注意紧住锚链，以防止船舶撞击码头；若强吹开风，驶靠角宜大，并控制好船舶惯性，及时撇缆，迅速带上艏缆和艏倒缆。

（3）在结构和质量差的码头靠泊

若船舶靠泊结构和质量差的码头，一般采用抛拎水锚驶靠的方法，以减小码头的承受负荷。

（三）离泊操纵

1.操纵要领

（1）确定开艏或开艉

开艏（也称扬头）即船首先离开码头。开艏的基本条件是：无风（或吹开风或艏吹拢风）、顶流，泊位前方无障碍物，螺旋桨及舵不会触及码头。

开艉即船尾先离开码头。开艉的基本条件是：艉吹拢风、回流较强，或码头的上游停靠船较多或有障碍物外伸，或码头上端水域水深不足等不利于开艏驶离的情况。

（2）掌握驶离角

吹开风或常流及船首前方水域较清爽时，开艏驶离的角度可小些；船首前方有他船靠泊或有吹拢风时，开艏驶离的角度应大些。

若开艉角度太小，则当船首扬出时，船尾可能甩回码头；若开艉驶离角太大，可能使船首扬不出来。顺流靠泊船时，若开艉驶离角太大，可能使船身打横。不同客观条件下，对开艉驶离角大小的要求也不相同。

（3）控制船舶的前、后移动

一般码头泊位前、后活动余地有限，要求用车不能过大；船舶的前、后移动应靠滞、溜缆绳和车、舵来控制；在驶离码头时，应注意船舶前、后及外档的余地。

（4）防止系缆绞缠螺旋桨

解缆时解除的缆绳应尽快收紧，特别在艉部系缆未收清前应谨慎动车，防止系缆绞缠桨叶,双车船一般应先动外档车。

2. 离泊方法

船舶离泊的基本方法有小角度驶离、开艏倒车驶离、坐缆(艄)驶离和绞锚驶离四种,其中,在京津冀地区的内河水域中不常使用绞锚驶离。下面就前三种离泊方法进行详细介绍:

(1)小角度驶离

船舶系靠码头的前方水域宽敞无碍,水流平稳时可采用此法驶离。该法是驶离码头操纵中最简单的方法。

操纵要点:试车、试舵正常后,即可解去所有系缆,开慢进车,稍用外舵,使船首外扬一小角度;边操外舵边稳舵,使船舶慢慢离开码头。

在运用此方法离泊时,要求最初车速和舵角都不宜太大,以免船尾扫碰码头,待船尾完全驶离码头后,再以常车、用舵驶进航道。

(2)开尾倒车驶离

开艏倒车驶离又称飞艄倒车驶离,在有回流、顺流、艉后来风或吹拢风,或船舶前方有障碍物等,不宜使用开艏方法驶离时,可运用此法驶离码头,如图3-2-11所示。

操纵要点:试车、试舵正常后,解去各缆,操内舵慢进外档车(或正舵用外进内倒鸳鸯车),使船尾转离码头,视当时风流情况,待船尾转至适当角度时,停车、正舵,同时开倒车驶离码头;当船尾吹拢风太强,可利用艉倒缆控制船首,车舵配合使船尾甩开更大的角度时,停车、正舵,快速解掉艉倒缆,开倒车驶离码头。

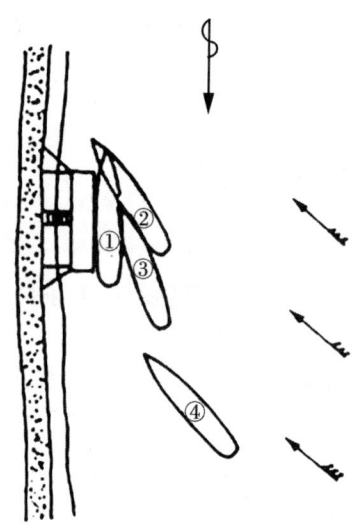

图 3-2-11　开艏倒车驶离示意图

(3)坐缆(艄)驶离

有吹拢风、困挡水,且码头前方有他船系泊时,常用此法驶离。

操纵要点:试车、试舵正常后,解去除艉倒缆外的各缆。操正舵慢倒外档车(或用外倒内进鸳鸯车操外舵),使船首转向河心(如遇强吹拢风,采取上述方法未能将船首转出,则可放长坐缆使船慢慢下移,待船尾超出码头下端至一定距离时,挽住坐缆,再用车舵配合将船首转向河心)。视当时风流情况,待船首转至适当角度时,解掉艉倒缆并快速收回,操正舵(必要时稍用内舵),双进车驶离码头。

3.离泊步骤

(1)瞭望:利用视觉、听觉和一切有效手段保持正规瞭望。

(2)沟通联系:按规定向海事管理机构(交管中心)报告;适时通报本船动态,明确与他船的会让意图;保持在规定频道守听。

(3)离泊准备:确认泊位外档前后有无碍航船舶;评估泊位周围通航环境,考虑风流的影响,确定离泊方法和注意事项,按规定鸣放声号(一长声);人员就位。

(4)离泊操作:离泊角度控制得当,车、舵、锚、缆使用与配合熟练,安全驶离泊位;对当时局面和风险进行判断,准确把握驶入时机,主动避让顺航道行驶的船舶,安全驶入航路。

(5)号灯、号型:离泊后按规定显示信号。

4.船舶离泊注意事项

(1)离泊前除做好一切准备工作外,还应用VHF无线电话通报船舶动态,认真观察航道上是否有影响开航的来往船只。

(2)船舶离码头后,若要在码头附近进行掉头操纵,应悬挂好掉头信号。

(3)离泊单绑,尤其在使用前倒缆甩艉时,应对其受力和负荷多加注意,以防一紧一松使倒缆崩断。在溜缆时要特别注意操作人员的人身安全,要使缆绳既能溜得出,又能挽得住,确保船舶离泊操纵安全。

(4)离泊前应与码头人员沟通离泊方案和解缆要求,并使码头人员积极配合解清缆绳,确保船舶安全离泊。

二、船舶掉头

船首向改变180°的操纵行为称为船舶掉头。船舶掉头操纵水域往往条件复杂,很难凭一次全旋回完成掉头操纵,需要正确运用车、舵、锚、缆等操纵设备,充分估计船舶惯性冲程和旋回范围,并根据本船的线型尺度、装载情况、风流条件、操纵性能和掉头区的具体情况,制定出具体的操纵方案,选择有利的掉头时机和掉头方向,力求操纵准确、安全可靠。船舶掉头时,应遵章悬挂或显示相应的号型、号灯,配合声号或VHF通话并注意附近船舶动态等环境变化。

(一)掉头方向的选择及应考虑的因素

正确选择掉头方向是完成掉头操纵的关键。船舶掉头方向的选择应根据本船操纵性能、航道条件、风流等影响因素来决定。

1.根据船、桨、舵效应横向力的综合作用方向选择掉头方向

(1)单螺旋桨船掉头

单螺旋桨船在船、桨、舵综合效应横向力的作用下,使得船舶向左或向右的回转直径不完全相等。在采用连续进车掉头方法掉头时,应向回转圈直径较小的一舷掉头。在采用进、倒车掉头时,为防止船舶超越航道边界,右旋单螺旋桨船应选择向右掉头,左旋单螺旋桨船则应向左掉头。

(2)双螺旋桨船掉头

双螺旋桨船可向任意一舷掉头,掉头方向视其他影响因素而定。

2.根据航道水流流速的分布选择掉头方向

内河航道中的断面水流速度分布不均匀,有主流、缓流之分,也存在回流、泡水等不正常水流。船舶掉头应充分利用这个特点,以获得水动力转船力矩,帮助船舶掉头,缩小掉头水域和减少掉头时间。

(1)顺流船掉头为逆流船

顺流航行船舶掉头时,应从主流向缓流掉头,如图3-2-12中的1船所示。当船舶回转达90°左右时,由于船舶尾部处于主流区,首部处于缓流区,水动力所产生的转船力矩与舵压力转船力矩方向相同,会加速船舶回转,减小船舶旋回直径,帮助船舶掉头。一旦驾驶员错误地选择从缓流向主流掉头,造成水动力转船力矩与舵压力转船力矩相抗衡,则有可能造成船舶直冲对岸而发生事故,如图3-2-12中的2船所示。

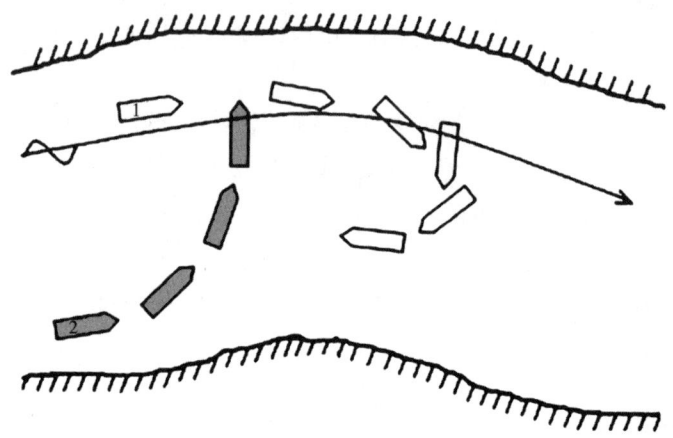

图3-2-12　顺流船掉头方向选择示意图

(2)逆流船掉头为顺流船

逆流航行船舶掉头时,应从缓流向主流掉头,如图3-2-13中的1船所示。当船舶首部驶入主流区时,水动力转船力矩与舵压力转船力矩方向相同,加速船舶回转。一旦驾驶员错误地选择在主流向缓向掉头,水动力转船力矩与舵压力转船力矩方向相反,阻碍船舶回转。主、缓流区流速差异越大、船舶长度越长,阻碍船舶回转越明显,甚至使船舶无法掉头,如图3-2-13中的2船所示。

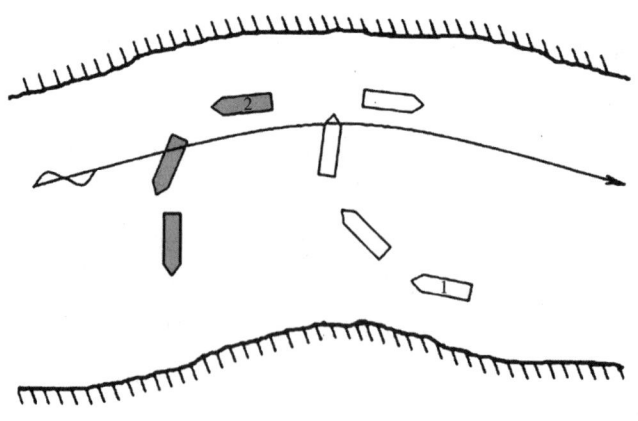

图3-2-13　逆流船掉头方向选择示意图

3.有侧风作用时掉头方向的选择

船舶在侧风中掉头时,一般选择逆风掉头,原因如下:

(1)风致偏转

顺风掉头时,初期表现为碍转作用,但随着风舷角的增大,碍转效果逐渐减弱,至船尾顺风时,碍转效果为零。此后,船舶转至另一舷受风后,则又表现为明显的助转作用,帮助船舶回转直至完成掉头。

逆风掉头时,初期呈现助转效果,但随着风舷角的减小,助转效果逐渐减弱,至船首顶风时,助转效果为零。此后,船舶转至另一舷受风后,则又呈现明显的碍转作用,阻碍船舶回转。

(2)风致漂移

船舶在回转掉头过程中,在风动力的作用下,船舶向下风向漂移。船舶掉头方向不同,掉头水域的大小也不同。如图 3-2-14 和图 3-2-15 所示,图中实线分别为顺风掉头和逆风掉头所需的水域,虚线为船舶在无侧风作用时掉头所需的水域。船舶掉头所需水域的大小,一般用船舶旋回初径的大小来衡量。船舶顺风掉头时的旋回初径大于逆风掉头时的旋回初径。当船舶空载,或水线面以上侧面积与以下侧面积比值较大且风速较大时,顺风掉头、逆风掉头两者所需的水域大小差值更大。

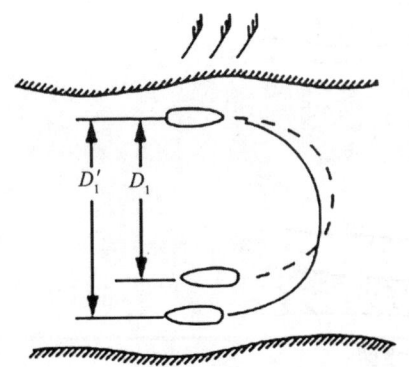

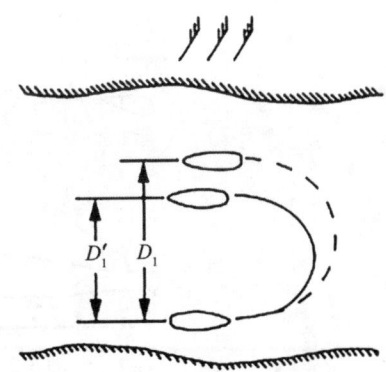

图 3-2-14　船舶顺风掉头风致漂移示意图　　　　图 3-2-15　船舶逆风掉头风致漂移示意图

综上,从风致偏转角度来看,无论是逆风掉头还是顺风掉头,风动力转船力矩都存在助转和碍转两个方面的作用,只是出现的先后顺序不同;从风致漂移角度来看,逆风掉头所需水域小于顺风掉头所需水域。因此,为避免船舶掉头不成或掉头时间较长而发生触岸事故,船舶在侧风掉头时一般选择逆风掉头。

(二)船舶掉头常用的操纵方法

船舶掉头的方法主要有连续进车掉头,进、倒车掉头,抛锚掉头,顶岸掉头,以及正倒车掉头,共五种。各掉头方法的适用条件和操作要点如下:

1.连续进车掉头

该方法适于航道宽度大于船舶旋回初径时使用。

(1)单螺旋桨船连续进车掉头操纵

①在驶抵选定的掉头地点之前,先向掉头的相反方向操舵,拉大档子,腾出水域,以供船舶安全回转之用(在狭窄河段中掉头更为必要)。

②降低船速,减小回转运动的纵距、横倾和旋回初径,并提高储备功率,以备急需之用。

③向掉头方向转舵,当船首改向35°~40°时,恢复常速,增大螺旋桨转速以提高舵压力,增加舵力转船力矩,增大船舶回转角速度。

④当掉头接近完成时,应及早回舵,必要时可操反舵,以调顺船身,防止船尾触岸或搁浅。

(2)双螺旋桨船连续进车掉头操纵

①拉大档子,腾出水域,然后两部主机同时改为慢速或中速。

②将舵转向回转掉头一侧,待船首改向20°~30°时,将外侧主机增速,以便在回转掉头过程中两部主机转速保持一个差值,形成推力中心偏位,帮助船舶回转。

③当船舶回转改向90°时,应减速以减小横倾和回转水域;待船舶回转改向160°~170°时,将两侧主机升到相同转速,及早回舵,必要时可操反舵调顺船身。

2.进、倒车掉头

在强风中,如果船舶前部上层建筑物受风面积大、航道宽度又较小,多采用进、倒车掉头,如图3-2-16所示。

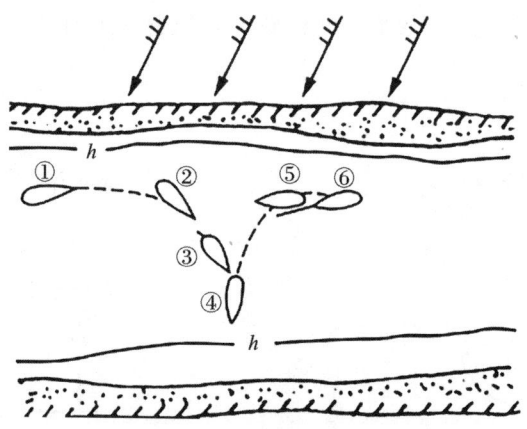

图3-2-16 进、倒车掉头示意图

①船舶在驶抵选定的掉头地点之前,先向掉头的相反方向操舵,拉大档子,腾出水域,以供船舶安全回转。

②向下风方向操舵,使船首向下风岸回转,当船首转过40°~60°时,停车,然后开倒车。由于惯性作用,船舶仍会向前移动一段距离,当船舶在螺旋桨反转拉力的作用下后退时,将舵转向回转方向的另一侧。此时,若是右旋单桨船,则在舵压力、螺旋桨致偏作用和"艉找风"的共同作用下,船舶在后退的同时,船尾继续向左偏转。

③待船尾退至接近航道上风侧边界时,改为进车、右舵,继续回转,直至整个掉头作业完成。

采用进、倒车掉头时,应了解本船螺旋桨反转时向后拉力能否克服当时风动力对船尾的作用和船舶的后退惯性;单螺旋桨船采用进、倒车掉头时,应充分考虑船、桨、舵效应横向力的影响,右旋单桨船应选择向右掉头,左旋单桨船应选择向左掉头。

3.抛锚掉头

当航道宽度明显不足,采用连续进车掉头或进、倒车掉头操纵困难时,可采用抛锚掉头的方法。

①船舶在驶抵选定的掉头地点之前,备妥掉头方向一舷的艏锚。

②向掉头的相反方向操舵,拉大档子,腾出水域,并及时减速慢车。

③船至掉头地点,用舵回转,在转过一个适当角度后停车或倒车,待艏线与流向接近垂直时,抛下与掉头方向一舷的艏锚,松链约 1.5 倍水深长度时,即行刹车使船舶呈拖锚状态。此时,船舶在锚和水流的作用下就可顺利完成掉头。

④然后起锚,按所需航路航行或进行其他操纵作业。

应注意:抛锚掉头应选择抛掉头方向一舷的艏锚,即向右掉头应抛右舷艏锚,向左掉头应抛左舷艏锚;在无流狭窄港口抛锚掉头时,在抛下掉头方向一舷艏锚后,合理使用车舵,以获得舵力转船力矩,使船在舵力转船力矩和锚抓力的作用下,顺利完成掉头作业;抛锚前,应根据本船停车淌航的距离适时停车,将船舶余速控制至最低限度;要处理好落锚时的船位及船身与流向的夹角,一般,艏艉线与流向接近垂直的时候是抛锚掉头的最佳时机。

4.顶岸掉头

在航道狭窄且岸边有足够水深,风流影响较小,无水下障碍物的条件下,可采用顶岸掉头的方法进行掉头,如图 3-2-17 所示。

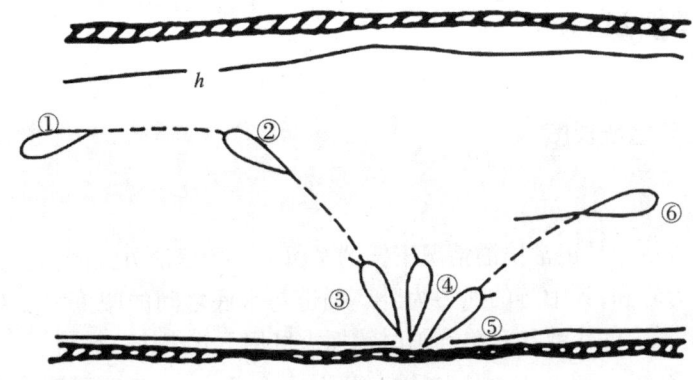

图 3-2-17　顶岸掉头示意图

①在船舶选择好掉头地点和掉头方向后,拉大档子,减速慢车,然后停车,以大于 45°的夹角滑行至岸边。

②若速度过大,可略开倒车或抛拖锚,使船舶以安全速度轻抵岸边。此后操舵,开慢进车(若为双螺旋桨船,则可用一进车一倒车),使船舶在舵压力和推力偏心效应横向力的作用下以船首顶岸点为转心做回转运动。

③待一舷与岸边靠拢,约成 45°夹角时,停车、继开倒车、操正舵,船身即可逐渐驶离岸边,再配合使用车舵以完成掉头操纵。

5.正倒车掉头

正倒车掉头即采用一进车一倒车掉头操纵,俗称"鸳鸯车"掉头。在航道狭窄的水域内采用鸳鸯车掉头,旋回初径较小,若用车得当,船舶可原地回转掉头,但掉头时间较长。

①船舶在驶抵选定的掉头地点之前,减速慢车,到达预定位置时,向掉头的相反方向操舵,拉大档子,腾出水域,以增加供船舶回转的水域面积。

②向掉头一舷操舵,将掉头一舷的车停止并开倒车,若船速过大以致有可能逼近航道边界,应增大倒车转速,减小进车转速。

③待船舶回转改向 160°～170°时,将两侧主机开到相同转速,及早回舵,必要时可操反舵,

以调顺船身。

（三）船舶掉头步骤

（1）瞭望：利用视觉、听觉和一切有效手段保持正规瞭望。

（2）掉头水域：根据风流和航道等因素确定掉头水域。

（3）声号与信号：按规定显示掉头信号，鸣放掉头声号。

（4）沟通联系：

①按规定向海事管理机构（交管中心）报告。

②适时通报本船动态，与相关船舶保持联系，并统一会让意图。

③保持在规定频道守听。

（5）掉头操作：

①根据当时通航环境合理选择掉头方式、方向和时机，并主动避让顺航道行驶的船舶。

②合理利用车、舵、锚（必要时）和侧推器（如有）等顺利完成掉头操作。

三、抛、起锚操纵

（一）锚抓力与出链长度

1.锚抓力

锚泊船的锚抓力指的是正常锚泊情况下锚的系留力。单锚泊方式的锚抓力在数值上等于锚的抓力和链的抓力之和，其中链的抓力为卧底锚链与水底之间的摩擦力。双锚泊方式的锚抓力则为双锚、双链抓力的代数和。单锚泊时锚抓力可用下式表达：

$$P = P_a + P_c = \lambda_a W_a + \lambda_c W_c l$$

式中：P—总抓力；P_a—锚的抓力；P_c—链的抓力；λ_a—锚抓力系数；λ_c—链抓力系数；W_a—锚在空气中的重量；W_c—每米链长在空气中的重量；l—卧底链长。

影响锚抓力大小的因素有很多，除锚的重量和外形外，还有底质、水深、出链长度、海底地形及抛锚方法等。

锚的抓力系数与河床底质有关，根据河床底质及其软硬程度的不同，差异较大，例如泥底取 2~6，沙底取 3~5。为使用方便，当情况不明时，估算可取 λ_a 为 4，取 λ_c 为 0.7。

锚抛下后，抓底姿态正常且有部分锚链平卧海底时，抓力达到最大，此时锚干仰角为 0°。若出链长度不足，即相对于水深不够充分，随着船舶的运动或外力的增加，不得不使其锚干仰起一个角度，锚链几乎没有卧底链长。对于抓底的锚，其锚干仰角越大，抓力系数越小。

2.出链长度

（1）单锚泊出链长度

单锚泊出链长度由卧底链长和悬垂链长两部分组成，如图3-2-18所示。

对某一船舶而言，锚泊水域确定后，唯一可变的因素就是出链长度，如欲增大锚抓力，可增大出链长度。卧底链长越长，锚抓力越大。悬垂链长虽不直接产生抓力，但这种锚链的悬垂降低了水底或河床与锚杆之间的初始角度，使拉力呈水平方向作用，从而保证锚能稳定发挥其最大抓力。同时它像弹簧一般，对阵发性作用于船体的外力起一定的缓冲作用。

锚泊时出链长度可以根据锚地水域风速、流速和水深的大小进行经验估算。一般锚地水域风速增大,锚泊船出链长度也应相应增大;锚地水域流速增大,锚泊船出链长度也应相应增大;锚地水域水深较大,锚泊船出链长度也应相应增大。

在一般风流、底质条件下欲抛锚,根据经验,单锚泊出链长度应为 5~7 倍水深。如果锚地条件好且锚泊时间短,出链长度可为 3~5 倍水深。

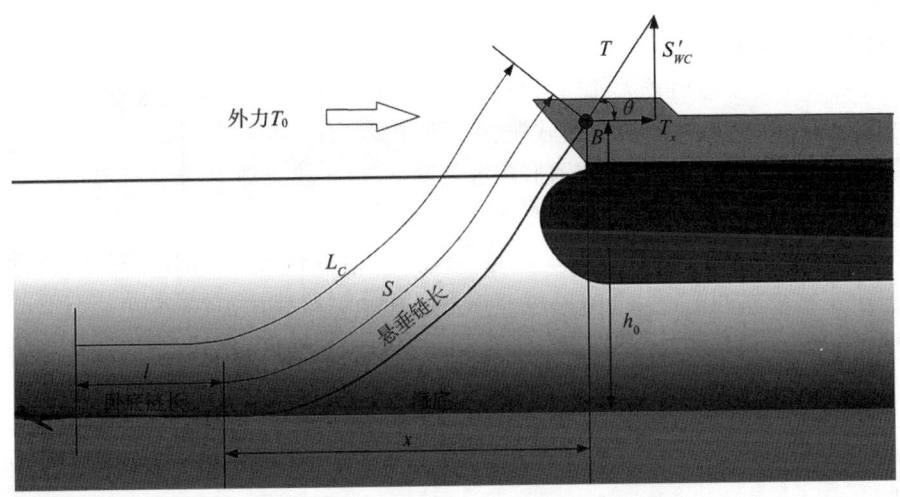

图 3-2-18 单锚的出链长度构成示意图

（2）操纵用锚的出链长度

①抛锚制动的出链长度

抛锚制动时第一次出链长度一般为 1.5 倍水深。太长易造成断链事故,太短则起不到制动效果。第二次出链时,应视船舶前进惯性情况确定出链长度,如果需要,可以适当松链,或先让锚抓牢,再松链使船停住。

②顺流抛锚掉头的出链长度

船舶在内河顺流抛锚掉头的出链长度为水深的 1.5 倍左右,这样既能顺利完成掉头操纵又不致损坏锚设备,造成断链失锚。抛锚时,若航速较大,松出的链长应先小些,待船速减慢再适当松出锚链,让锚抓牢,把船拉住,借水动力助船完成掉头。

③靠离泊操纵用锚的出链长度

单纯因靠泊用锚,出链长度以不超过 1 节落水为宜,以便靠妥后能随时绞起。如需利用锚、缆的相互配合来控制船首横移,抵制风动力、水动力的作用,出链长度可大一些,以便使锚抓牢,发挥其作用。抛倒锚时,出链长度不宜过大,以免造成离泊操纵困难。

（3）搁浅用锚的出链长度

无论是为了固定船身,还是为了协助脱浅,锚链都应尽可能松长一些。

（二）锚地和锚泊方式的选择

1.选择锚地的一般要求

锚地选择得正确与否,直接关系到锚泊的安全,操船者对此必须高度重视,应根据航道图等航行资料,以及水文、气象预报做出合理的选择,并注意以下基本要求:

（1）适当的水深

锚地水深应根据船舶吃水、船舶配链长度、锚机功率、锚地波高等因素适当选择。水深过大，操作不便，抛出相同长度的锚链则锚抓力较小；水深过小，可能引起搁浅或锚冠划破船底，风大时，还可能在风浪的作用下摇荡而出现墩底现象。一般锚地的最小水深应保证有1.5倍吃水加2/3最大波高；最大水深应考虑船舶所配锚机的额定负荷能力及性能。为安全起见，最大水深一般不得超过一舷锚链总长的1/4(85 m左右)，否则将会影响锚的抓力，甚至可能出现起锚困难的情况。

（2）河床底质良好

锚抓底之后能否发挥出较大的抓力与底质的关系极为密切，软硬适度的沙底、泥底、黏土质河床底抓力均好，泥沙混合底次之，软泥、硬泥底较差，石底则不宜抛锚。

河底地势以平坦为好，应避免在河底陡坡处抛锚，以免影响抓力，导致走锚。

（3）风、浪、流等作用力小

锚地的流速平缓、流向稳定，能减小船体所受的水动力和避免锚泊船发生偏荡，增大锚抓力，从而减少走锚事故的发生。水位暴涨导致水深和流速增加，会直接危及锚泊船的安全，必须充分予以注意；在拦河坝下游锚泊时，应注意水库调节流量而引起的水位变化，避免走锚或搁浅；在有潮汐影响的河段抛锚时，还应考虑潮汐涨落幅度和低潮时的必要水深以及潮流流向的变化。

锚地选择还应考虑避风和防浪。一般应选择上风岸或尽可能靠上风位置，或具有天然屏障的水域。

（4）足够的回转余地

旋回余地应根据锚地底质、锚泊时间长短、附近有无障碍物及水文气象条件等综合考虑之后加以确定。本节主要介绍以下两种情况：

①对浅滩、陆岸等固定障碍物的距离可定为：

$$距离 = 一舷全部链长 + 2 倍船长$$

②对其他锚泊船或浮标的距离可定为：

$$距离 = 一舷全部链长 + 1 倍船长$$

（5）其他注意事项

抛锚地点应让出航道，远离水底电缆、沉船、礁石等障碍物；锚泊水域附近应有良好的定位条件；应避免遮蔽助航标志等。

2.锚泊方式的选择

不同的锚泊方式适用于不同的水域和条件，各有其自身的优点和缺点。锚泊方式一般分为单锚泊和双锚泊两种，其中双锚泊又有八字锚泊、一字锚泊、平行锚泊，如图3-2-19所示。

（1）单锚泊

船舶抛一只锚进行锚泊的方式称为单锚泊。单锚泊是应用最广泛的锚泊方式，这种方式作业容易，抛起锚方便，适用水域较广；不足之处是风浪增大时偏荡严重，旋回所需水域较大，锚抓力较弱。因此，在水域风浪较大时，为了抑制单锚泊偏荡，常将另一只锚抛出呈短链状，起止荡锚的作用。

为操作方便，通常单桨船可抛与螺旋桨旋转方向相反一舷的锚；如风流来自某一舷，则抛上风舷或迎流一舷的锚；如为掉头而抛锚，则应抛掉头一舷的锚；如为协助船舶靠泊而抛锚，则应抛外档锚。

在抛锚作业中，应根据实际情况，交替使用船首的两只锚。

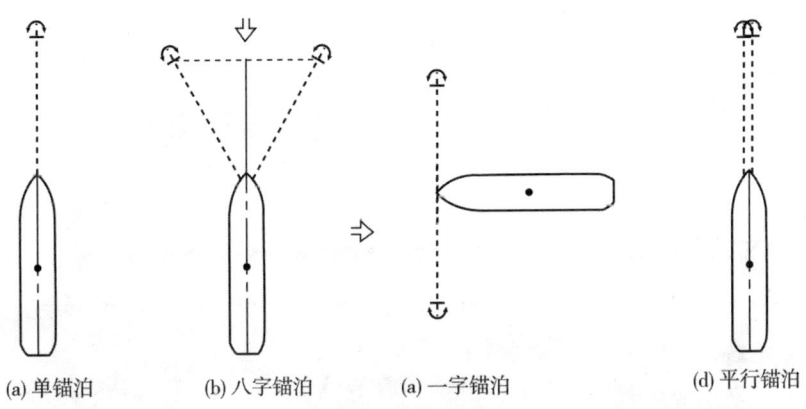

(a) 单锚泊	(b) 八字锚泊	(a) 一字锚泊	(d) 平行锚泊

图 3-2-19 锚泊方式

（2）双锚泊

①八字锚泊

船舶先后抛出左右两锚，使双链保持一定的夹角，呈"倒八字"形的锚泊方式称为八字锚泊。八字锚泊适用于锚地底质差、风大流急、单锚泊的锚抓力不足时。

这种锚泊方式与单锚泊相比具有增大锚泊力和抑制偏荡两方面的作用，其作用的大小随两链交角的不同而不同。当夹角为 60°时，上述两方面的作用均明显增强，锚泊所需水域较小。这种锚泊方式的不足之处是作业较为复杂，在风流方向多次改变后锚链常出现绞缠。

②一字锚泊

在狭窄水域内，船舶沿水域纵向（一般沿流向）先后抛出两锚，使双链交角保持在近于180°的锚泊方式称为一字锚泊。在风流影响下受外力作用较大的锚和锚链称为力锚和力链，反之则称为惰锚和惰链。

一字锚泊方式下船舶旋回水域最小，适用于在通航密集的狭窄水域或内陆江河使用；但其作业也较为复杂、费时，风流方向变化后缠链也较频繁，且横风较大时也易走锚。

③平行锚泊

船舶同时抛下左右两锚，使双链保持平行、夹角为零的锚泊方式称为平行锚泊，又称一点锚。该锚泊方式可抵御强烈的风浪和湍急的水流，不易走锚，是可以最大限度发挥双锚锚泊力的一种锚泊方式。其不足之处是两锚距离较近，偏荡虽较单锚泊小，但总体上仍较大。平行锚因其抓力最大（约为 2 倍单锚抓力）、操作简单、左右受力均衡，最适合抗台或内河抵御急流使用。

（三）抛、起锚方法

1.抛单锚

抛单锚的方法分为后退抛锚法和前进抛锚法。

（1）后退抛锚法

后退抛锚法是指船舶到达预定的泊位，在船舶略有退势时抛下艏锚，利用船舶极慢的退势，分多次少量出链至预定长度，如图 3-2-20 所示。该方法抛出的锚链向前方伸展，不至于擦伤船首抛锚一舷外板的油漆膜或外板，而且锚正常抓底的概率较高。

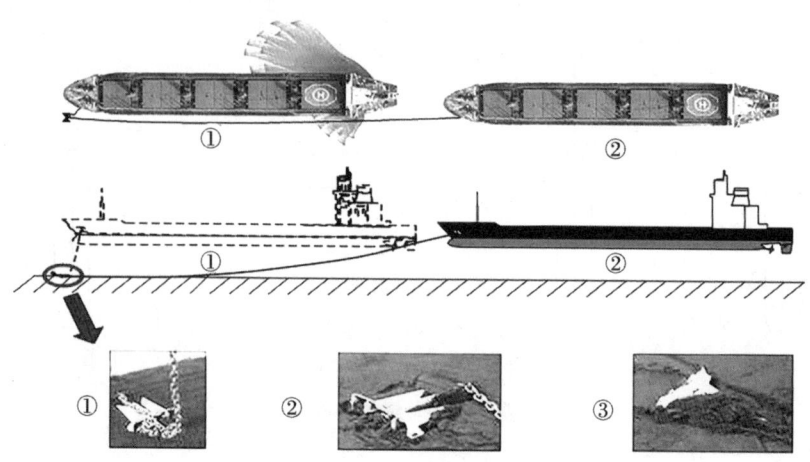

图 3-2-20　后退抛单锚示意图

这是最常用的锚泊抛锚方法,要点如下:

①船身与风向、流向的交角宜小

为使锚得以稳定入土,锚泊时应顶风、顶流或迎风流合力方向。在空载、风强流弱时,船首应取迎风方向;在重载、流强时,应以船首迎流抛锚。尤其是在重载急流时,艏艉线与流向的夹角越小越好,夹角一般不大于15°,否则易断链。

②抛锚时船速宜小

不论是采用退抛法或是采用进抛法抛锚,都应严格控制落锚时的船舶余速,余速太快容易造成断链丢锚事故。为了防止抛锚时锚链受到较大的张力,减小拖锚距离,保持锚的抓底稳定性,当船略有后退趋势时为抛锚的最佳时机。船舶完全静止不宜抛锚,这种情况下抛锚,会使松出的锚链堆积在锚上,造成锚链缠住锚爪;船后退速度过快会刹不住锚链,当刹紧锚链时,可能绷断锚链或拉损锚设备。

在缓流水域也可根据倒车水花来判断船舶余速,当倒车水花至本船中部时,即可判断为船舶对水停止前冲;在顶流较大水域,当倒车水花至本船中部时,船舶对地漂移速度约等于流速。夜间,如对流向、流速情况不太了解,可先抛短链锚(出链2倍水深),待船首顶风流,船身略有退势时,再继续松链至预定长度。

③一抛到底,谨慎松链

抛锚时要一抛到底,不宜中途刹住。锚抛到底后,松链约2倍水深时应缓缓刹住,使锚链受力,让锚爪抓入河底;然后缓慢松链,即松一下紧一下,每次松出3~5 m为宜。在急流和大风中抛锚时,为防止船舶后退速度过快,须适当用进车控制后退速度。当锚链松至预定长度时,应适当用车,使锚缓缓受力,防止锚链承受冲击负荷。

④密切注意锚链受力情况

当锚链松至预定链长时,要注意观察锚链动态,待锚链张紧受力进而又自行松弛,且船位稳定,则说明锚已抓牢;如果锚链在张紧一下之后就立即松弛且船身断续后退,说明锚尚未抓牢,应继续放链,直到抓牢为止。

(2)前进抛锚法

当船舶有微小进速时抛出艏锚,这种抛锚方法称为前进抛锚法,如图3-2-21所示。该方法通常在顺流抛锚掉头、驶靠码头抛开锚或倒锚、紧迫危险时避碰等情况下才被采用。

由于是在船舶尚有较低余速时抛锚的,前进抛锚法控向容易,能较准确地将锚抛至指定位置,但它不及后退抛锚法安全、可靠。锚链指向后方,易擦伤船首漆膜或外板。在水浅时锚刚被抛下,船从其上驶过,锚爪有可能划损船底。另外,当船停止前进并随水流后退时,锚要翻身,即锚爪最初以逆流抓入河底,这时又翻过身来以顺流抓入河底,翻身过程容易发生锚链缠住锚爪或因锚翻转而影响抓底状态等,从而影响锚抓力。

前进抛锚时,应严格控制船速(一般应减速至最小),并在锚抛下时立即下令倒车或停车,以便较好地控制松链速度和长度。

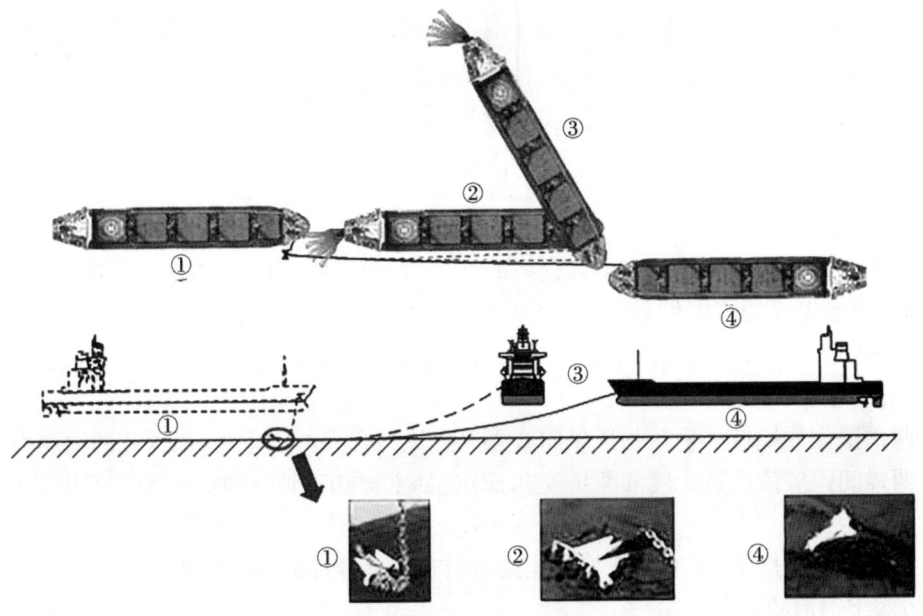

图 3-2-21　前进抛单锚示意图

2.抛双锚

八字锚泊既能增加锚泊系留力,又能抑制船舶偏荡,因此应用最为广泛,下面重点介绍抛八字锚的操纵方法。

(1)八字锚泊的锚泊力

如图 3-2-22 所示,设 P_{h1} 为任一锚泊的锚泊力,P_{h2} 为八字锚泊的锚泊力,两链的夹角为 θ,若双锚出链长度相等,则总锚泊力为

$$P_{h2} = 2P_{h1} \times \cos \frac{\theta}{2}$$

由此可见,两链夹角 θ 越大,P_{h2} 就越小;θ 越小,P_{h2} 就越大,但偏荡趋于激烈。

$\theta \geq 120°$ 时,$P_{h2} \leq P_{h1}$,不适用八字锚泊;

$\theta = 90°$ 时,$P_{h2} = 1.41P_{h1}$,抑制偏荡作用明显;

$\theta = 60°$ 时,$P_{h2} = 1.73P_{h1}$,增加总锚泊力并抑制偏荡;

$\theta = 30°$ 时,$P_{h2} = 1.93P_{h1}$,增加锚泊力。

一般均将八字锚双链交角控制在 $30° \sim 60°$,θ 在 $60°$ 左右时,锚泊力较大,抑制偏荡效果也较好,适用于一般船舶的八字锚泊。

在八字锚泊中,实际上很少出现两舷锚链同步松弛或拉紧的状态,锚链往往是随着船舶偏

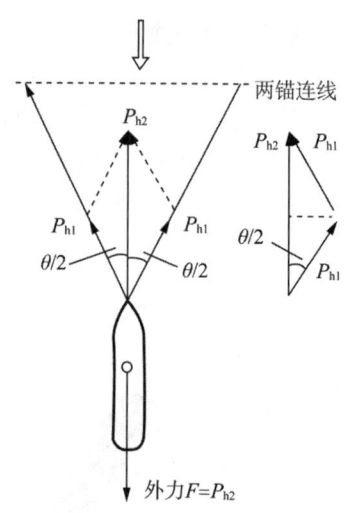

图 3-2-22　八字锚泊的锚泊力

荡呈交互拉紧的状态。当风向与两锚连线的交角为 120°或 240°时,力链所受的张力均较单锚泊时为高,船舶走锚的可能性较大。所以,不可简单地认为八字锚泊必定比单锚泊的稳定度高,更不能认为以上公式是适用于任何风向的八字锚泊的锚泊力通式。

(2)锚位选择要领

①两锚锚位连线应尽量与强风风向或强风急流的合力方向垂直,以保证两锚受力均匀。

②两锚间距应依出链长度和两链交角而定,如 θ = 60°,则取两锚间距与拟出链长度等长或接近等长。

③两锚锚位的选定,应能保证与其他锚泊船有安全合理的船间距离。

(3)八字锚泊的抛锚方法

八字锚泊的抛锚方法有顶风流退抛法、横风流进抛法、横风流退抛法等,此外还有单锚泊改抛八字锚、抗台抛八字锚等改良方法。下面重点介绍顶风流退抛法、横风流进抛法。

①顶风流退抛法

如果锚地比较开阔且有较大机动范围,则一般采用顶风流退抛法。如图 3-2-23 所示,船舶迎风、迎流或迎风流合力方向缓速航进至位①,并抛下左舷锚(有侧风时抛上风舷锚);微倒车松链,船退至位②;再进车施舵驶向另一锚位(位③)处抛下另一锚并同时松链,船舶在风流的作用下后退,同时松链并调整两链至预定出锚长度(位④),并使之受力均衡。

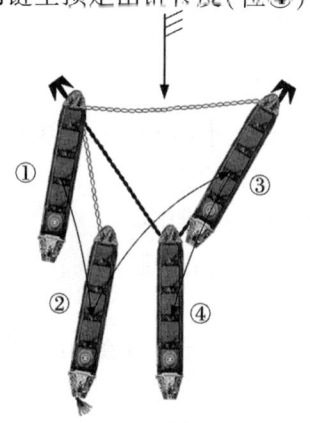

图 3-2-23　八字锚的顶风流退抛法

②横风流进抛法

如果锚地水域有限,不得已需要在横风条件下抛八字锚,可根据情况采用横风流进抛法或退抛法。其中,由于横风流进抛法易于保向,操纵连贯,两锚锚位较准确,操作时间短,故在实际工作中多采用此法。如图 3-2-24 所示,船舶横风流缓速航进至位①时,抛上风(流)锚;进车松链至位②时抛下风(流)锚;微倒车,让风流将船舶压向下风流,同时松链至预定长度(位③),并使之受力均匀。

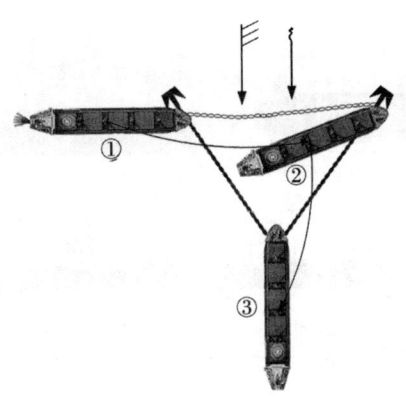

图 3-2-24　八字锚的横风流进抛法

在有风流影响的水域抛八字锚时,首先要明确抛八字锚的目的是抗风还是抗流,以决定两锚链之间的夹角、距离和松链长度;然后根据锚地实际风流情况及本船浮态,决定抛锚的操纵方法,并根据本船的操纵性能,正确使用操纵设备以把八字锚抛好,获得良好的抛锚效果。

3.起锚作业

(1)起锚前的准备

送气或送电后,脱开离合器检查锚机的运转情况,再合上离合器,打开甲板制链器,松开刹车带,使锚处于随时可收绞状态。同时,检查船首及其附近情况,避免船首周围有碍航物,如无问题,告知驾驶台起锚准备完毕并通知机舱送锚链水等。

(2)绞锚

双锚泊起锚操纵时应考虑当时的环境,确定起锚的先后顺序。通常先绞惰锚,同时松出力锚链,待绞起惰锚后再绞力锚;风较大时,应先绞起下风锚,后绞起上风锚;若水域较窄,应先绞起内档锚,后绞起外档锚;若有横流影响,应先绞背流舷的锚,再绞迎流舷的锚。

绞锚过程中,应及时向驾驶台报告锚链出水节数、方向、长度和受力情况。一般绞入一节锚链约需 3 min。锚机负荷较小时,可加速绞收;锚机负荷较大时,应放慢绞进速度,或暂时停绞,并可适当进车转舵,以缓解锚链张力,协助起锚。一般情况下,当锚链横过艏柱或船底时,应放慢绞锚速度或暂停绞锚,绞锚的最佳时机为锚链与水面垂直或接近垂直时。

(3)起锚过程中锚和锚链的状态

①短链锚:又称近锚,是指锚链绞进至尚余 1.5～2 倍水深的长度时,锚链呈斜下方受力的状态。此时几乎没有卧底锚链,如图 3-2-25 中的位置②所示。

②锚链垂直:又称立锚,是指锚链被绞进至正好处于锚链筒的正下方并垂直于水面,此时锚链长度约与水深相等,如图 3-2-25 中的位置③所示。由于锚尚在抓底,锚链处于受到较大张力的状态,作用于锚机的负荷也很大,绞锚切不可操之过急,如绞不动,可刹紧刹车脱开离合器,用慢车活锚后再绞。

③锚离底:指锚链绞进至锚冠刚好离底的状态,如图 3-2-25 中的位置④所示。这时会感到锚链由张紧受力突然出现抖动或发现锚机负荷突降,转动变得轻快或锚链筒外的锚链在水中出现摆动。此时意味着船舶正丧失锚泊力,由锚泊状态转为在航状态,白天应降下锚球,夜间则应关闭锚灯,开启航行灯。

④锚清爽:指锚已出水且无杂物缠绕或勾起的状态。在确认"锚清爽"后方可将锚收进。

⑤锚绞缠:指锚钩起了锚链、渔网、电缆、缆绳等杂物的情况,需进行清解后才可将锚收进。

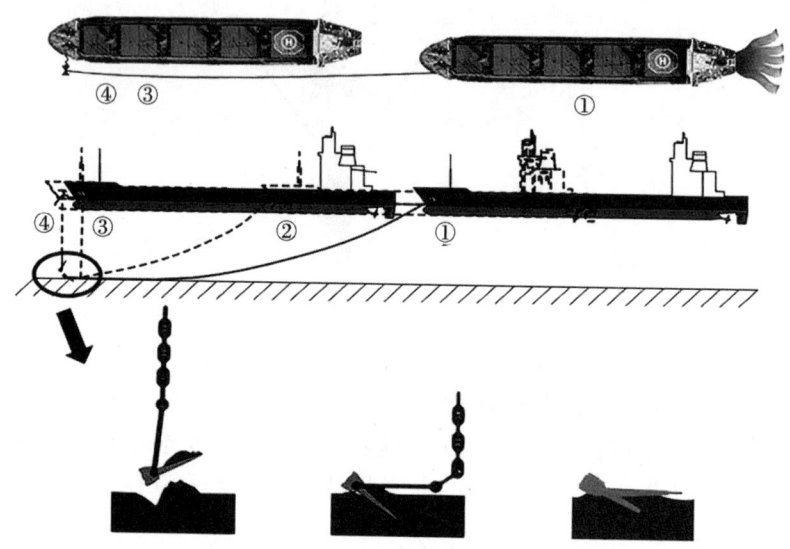

图 3-2-25　起锚中锚链和锚的状态

(4)结束工作

将锚收进锚链筒,使锚冠紧贴船壳;然后关紧刹车带,合上甲板制链器,脱开离合器,切断电源,停放锚链水,至此起锚作业结束。

(四)抛、起锚步骤

1.抛锚作业

(1)瞭望:利用视觉、听觉和一切有效手段保持正规瞭望。

(2)锚地(位)选择:结合考虑锚地底质、水深、风浪流等因素。

(3)沟通联系

①按规定向海事管理机构(交管中心)报告。

②适时通报本船动态。

③保持在规定频道守听。

(4)抛锚操作

①驶离航路时机把握适当,主动避让顺航道行驶的船舶,安全驶进锚地。

②锚位选择适当,车舵配合、速度控制合理,与船首保持有效沟通,指令明确。

③抛锚完毕后不会对周围船舶或者水上、水下设施构成危险,锚泊方式、出链长度满足当时环境要求。

（5）号灯、号型：抛锚后按规定显示信号。船长小于 50 m 的船舶，在船的前部显示一盏环照白灯（夜间）；其号型为一个球体，在船的前部显示，如图 3-2-26 所示。

图 3-2-26　*L*<50 m 船舶锚泊信号显示

2.起锚作业

（1）瞭望：利用视觉、听觉和一切有效手段保持正规瞭望。

（2）沟通联系：

①按规定向海事管理机构（交管中心）报告。

②适时、及时向附近船舶通报本船动态。

③保持在规定频道守听。

（3）起锚操作：

①与船首保持有效沟通，根据锚链方向和受力情况合理使用车舵，顺利完成起锚。

②对局面和风险判断准确，驶入航道时机把握适当，并主动避让顺航道行驶的船舶。

（4）号灯、号型：锚离底后，正确显示航行信号。

（五）偏荡、走锚及其防止

1.偏荡及其防止

船舶在大风浪中锚泊的主要特点就是偏荡。偏荡是指船舶在大风浪的作用下发生大幅度的左右对称的摆动现象。单锚泊船舶、抛平行锚的船舶，甚至抛八字锚的船舶在风向明显改变而未及时调整两锚链出链长度时，都会因风、流、浪等外力的作用而产生偏荡现象，如图 3-2-27 所示，其中又以单锚泊中的船舶偏荡幅度为最大。

风速越大，水线以上船体受风面积越大，风动力中心越接近船首，则偏荡运动的振幅越大、周期越短、速度越快，锚链所受的张力也就越大。当风动力中心位于船中后 10% 以上船长时，即使风速较大也几乎不产生明显的偏荡。因此，舯机型船较中机型船或驾驶室在船首的船偏荡幅度小，满载时较空载时偏荡幅度小。另外，虽然锚抓力随松出链长的增加而增加，特别对吸收动力负荷非常有效，但应注意锚链的增长会使船舶偏荡运动大幅度增加。

偏荡对锚泊船舶不利，将使锚链张力增大、锚抓力减小，甚至导致锚链绞缠、断链或走锚。缓解偏荡有以下几种方法：

①压小舵角抑制偏荡；

②恰当使用主机以缓解偏荡；

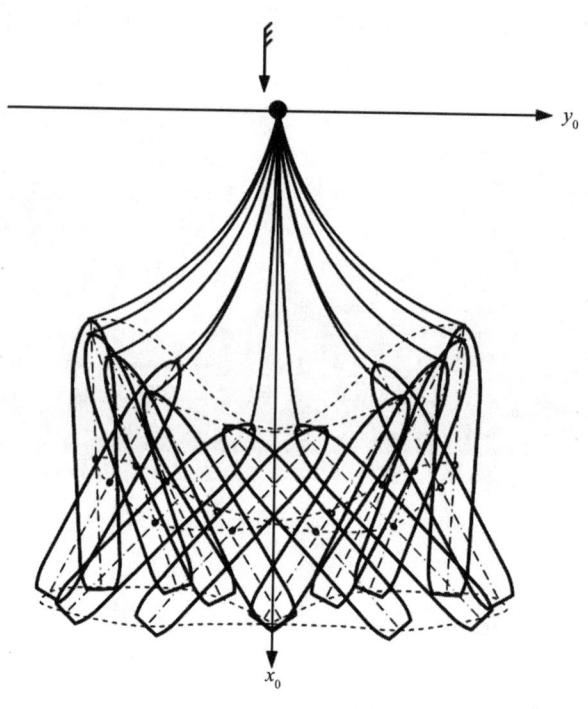

图 3-2-27   单锚泊船舶的偏荡运动

③打入压载水,增加吃水以缓解偏荡(压载到满载吃水的 3/4 以上);

④将船舶调整为适量的艏纵倾以缓解偏荡(小型船应慎用);

⑤抛止荡锚以缓解偏荡(止荡锚又称立锚,最好在船舶偏荡至未抛锚一舷的极限位置向平衡位置开始回荡时抛下止荡锚);

⑥将单锚泊改抛八字锚以缓解偏荡。

2.走锚及其防止

锚泊船因外力的变化而造成锚链张力大于锚泊力,致锚被拖动、自转乃至翻转出土,从而失去正常锚泊力的现象,称为走锚。它与操纵用锚中的短链拖锚完全不同,是安全锚泊的大敌。

(1)船舶走锚的原因

①本船配备的锚未按规范配足重量。

②抛锚时松出的锚链长度不够,以致锚爪不能以较大的角度抓入河底,使锚抓力过小。

③河床底质不良,不能充分发挥锚抓力。

④洪水猛涨,流速激增,使船体承受的水动力大于锚的系留力。

⑤不正常水流影响。由于不正常水流的流速、流向经常变化,使船舶偏荡不定,锚的系留力减小,造成走锚。

⑥在暴风中,由风引起的船舶偏荡使锚的系留力减小,以及风对船体产生的风动力急增,致使风动力、水动力之和大于锚的系留力而发生走锚。

⑦数船共抛一锚,使锚的系留力不足而走锚。

(2)发现走锚的方法

如不及早发现走锚,采取有效措施,则会酿成碰撞他船、搁浅、触礁等严重事故。发现走锚的方法主要有以下几种：

①观测本船与他船或物标相对位置变化

强风中应重点留意观测艏、艉附近的他船或物标串视线的方位变化,这是因为大风浪中锚泊船走锚多呈接近横风的态势;而急流中则应重点观测正横附近的他船或物标串视线的方位变化。

②利用助航设备判断

利用雷达、GPS等精度较高的定位手段,经常核查船位以便及时发现走锚,可能的话还可启用雷达和GPS的锚位检测报警功能。

③观察偏荡情况

若船舶的偏荡仍在有规律地维持,且总体仍处于顶风状态,则说明锚泊力仍能抵御外力对船舶的作用及其造成的偏荡影响,船舶没有走锚;若船舶周期性的偏荡运动消失,船舶呈单舷受风状态且锚链仅处于上风舷,则可判定船已走锚(空船时尤为明显),这是大风浪中判断走锚的最有效方法。

④观察锚链情况

若锚链失去偏荡中常有的周期性弛张、升降现象,而表现为持续保持拉紧,且不出现下降或缓解;或锚链紧后突松,感到间歇性的急剧抖动,都有可能是在走锚。

⑤放置测深锤

在船首下风舷将测深锤放至水底,如发现测绳一直向前拉伸,则可能走锚。

⑥灯光点线法

夜间用探照灯直射(一线)正横方向某固定参照物(一点),当船首向不变时,若参照物不断前移,则船舶可能走锚。

(3)走锚的防止

①切实加强、高度重视锚设备的检查及养护工作。坚持对锚设备,特别是易受损部位的定期检查和经常性的养护,使锚设备始终处于良好的技术状态。

②坚持按锚泊操作规程的要求,正确选择锚地、锚泊方式和抛锚方法,保证足够的出链长度,以确保有足够的锚泊力。

③加强锚泊值班,严守岗位,忠于职守,尽可能地及早发现走锚。

④一旦发现走锚,值班驾驶员应采取的措施包括：

a.不失时机,立即加抛另一锚并使之受力,这是首要的措施。同时下令备车,并报告船长。车备妥后,开车顶风流,以减轻锚链受力。

b.谨慎松长锚链。只有在确认锚尚未翻转且松链后不致触碰他船或触礁时,方可适当松长锚链以增加抓力。

c.悬挂并鸣放"Y"信号,或用VHF无线电话、灯光等手段及时警告附近他船。

d.若开车后仍无法制止走锚,则应果断决策,另择锚地重新抛锚。

(六)锚泊值班与长期锚泊的活锚措施

1.锚泊值班及注意事项

为了保证船舶的安全,锚泊船应指派专人值"锚更",随时注意锚泊船及其周围的情况,用一切有效手段进行瞭望,检查锚泊船是否走锚。

锚泊值班船员应做到：

（1）利用岸物标或助航设备等测定船位,对锚地水深、底质、风向、流向以及周围环境情况等做到心中有数。

（2）经常利用岸物标或助航设备校核船舶是否保持在锚位上。

（3）保持正规瞭望,并注意:

①观察周围锚泊船的情况,尤其是位于上风或上流方向锚泊船的动态,以防他船走锚危及本船安全。当他船来锚泊时的锚位与本船过近、过往船舶或邻近锚泊船起锚离泊时距离本船过近,判定其对本船有威胁时,应以各种信号通知、警告对方。

②注意观察气象、锚位、锚链受力和船舶偏荡,必要时采取措施,防止因本船走锚而酿成事故。在急流锚地或遇大风浪天气,除执行船长指示外,还应勤测锚位,定时巡视甲板,检查锚链和制链器是否正常。

③按时升降国旗及锚球,开关锚灯和甲板照明,按规定显示或悬挂相应的号灯、号型,鸣放相应的声号(特别在能见度不良时)。

④锚泊中进行装卸作业或上下旅客,除应执行靠泊值班中有关装卸或上下旅客业务方面的职责外,应特别注意傍靠船、驳的系缆、碰垫以及其他各种安全措施。

⑤根据锚地情况以及水上安全管理的有关规定,用 VHF 无线电话在规定的频道上守听。

⑥严格执行防止船舶污染的有关规定,采取措施,防止船舶对水域环境造成污染。

2.活锚

长时间锚泊会造成泥沙堆积在锚上致使锚被泥沙深埋的现象,称为淤锚。为了避免淤锚现象,应每隔一段时间把锚绞起来后重新抛下,以维持良好的锚泊状态,这种操作叫作起锚检视,船员亦称之为活锚。在泥沙淤积严重的河段,一般应每隔 3~5 天进行一次活锚。

第三节　内河船舶引航基本原理

内河船舶引航是指引导船舶在内河水道中安全航行的技术。船舶驾驶员要根据航行条件和有关规定,结合本船操纵性能,及时对复杂多变的航行条件做出符合客观规律的分析,准确、快速判定船位,采取正确的引航措施,驾驶船舶安全航行。

一、航行条件分析

航行条件是指船舶行驶水域内的航道、水文、气象、航标、船舶会让等客观因素的综合构成情况。分析航行条件时,应着重考虑以下方面:

1.航道特征

航道特征包括河段的地形地貌、河床形态、航道尺度、支叉河与捷水道的分布及开放水位,汛期漫坪地段及水位,河槽内碍航物分布及碍航程度,滩槽特点,桥梁、船闸限制性航道情况等。

2.水文特征

水文特征包括比降、流速、水位(深)的大小,主流、缓流的分布,不正常水流的特征、分布及对船舶航行的影响等。

3.助航标志

广义的助航标志有可供利用的人工和天然助航标志两种。人工助航标志的相关信息包括航标的种类、特征、配布原则及方法,设标水深及移动规律;天然标志包括树木、山头、岸嘴、突出的建筑物等。这些标志均可用来作为船舶选择航路、确定船位的参照物。

4.船舶动态

船舶动态是指会遇船舶的种类、性质、大小、操纵性能、活动规律、会遇地点、会遇态势以及相应的避让原则与方法等,以期船舶能正确安全地避让航行。

5.气象特点

气象特点是指船舶经过航段的天气(如降水、雾、风等)情况,应特别注意灾害性气象以及对船舶航行的影响。

二、内河船舶引航基本要领

内河船舶引航基本要领,概括起来讲,就是熟悉航路、选好航路、掌握船位、正确避让。其中,熟悉航道、选好航路是基础,掌握船位是关键,正确避让是根本。

(一)航路选择

航路是指船舶根据河流的客观规律或者有关规定,在航道中所选择的航行路线。航路的选择,贯穿于船舶航行的始终,是内河船舶引航技术的重点。

1.顺航道行驶航路的选择

(1)顺流航路的选择

其基本原则是以主流为依据,将航路选择在主流范围内或航道中间,俗称"找主流,跟主流",其少做折线航行,拉长定向航行距离,减少用舵次数,如图3-3-1所示。其目的是充分利用流速来提高航速,充分体现既经济又安全的原则,但要注意绕避顺流航道中的礁石、浅滩等碍航物。遇狭窄弯曲河段应选择高流势,即挂高航行。

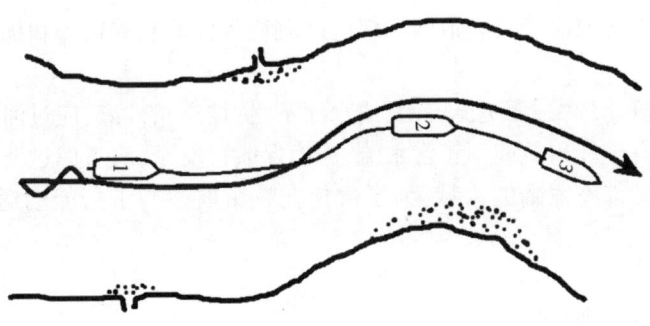

图3-3-1　顺流航路示意图

(2)逆流航路的选择

其基本原则是沿缓流或航道一侧行驶,俗称"找主流,丢主流",尽量减少过河航行次数,如图 3-3-2 所示。其目的是避开主流、提高航速。遇狭窄弯曲河段应以水势高的一侧为要求选择缓流区。

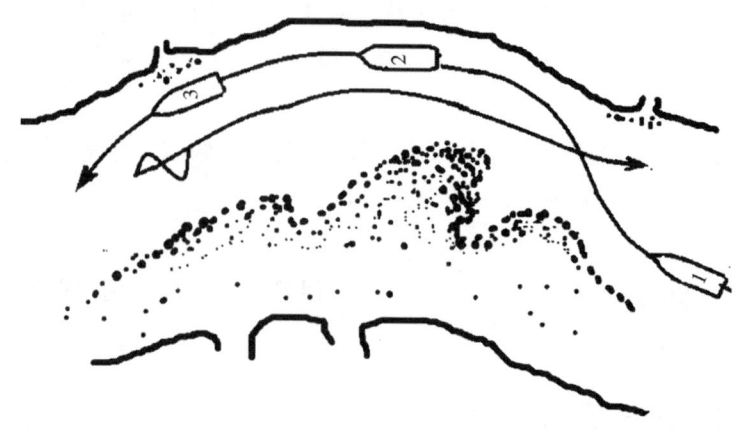

图 3-3-2　逆流航路示意图

（3）顺、逆流航路选择的注意事项

不同类型、大小、吃水的船舶在顺流航路上没有明显区别，而在逆流航路上则表现出了很大的差异。

①小型船舶在逆流航路选择上的自由度较大；大型船舶受航道尺度、操纵性能等因素的影响，在航路选择上会受到限制，其航路选择应尽可能精准些。

②顺、逆流航行除应考虑到航道碍航物分布外，还应注意横风、横流的推压作用和他船动态等因素的影响。

③在山区河流，由于主流窄、横流强，无论船舶顺、逆流航行，都应将船位置于高流势的一侧。

2.过河（横越）航路

过河是指顺航道行驶的上行船从航道一侧穿过主流，过渡到航道的另一侧。

（1）过河条件

船舶上行是否过河取决于对航道两侧缓流区航行条件的利弊权衡和优化选择。过河条件具体如下：

①上行船前方流速较大，无缓流可用，或水深不足，彼岸条件好，应过河行驶。

②上行船前方有礁浅碍航或不正常水流，为确保航行安全，应考虑过河。

③在航道上下游都有宽阔的水域，为了避免在狭窄航道与下行船会遇，上行船主动提前过河。

（2）过河方法

过河方法一般有下列几种：

①大角度过河法

大角度过河法又称摆过或斜过法，即当航道较宽或水流较缓时，用大舵角转向，使航向和流向呈较大夹角，船身略呈横向穿越主流摆到彼岸。该方法的优点是穿越动作较快，但驶至彼岸时扬出船首、调顺船身较难。

②小角度过河法

小角度过河法又称顺过法,即当航道较窄或水流较急时,用小舵角转向,使航向与流向成较小夹角,利用水流流压的作用,边顶流边驶至对岸。其中,夹角大小视船宽和水流流速而定,应避免船身横向。该方法操作较简单,安全性较好,是较常见的过河方法之一。

③指定目标点过河法

指定目标点过河法分情况使用。当彼岸过河终止点下方有障碍物或强力急流、内拖水、滑梁水时,为避免过河漂移困岸,摆脱其下方不利影响,要求过河船必须斜向提升过渡到障碍物或险恶流态流上方的指定目标点,该方法叫盖过法。

当彼岸过河终止点上下方均有障碍物或险恶流态流时,要求过河船必须过渡落位于其间的恰当位置上,该方法叫恰过法。

指定目标点过河法要求准确性高、难度大,所以采用该方法时要格外小心。

④借势过河法

若过河起点的上方凸出岸嘴有强斜流,从岸嘴下方驶出的上行船,可利用斜流冲击船舷的水动力与船首前进方向的惯性力构成的上升合力带动船舶向上游方向横移过河,这种借水动力过河的方法叫借势过河法。

上行船在出角迎流过河时,横移外张迅速,此时若操作不当,不注意控制斜流的冲击,极易造成"打张"事故(船首横冲坡岸或向下倒头,船体严重倾斜)。

(3)过河时机

无论使用哪种过河方法,都应该恰当掌握过河时机:

①要根据航道、水流的特点来选择好的过河时机。

②过河是横越行为,过河时应以不妨碍顺航道行驶的船舶为前提。

③为兼顾船舶避让,过河时机应灵活掌握;过河点的位置并不是恒定不变的,必要时可提前或延迟过河。

④穿越主流驶近对岸时,要根据岸形、岸距、船岸角度、流态、航速等情况,及时掌握扬出船首时机,调顺船身。

3.平流航路

平流水域就是指湖泊、水库、运河等流速非常小的水域。《内河避碰规则》特别指出,"在潮流河段、湖泊、水库、平流区域,任何船舶应当尽可能沿本船右舷一侧航道行驶"。平流航路也就是指在主、缓流无明显区分水域的"靠右行驶"航路。

在湖泊、水库中,常可分为近程和沿岸两条航路。在天气好、风浪小时,可径直驶过湖区,以最近航程驶往目的地,即为近程航路。近程航路有利于提高船舶的营运效率。天气不好、风浪较大或船况较差时,应选择沿岸航路。沿岸航路虽较为曲折,航程较长,但由于水深不大,风浪较小,航行较为安全。驾引人员应根据当时的天气情况和本船的操纵性能,恰当选择航路。

4.规定航路与推荐航路

规定航路是指水上法规对某些规定水域的船舶航路做出的专门规定;规定航路既有原则性的,也有具体的。如《内河避碰规则》第八条"航行原则"对船舶航路做出了原则性的规定;再如按船舶类型、等级分层次地对船舶航路实行分道通航制、分边通航制,对小船舶实行了推荐航路、特定航路。此外,有不少港口的"港章"对航经港口水域的航路也有专门规定。规定航路是经过充分研究和论证了的航路,对防止水上交通安全事故的发生起到了重要作用。

（二）船舶落位

船舶在航道中的坐标称为船位。船位是判断船舶是否处于预定航线上、是否安全的依据，又是测算航速的依据，也是继续航行时做好选择航线、叫舵时机、用舵大小等决策的前提。

落位是指驾引人员根据航行条件和船舶性能，采取符合客观实际的引航操作方案，将船位摆在既安全又能提高航速的合理位置上。落位应同时满足下列条件：

1.航向与流向间的夹角要小

尽可能做到航向与流向平行顺向，以提高上行（下行）船的航速，减小水流引起的漂移和航向不稳定性。航向与流向间夹角的大小是衡量船舶落位的基本要素。

2.岸距要适当

岸距是指船舶至岸横距的大小。下行船通常参照两岸岸形和船岸横距，上行船则重点参照沿岸岸形及船岸横距。以顺向为前提，以主流、缓流的合理利用为依据，下行船通常按河宽比表示船位，如"正中分心""四六分心""三七分心"；上行船则常以船宽或船长来度量，如离岸几倍船长或几倍船宽驶过。

3.尽量拉长定向航行距离

在航行条件允许的情况下，应尽量做长距离航行。这样操作可减少用舵次数，缩短航程，提高航速，还可以简化操作，为驾驶员腾出时间考虑安全和避让问题。

（三）转向点与吊向点的选择

在航行中，船员常说要抓好点、定好向，这些点是指衡量当时当地船舶所处位置相对岸上的固定物标，其可作为引航中的转向点和吊向点，供船舶航行抓点、吊向时使用。

1.转向点

转向点是计划航线上预定改变航向的地点。转向点常用一些具有显著特征的物标（如岸嘴、山角）或流态（如夹堰水）作为参照目标，使船舶能圆滑地转向。当发现船舶落位困难时，应通过调整转向时机及时纠正，使船舶行驶在预定的航路上。

2.吊向点

船舶以某一航向做定向航行时，船首对着的物标即称为吊向点。船首对准或挂某物标航行，称为吊向。所选用吊向点，应是容易辨认、轮廓清楚的物标。如果船首对准的正前方缺乏明显的物标，也可选用附近明显的物标，但需要说明将该物标偏置左（右），如"将某物标放在船首左（右）舷多少度"，指的便是船首吊向点位置。

3.点向结合的运用

点向结合，是指船舶航行时船位与航向相结合，转向点与吊向点相结合，以满足船舶落位的需要。转向与吊向的引航操作术语较多，如"驾驶室平（过）某物标时转向""船首到达某物标时转向""开门转向""担腰转向"等。船舶在刚驶抵能看清前面转弯航道具体情况时称为开门，此时转向称为开门转向。当某一岸嘴、浮标或特殊水势接近船舶中部时开始转向称为担腰转向，而像"置某物标于左（右）舷多少度"则是吊向引航的术语。

第四节　顺直河段、湖泊、水库、运河及河口段的船舶操纵

一、顺直河段中的船舶操纵

（一）顺直河段的航行条件

顺直河段一般是指在较长距离内其走向顺直或微弯的航道。顺直河段的航道顺直，船舶操纵简单；航道宽度大，水深一般也较大；主流一般在河道中间，水深、流速分布对称。从船舶操纵的角度讲，顺直河段的航行条件是最好的。在顺直河段中，碍航因素主要是风浪问题，风的影响比较显著。此外，河槽中偶有礁石或江心洲，影响船舶引航。

（二）顺直河段中的船舶操纵基本方法

在顺直河段航行时，可在保证安全的前提下尽量提高航速。

1.恰当用舵

船舶操纵时用舵会造成航速损失，同时也会使船舶发生转向与侧移。因此，在保证航行安全的前提下，顺直河段操船应少用舵、用小舵角，防止用急舵或大舵角。

2.选好航向，摆正船位

顺直河段下行时，最理想的是把船位放在主流范围内，并使船舶航向与主流流向平行，此时航速为船的对水航速和主流流速之和。如果航向选择不当，航向与主流流向会有一个夹角，就会损失航速。在正确选择航向时，也应适当拉长定向航行距离。在实践中，船舶航行要求既拉长定向航距，又使航向与流向一致。不能同时兼顾时，应遵循以下原则：在拉长定向航距后，船舶航向仍能基本平行于流向或只在很短一段时间内未能处于平行状态；当河槽的具体环境不具备拉长定向航距的条件时，不宜勉强拉长，以免损失航速或危害航行安全。

3.岸距要适当

恰当的岸距是船舶落位的主要要求之一。顺直河段的下行船要紧紧抓住主流，循主流航行；上行船则应尽量避开主流，在缓流中航行。判明主流位置后，下行船可据之按河宽比表示船位，如"正中分心"（船舶沿河心行驶）、"四六分心"（船舶在河心略偏岸某一侧四成行驶）或"三七分心"等。而上行船在利用缓流上行时，常以船宽或船长来度量岸距，如离左（右）岸几倍船长或几倍船宽驶过；同时要注意风压、流压和岸吸、岸推的影响，避免触岸、扫岸等情况发生。

4.上行船的其他注意事项

（1）合理利用缓流航道。顺直河段两岸的缓流航道是上行船的理想航路。缓流区流速较小，但由于受水深限制，船底与河底的间隙变小，致使船底与河底之间的流速增大，同时受浅水效应影响，船舶的兴波阻力会增大。因此船舶上行时要合理利用缓流航道，趋利避害，实现船舶营运效益的最大化。

（2）应尽量少过河。上行船过河航行必会驶过主流区，增加航程、航行阻力和操纵难度，然而受内河水文和河道环境的影响，有时不得不过河航行。因此上行船过河的原则为：可过河可不过河时,坚决不过河;过河后所取得的效果小于因过河航行所受到的损失时,也坚决不过河;必须过河时,应选择在既安全又经济的地点过河。

二、湖泊、水库中的船舶操纵

（一）航行条件

1.湖泊的航行条件

湖区水面宽阔,洪水期更甚,对船舶选择航路有利,而且大多数湖区主航道航标配布较为完善,有利于导航。不利的因素主要体现在以下几个方面:湖区水面开阔,船舶航行时受风浪影响较大;湖区可供定位物标少,故给船舶航行带来困难;注入湖区的各支流流向不一致时,可能会造成湖内流向紊乱,易使船舶偏航。过流湖淤积严重、范围较广,这些地带水草较多,对航行有一定的影响,尤其到枯水期时,通航尺度大大减小。

2.水库的航行条件

水库的航行条件与湖泊有许多相似之处,不同之处在于:建水库时常遗留一些树桩和残存的建筑物,水下障碍物比湖泊多。以调节流量为目的的天然水库水位变化明显,其变幅较湖泊大;水库上游,容易淤沙,航道随之变浅。水库一般受风浪的影响比湖泊小。

（二）湖泊、水库中的船舶操纵

在湖泊、水库中航行主要考虑的问题是:准确地判定好自己的船位,并随时注意天气变化情况,充分掌握本船的抗浪性能,正确地操纵船舶航行。

湖泊、水库区常有近程航路和沿岸航路之分。当天气好、风浪小时,可选择近程航路,径直驶过湖区,提高船舶营运效率;当天气不好、风浪较大或船舶条件较差时,应选择沿岸航路,其路程虽远,但风浪较小,安全性高。

湖泊、水库区水面宽阔,有风影响时,容易形成浪区,湖心和下风侧尤为厉害,风是致使船舶偏航的重要因素。尤其是小型船队和抗风能力较差的船舶,应尽量选择小浪区航行,需要掉头时也应尽量选择在小浪区进行;受侧风时,应尽量使船与波浪呈小交角斜向航行,切勿横浪。顶推船队在风浪较大时,应改为吊拖形式。若风浪很大,吊拖船队应以单排拖带为宜,以免同排驳船相互碰撞摩擦,并应增大驳船间距,必要时船舶或船队必须采取"扎风"措施。

三、运河中的船舶操纵

（一）航行条件

（1）除河岸偶有下塌的石块、树木等外,运河中碍航物极少。

（2）运河水源主要来自沿线湖泊及河流,其水位受河湖水位变化的直接影响,并通过涵闸控制,得以保持航行和排灌的正常水位。

（3）运河河道顺直,航道内水深较小,航道宽度也不大,比天然河流小得多。

（4）由于航道尺度小,受浅水效应影响,船舶行驶阻力增加,航速降低;同时岸吸、岸推显著,船舶航行时易发生偏转。

（5）运河中的流速除短暂的排洪期流速较大外,平时流速甚小。

（6）运河中通常建有船闸等通航建筑物。

（二）运河中船舶操纵的要领

1.选定适当的航速

船舶在运河中航行,如航速太大,船岸间的流体动力作用会增强,使船舶操纵性能大幅下降,严重时甚至会导致搁浅、碰撞事故;航速过小,则船舶的保向性和旋回性下降,在有流水域中操纵困难,易陷入困境。为保障航行安全,大多数运河都有限速的规定。船舶应根据当时的实际载况、风流影响、河道状况等在限速范围内适当调整实际航速,以确保航行安全。需要减速时,应逐级进行,因为幅度过大会使舵速急剧下降,舵效变差,导致船舶发生偏转。航速的选择应符合以下要求:

（1）符合水域主管当局的限速规定;

（2）确保本船的操纵性能需要,尤其确保本船的舵效;

（3）为避免碰撞和运用优良船艺应对不测,留有观察、估计局面和机动的余地;

（4）防止造成浪损;

（5）尽可能地在满足上述各条件的情况下,提高营运效率。

2.保持在航道中线上航行

船舶在运河中航行,受浅水和水域宽度的影响,加上航速限制,舵效会变差。操舵时必须集中注意力,用舵要及时、正确。

除水域主管当局另有规定外,在河床基本对称的运河中航行时,应将船位保持在河面的中线上;在河床不对称的河段中航行时,船舶应行驶在深水主航道的中线上,否则将可能因岸壁效应而出现船首偏转的情况。当有风影响时,应稍偏向上风一侧,过弯时应适当靠近弯的凹岸一侧行驶。但应注意,过分靠近凹岸侧航行,可能会"落弯",碰撞凹岸。

3.克服偏转的措施

由于操舵不稳、速度突变(减速太快更明显)、河床不平或岸边不对称等因素,航行中的船舶会突然偏转,实施克服偏转的措施时必须迅速果断,否则会酿成事故。

（1）单车船克服偏转的措施

以右旋单车船为例进行说明。一般偏转不大时,可用舵纠正,必要时可短暂加车以提高舵效,待船摆正后立即减速。当偏转较大时,可倒车协助纠正,但应注意时机,以免出现倒车横向力增加偏转的趋势。克服剧烈偏转的有效方法是在减速操舵的同时抛下偏转相反一舷的锚,利用短链锚来阻滞偏转的力量,以防止船首冲向对岸。

（2）双车船克服偏转的措施

当偏转不大时,可将偏转相反一舷的车停住,并向偏转相反一舷施舵;当船首停止偏转,并开始向相反一舷转动时,再将停止的车开进车,用舵使船舶驶回中线上。若偏转较大,则可将偏转相反一舷的车倒转。

若低速时发生偏转,可将偏转舷的车加速,另一车减速或停车,并用满舵配合;若高速时发生偏转,应将偏转相反一舷的车全速倒车,另一车减速或停车,同时用满舵配合。这样,既可减少冲力,又能改善操纵条件。

（三）狭窄航段会船

京杭大运河京冀段的某些河段,航道宽度和深度均较大,两船对驶时,只要双方配合得当,船间效应(船吸与船斥)影响就不会很明显。两船会船时要注意控制航速和两船之间的横距并及时纠正偏航。而在北京某些游船航线的航段中,受航道宽度限制,两船会让的船间效应等影响就较大,应尽可能选择在顺直河段和宽阔河段会让。在某些长距离河段中,还设置有专供会让或掉头用的加宽河段。如果特殊情况下需要在狭窄航段会让,可将一船系岸等候,让另一船驶过。此时:

(1)等候的船靠岸时应适时减速,尽量不用倒车。有风时,若条件许可,应尽量靠下风一边。操纵性能较差的船靠岸时,可先带好缆,然后通过绞缆使船靠拢。双车船应注意螺旋桨不要碰及岸壁。除有流及强顶风外,一般只需带 2 根横缆即可。

(2)他船驶过时易使系岸船剧烈摇荡而无法用缆稳定,此时须松掉前后缆,用车舵来克服这种摇荡;否则,易造成一船尾部与驶过的另一船尾部发生碰撞。双车船用车时只能用外舷车,以防碰坏螺旋桨。

(3)驶过船应以慢速尽量保持在航道的中线上航行,以避免因过分靠近另一岸而出现岸壁效应。

四、河口段的船舶操纵

河口段是指河流与其汇入水域相连接的区域,通常包括流入海洋的入海河口、流入干流的支流河口、流入湖泊(水库)的入湖(库)河口。考虑到京津冀地区内河水域通航的实际情况,本书只介绍支流河口段和入湖河口段的船舶操纵。

（一）支流河口段的船舶操纵

支流与干流的交汇处,称为支流河口,如图 3-4-1 所示。

1.支流河口段的航行条件

(1)支流河口流态紊乱

干流和支流不同流向的水流相汇,致使支流河口流态紊乱。尤其当支流水位高于干流水位时,若支流水位陡涨、流量激增,强流会挤迫干流主流流路,使干流泄水断面急剧收缩,支流口下方的回流区增大,在两股水流的交界面上产生夹堰、泡漩、回流等流态。此类不正常流态的强度、范围随干流与支流水位和流量的变化而变化,随支流与干流交汇角的大小而变化。支流河口流态变差后,会增大船舶的操纵难度,并危及船舶安全。

(2)支流河口流速变化大

干、支流交汇水域的流速,随干、支流水位的变化而变化。当支流水位上涨、干流没有涨水时,干流受支流顶托产生壅水(因水流受阻而产生的水位升高现象),支流流速增大,可能形成"吊口水"(交汇处产生大面积的漩涡);当干流水位上涨,支流没有涨水时,支流受干流顶托而水流平缓,甚至干流水可能会倒流入支流。

(3)支流河口易淤积泥沙

干流流量一般大于支流流量,当干流水位上涨时,支流河口段在一定范围内形成滞流现象,大量泥沙沉积于河口两岸,如图 3-4-2 所示。其淤积程度与水流的含沙量及输沙能力、洪

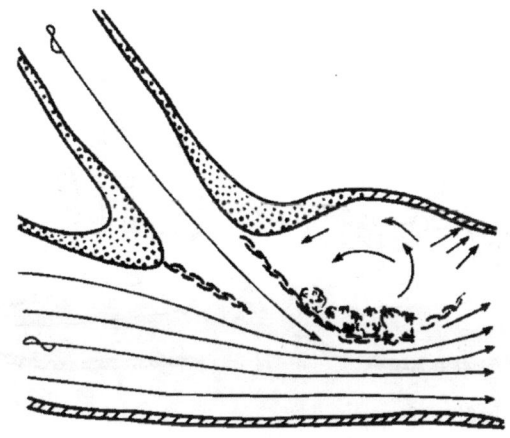

图 3-4-1　支流河口流态示意图

峰发生频率、洪峰稳定时间,特别是末次洪峰后的水位退落急缓等有关。如最后一次洪峰发生后,水位急退,来不及冲刷河口,则淤积较严重,尤其是水流含沙量大的支流,有时还需进行疏浚才能保证通航。

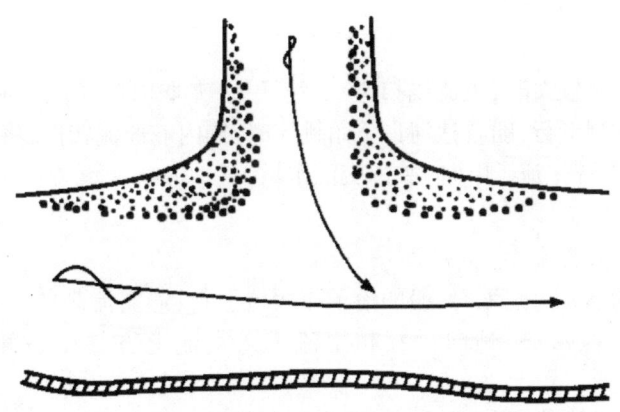

图 3-4-2　支流河口淤积示意图

(4)支流河口航行通视条件差

支流河口段航行通视条件较差时,瞭望难度加大,过往船舶较多,易发生碰撞事故。

2.支流河口段的引航

干、支流的交角不同或干、支流的流量比率及水位变化不同时,支流河口的流态及泥沙淤积程度也会不同。一般平原河流的支流河口航道尺度大,交汇水域较宽广,航行条件比山区河流的支流河口优越。在不同情况下,船舶进出各个支流河口段的航路及航法也不相同。

(1)自支流进入干流

①自支流进入干流上行

当两河的水流成小夹角交汇时,船舶循支流的主流下行,接近河口时鸣笛示警,稍拉大档子;至口门位置,能见到上沙嘴以上整个水域时,船首达干流后迎流转向,以外舷挂干流主流,内舷远离夹堰乱流,待整个船身驶上正常水流后,边走边向内转向,进入干流上行,如图 3-4-3(a)所示。

当两河的水流成大夹角交汇时,船舶接近河口时以外舷靠干流主流拉大档子后,及时调顺船身,航向迎流顺向后进入干流上行,如图3-4-3(b)所示。

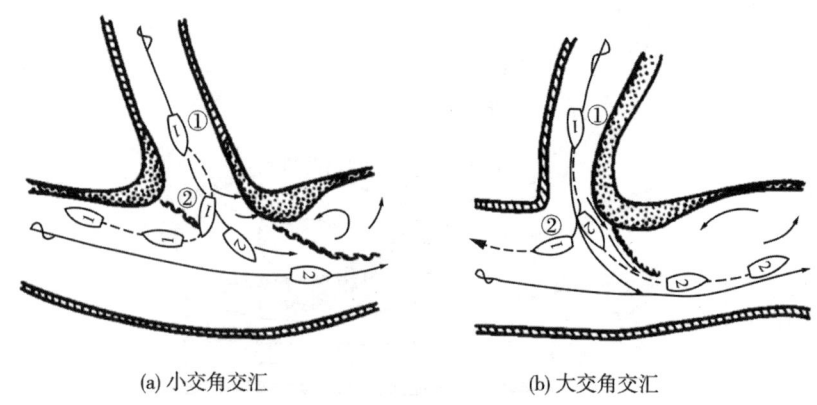

(a) 小交角交汇　　　　　　　(b) 大交角交汇

图3-4-3　自支流进入干流示意图

②自支流进入干流下行

当两河水流成小角度交汇时,主流流入角偏靠下岸嘴,船舶应避开下角内拖背脑水势(水流向岸嘴冲压)及上嘴夹堰、回流区。船舶循支流下行至河口下角上方时,置船位于主流外侧,避让支流口下角背脑水势及沱区紊动水流,循主流流线边走边向内转向,进入干流随主流带下行。

当两河水流的交角较大时,主流线扫弯,下沱区大,夹堰内侧及沱内流态紊乱。船位应置于主流上侧高流势一侧下行,船首达河口下角挑流时,操内舵迎流转向,将内舷挂上夹堰水,操外舵提艉顺向,以外舷挂主流,顺流向驶出交汇水域。

(2)自干流进入支流

①自干流上行进入支流

当两河的水流成小夹角交汇时,船舶沿干流缓流上行;遇支流来的水流时,操内舵迎流转向,避让河口下角内拖水势,顺向后穿越主流进入支流上方靠岸一侧的缓流上行,如图3-4-4(a)所示。

当两河水流成大角度交汇时,船在干流时,以外舷靠主流内侧弱流,丢夹堰内侧泡水、漩涡及沱区强回流于内舷侧;船首遇支流来的水流时,操内舵迎流转向,待下岸嘴披头水不影响时,边走边转向进入支流缓流带上行,如图3-4-4(b)所示。若下沱区水流较平稳,可利用沱区缓流,以外舷挂夹堰上行,出角迎流顺向后沿主流上侧缓流上行。

②自干流下行进入支流

当两河水流成小角度交汇时,自干流循主流下行至岸嘴上方,逐步向上方岸嘴挂高转向,以上嘴外夹堰为目标,船首挂上夹堰时回舵稳向,待船体进入支流正常水流后,调正船向,穿越主流,沿主流上侧缓流上行。

当两河水流成大角度交汇时,干、支流这两种不同流向和不同流速的水流在上嘴外交汇,夹堰流带的水流紊乱。若支流口的河面较为宽阔,水流条件尚好,可仿照两河水流小角度交汇时自干流下行进入支流的航法进入支流,顺向后,顺过下岸侧,循缓流上行。若支流口狭窄,支流的水流力量强,交汇水域的流态紊乱,自干流下行的船舶应将船位置于主流外侧,拉大档子,至上岸嘴上方,向上嘴转舵稍顺成斜向,即"下艉"(通常指上行船舶过河后,将船头外扬,船尾顺向下游,调直船身的操作过程),降低船舶冲量,落位于夹堰水外侧;然后再操反舵转向,穿越夹堰流带,进入支流口正常水流后,回舵内转向,顺下岸侧缓流上行。

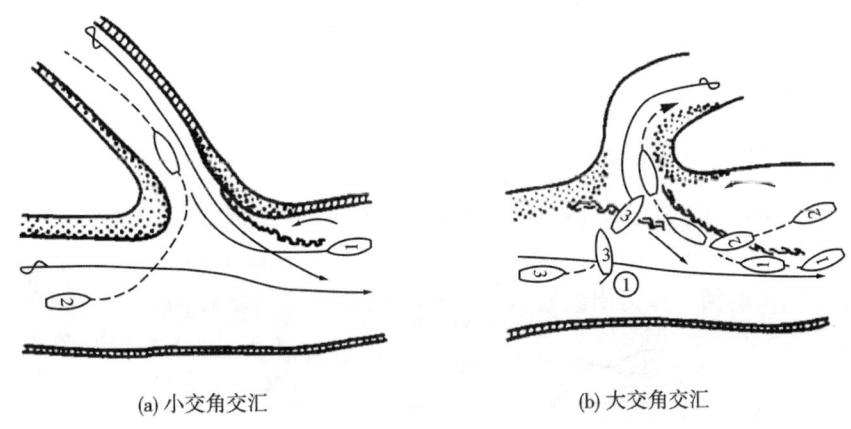

(a) 小交角交汇　　　　　　　　(b) 大交角交汇

图 3-4-4　自干流进入支流示意图

（3）航行于干流的上下行船舶通过支流河口

如果干流航道宽阔、交汇水域水流平稳，船舶可按正常航路航行，驶经支流河口时，适当绕开，以避让进出支流口的船舶。如果交汇口航道狭窄、水流条件差，尤其遇到支流涨水，且水流以较大的夹角进入干流，应按遇到局部强横流的操作方式谨慎操船。

①自干流上行驶经支流河口

船舶在支流口以下河段，以外舷挂主流、丢夹堰、泡漩、乱流及回流于内舷上行，船首将抵至来自支流的水流时，预先向支流偏转一个角度迎流，以提高船身，防止船舶随流漂移；迎流稳向后，驶过河口，进入干流的上游缓流上行，如图 3-4-5（a）所示。

②自干流下行驶经支流河口

船舶驶至河口上游干流河段时，置船位于主流上侧下行，以支流的水流为目标，逐渐转向，取适当的迎流角，至支流水流时转舵迎流；穿越支流水流后，待船首内挂上下沱区夹堰时，操外舵提艉顺向，落位于主流上侧，保持船向与主流的流线顺向下行，如图 3-4-5（b）所示。

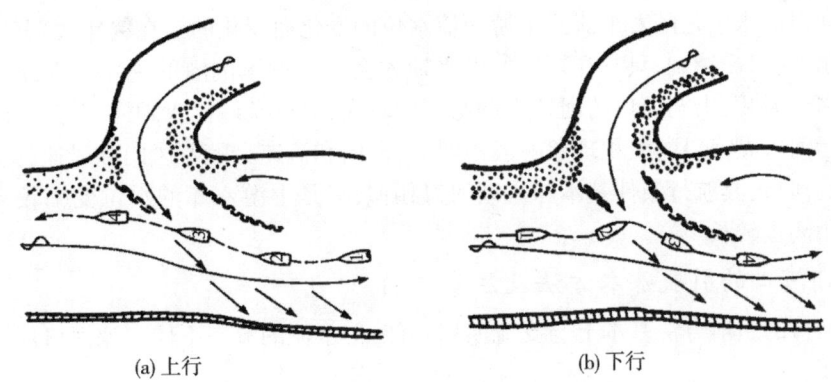

(a) 上行　　　　　　　　　　(b) 下行

图 3-4-5　干流船舶通过支流河口

3.支流河口航行注意事项

（1）航行于支流河口的船舶应遵守水域主管当局的有关规章。由于支流河口航行条件特殊，水域主管当局一般会对进出干、支流的船舶及经过支流河口的船舶做出特殊规定。

（2）支流河口常常流态紊乱，船舶通过时同样会引起波浪，威胁他船航行安全，应提前适当减速通过。若船舶转向幅度较大，特别是在水流较强的支流河口，应结合本船操纵性能采取合理的操船方法,避免发生翻沉、断缆、散队等事故。

(3)在支流河口水域通视条件差,进出船舶多,船舶航行时应加强瞭望、谨慎驾驶,及早采取有效措施,保证安全避让。

(二)入湖河口段的船舶操纵

京津冀地区通航的湖泊,多为过流湖,如图3-4-6所示。该类湖泊的水位与干流的水位相适应,对河流的水位有调节作用。各支流或河流上游入湖的河口称为入湖河口,从湖泊流向干流或流向下游河流的河口称为出湖河口。

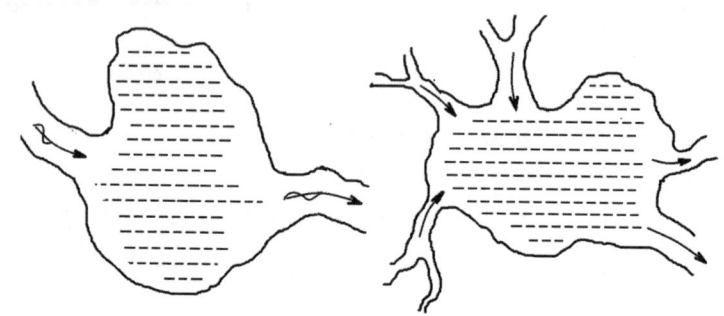

图3-4-6 过流湖

1.入湖河口的航行条件

湖泊的水位变化幅度虽不大,但与河流水位间仍存在着差别,即河流水位的上升与下降要快于湖泊。入湖河口在河流水位上涨时,会出现较大的流速,入湖河口受到一定的冲刷,而在河水流入湖泊后,会因流速骤减而引起泥沙淤积,使河口外日益淤塞。当河流水位下降时,支流河口段的流速因受湖水的顶托变弱,也会有较多的泥沙淤积,待下次涨水时,再受冲刷而转入湖内淤积。总的来看,入湖河口附近淤积多于冲刷,以至河口常呈三角洲状态,叉道多而水深与宽度较小,航行较困难。

出湖河口的水位是随着干流或下游河流水位的变化而变化的。在终年大部分时间里河水由湖泊流出,河口受冲刷,只有在短暂的洪水期才会有向湖中倒灌的现象。因此,出湖河口附近的冲刷多于淤积,出湖河口的河道水深与宽度较大,航行条件比入湖河口好。

人工运河入湖河口的淤积现象一般不明显,流向和流速会随着风向和风速的变化而变化。流入水库的河口,其航行条件基本与入湖河口相似,只是上游水库的水位变幅较大,受其影响的河口段距离也较长。

2.入湖河口的引航基本方法及注意事项

入湖河口的引航方法基本上与支流河口相似,但水流的流态不像支流河口那样复杂,故操作较为简便。

值得注意的是,入湖河口通常淤积比较严重,航道分叉不稳定,过往船舶应注意航线选择,防止搁浅。出湖河口的船舶密度较大,应注意会让。

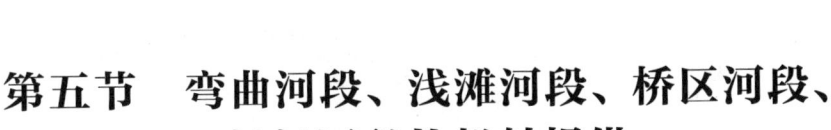

第五节　弯曲河段、浅滩河段、桥区河段、船闸河段的船舶操纵

一、弯曲河段的船舶操纵

弯道是天然河流普遍存在的河型。河流的弯曲程度,以弯曲系数表示。弯曲系数越大,河身越弯曲。有的河段在洪水期呈顺直外形,到枯水期或中水期,依附在两岸的边滩、心滩和伸入河心的石梁等障碍物露出后,河槽会因变得左右弯曲而成为弯道。

（一）弯曲河段的水流特性

1.弯道环流方向

在弯曲河段,由于弯道水流受重力与离心力的作用,会形成一种表层水流流向凹岸、底层水流流向凸岸的封闭水流。弯道环流的上部恒指向凹岸、下部恒指向凸岸,凹岸一侧的水位恒高于凸岸一侧,其作用造成凹岸冲刷、凸岸淤积。

2.流态特性

在凸岸的上半段,主流进弯道后逼近凸岸侧,尤当是两弯道紧密毗邻且没有明显过渡段的弯道,水流的流带窄、流速大、横流强,并向凸嘴上方冲压形成背脑水。水流受凸嘴所阻而收敛成斜流束,汇合主流向凹岸下半段冲压,形成强力的扫弯水。斜流束的强弱与水流流力的大小、凸岸嘴迎流角的大小、凸岸嘴迎流面的陡缓有关。在凸岸的下半段,水流受岸嘴所阻而变形分离,在分离面内形成回流区（或缓流区）。其范围大小及水势好坏,与岸嘴伸入河心的程度、嘴下河床的边界条件、斜流夹角的大小及流力的强弱、比降的大小等有关。在凸岸的下半段,通常地形凹陷开阔,水域宽广,水流扩散迅速,且因弯道环流的作用,会形成大面积横向水流即内拖水。上述特性在急弯河段、山区河流弯曲河段尤为明显。在图3-5-1和图3-5-2中,1代表扫弯水,2代表背脑水,3代表夹堰水,4代表回流,5代表斜流,6代表内拖水。

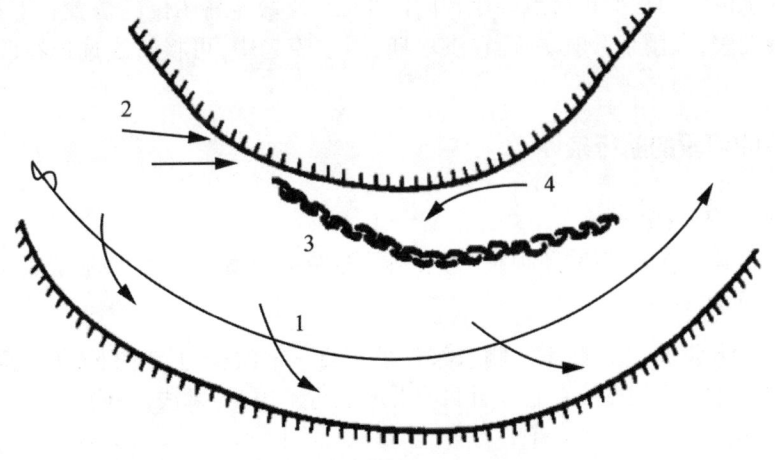

图 3-5-1　平弯河段的水流特性

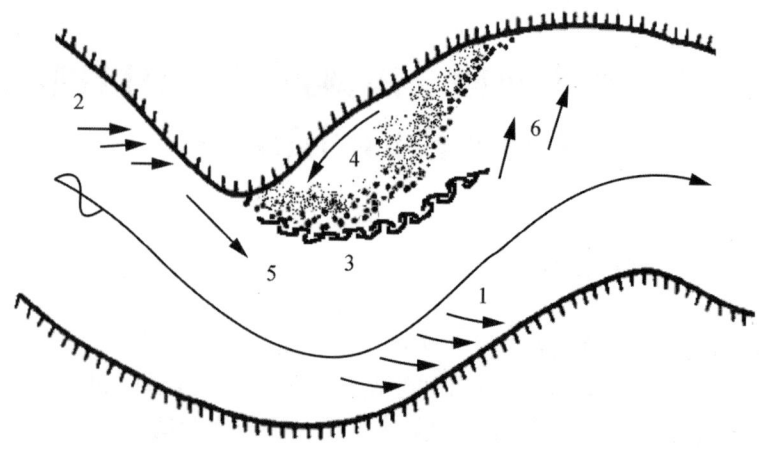

图 3-5-2　急弯河段的水流特性

3.主流特性

河流中各过水断面上最大流速点的连线,被称为水流动力轴线,又称主流线。它时而靠近此岸,时而靠近彼岸;有时潜入水下,有时涌升水面。水流动力轴线一般与深泓线(又称溪线,为河流各横断面最大水深点的连线)吻合。弯道水流动力轴线位置特点如下:

(1)沿程变化特点

在天然河弯内,一般在弯道进口段或者在弯道上游的过渡段,主流线常偏靠凸岸一侧;进入弯道后,主流线逐渐向凹岸转移,至弯顶稍上部位,主流线才偏靠凹岸。主流线逼近凹岸的位置叫顶冲点,自顶冲点向下相当长的距离内,主流线贴近凹岸。

(2)随水位变化特点

主流线随水位的变化有"枯水傍岸,洪水居中"的规律,俗称"低水走弯,高水走滩"。因为枯水期水流动量小,主流线易于弯曲;洪水期水流动量大,惯性作用强,主流线不易弯曲偏离凹岸。与此相应,顶冲点的特点为"枯水上提,洪水下挫",又称"低水上提,高水下移"。一般低水时顶冲部位在弯顶附近或弯顶稍上,高水时顶冲部位在弯顶以下。

(3)弯道主流线与船舶航行的关系

弯道主流线位置特点对航行船舶的船位控制、航线确定和航行方法起着决定性的作用。下行船可根据主流线沿程变化特点确定转向的早迟、开始挂高船位的位置。上行船在枯水期可沿凸岸缓流上驶,采用小弯航法;而在洪水期,因主流趋中,可将航线选择在凹岸一侧,采用大弯航法等。

(二)弯曲河段的航行条件

1.航道尺度受到限制

弯曲河段的航道弯曲,有的还很狭窄,限制了船舶过弯道的尺度,增加了船舶的操纵难度。

2.水深分布不均匀

一般凹岸一侧水深较大,凸岸一侧水深较小。凸岸常淤积边滩,并附有沙嘴、沙角等淤积物,有的潜伏水下伸入河中甚远,上行船舶若沿岸航行不慎,易搁浅、触底。

3.流态紊乱

弯曲河段的主流流线弯曲,随水位变化;两岸水势有高低之分,常伴有背脑水、扫弯水、斜

流和回流等不正常水流,对船舶航行安全不利。

(三)弯曲河段的船舶操纵

1.弯曲河段的船舶操纵基本要点

(1)挂高

船舶在弯道中航行,通常采取"挂高"方式来避免船舶落弯。挂高的含义为:以主流为依据,沿程将船位置于主流线的上侧,即高流势一侧航行。其一是为了船舶行经前方航道时提高船身,乘迎横流腾出舷角,以求有足够的能力抵御各种水流横推力对船体的影响;二是为了克服船舶在弯道航行做曲线运动时所产生的惯性离心力、水流的压力以及转舵时船体所产生的反移量等的影响,避免船舶背脑和落弯。挂高是弯曲河段引航的关键。

(2)下行船拉大档子

船舶在弯曲系数较大的弯道中航行,在凸岸上半段主流偏向凸岸,在凸岸嘴的上面常有背脑水(披头水)。为了克服航道限制和水流横推力的影响,下行船进入弯道上半段后,可将船位置于凸岸上半段主流的外侧,俗称拉大档子(或拉档),以使航迹线弯曲半径大于航道弯曲半径。这种操作有以下三个好处:

①如果船舶下水过急弯航道或随主流而下,那么将会造成船舶在凸嘴顶点处的有限水域中进行大角度急迫转向的困难,拉大档子就是将集中在一点的急迫转向分散到凸嘴上方沿程逐步转向,尽量将弯道走直,此法也易于发现上行船的动态。

②为下一步迎接凸嘴斜流腾出角度,以满足艏艉线与斜流交角较小的需要。

③因弯道进口处水流是向凸岸上半段及凸嘴冲压的,将船位置于主流外侧,可使船位处于高流势侧,避免背脑险情发生。

(3)调整车速,适时加车提高舵效

在弯曲河段凸嘴以上应使用慢车,降低航速,待船即将到达凸嘴前,加大车速,提高舵效。受螺旋桨排出流的影响,舵力的加大要比车速的加大来得快、来得早。短时间的加车可在船速提高不多的前提下提高舵效,先慢车再适当加车的操作方法有利于通过弯道的最弯部分。此外,提前用舵(在拉大档子的前提下)、双车船松减内舷车等也可提高船舶的回转能力。

(4)充分利用缓流航道

在弯曲河段,上行船应充分利用缓流航道的原因不仅在于流速缓,还在于它紧挨凸岸,航程短得多,使航行时间大为缩短。

(5)"开门"叫舵

"开门"即船舶航行时观测到前方航道由闭视到开视,或者前方同侧两物标由串视到开视的过程。此时用舵转向,俗称"开门"叫舵(即船舶能看清前方转弯航道时开始叫舵转向);反之,则称"关门"叫舵。这是船舶航行时常用的转向方法,上下行船舶均可适用。

2.下行船顺流过弯道操纵

如图 3-5-3 所示,船舶达弯道的上口时先进行拉挡,将船位置于高水势一侧,防止船舶发生背脑险情;船舶达弯道顶部时艏艉线与斜流的夹角要小一些,应用适当舵角抵迎凸嘴斜流,置船位于主流之左,防被流压向凹岸而"落弯"(如图 3-5-3 中的位置 6 所示)。航向则必须使船身与岸形吻合,要避免航向过分指向凹岸,略保扬头之势,但切忌扬头过甚,而把船头朝向上方岸,造成"逼向"局面;此时若船速过大,就可能驶入凸岸嘴下方的缓流区或回流区,造成"打枪"(如图 3-5-3 中的位置 5 所示)。因此,对于航向的选择,应努力使船速与扫弯水流速的合速度方向重合于计划航路方向,船驶入弯道尾部时可沿主流下驶。

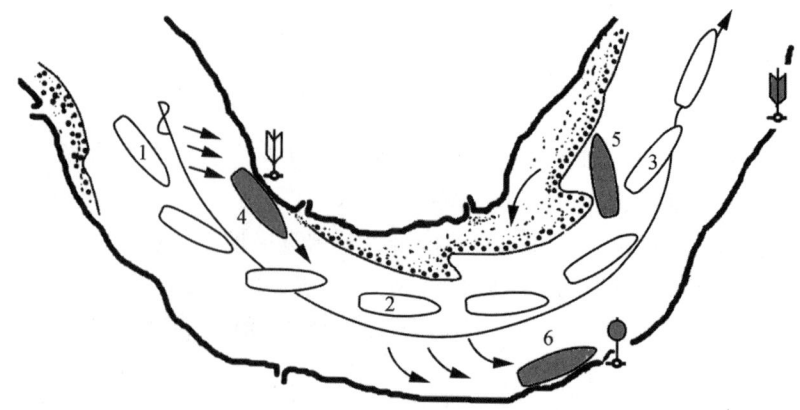

图 3-5-3 下行船的弯道航法

3.上行船逆流过弯道操纵

当船舶上行至弯曲河段下端时,在保持适当岸距的前提下,其航向应取船身与岸线基本平行,这时驾引人员只能看到航向前方的航道情况,虽知即将转向,但是无法观察到应转多大角度,也难分清弯曲度的缓急,所以称此时的船位正处在"未开门"状态;但当继续行驶抵达凸岸嘴下面时,驾引人员将清楚地看到航道转弯处的缓急和其他有关情况,此时为"开门"状态。此时可结合本船的回转性能,借助凸岸嘴陆上某固定物标,适当用舵,保持与岸线适当距离并上行绕过凸岸嘴。

(四)弯曲河段避让注意事项

(1)弯曲河段上下行船之间往往不能通视,过弯道前应加强相互间的联系,明确避让意图,及早做好避让准备。

(2)上下行船夜间通过某些弯道时,由于航向交叉,不能单凭左右舷灯来确定避让关系,应进一步加强联系,切勿误将对方当作横越船。

(3)对只能单向通航的狭窄弯道,不可抢航,应加强联系。上行船如发现了下行方向来船,应及早在弯道下口等候,要考虑下行船的困难,慢车让道。下行船如发现上行船已进入弯道,应及早慢车稳船,必要时掉头等候,尽量避免在弯道内会让。

二、浅滩河段的船舶操纵

在冲积性平原河流中,水流与河床的相互作用会产生各种各样的泥沙淤积体,它们主要有边滩、江心洲、浅滩、沙包等。其中,连接两岸上下边滩,隔断上下深槽的沙埂是常见的泥沙成型堆积体,其水深常比邻近水域的水深小,不满足适航要求,也被称为浅滩。

(一)浅滩的类型

根据浅滩的平面形态特征和航行条件,可将浅滩分为正常浅滩、交错浅滩、复式浅滩、散乱浅滩等四类。

1.正常浅滩

正常浅滩的主要特点是：边滩和深槽相互对应,上下深槽相互对峙而不交错,两岸边滩较高,如图 3-5-4 所示。浅滩上水流动力轴线与鞍槽基本一致,流路集中,水流平顺,鞍槽明显、顺直且深,冲淤变化不大。这类浅滩一般对航行妨碍较小,因此也被称为平滩或过渡性良好的浅滩。正常浅滩多出现于河槽较窄的微弯性河段,或弯曲半径较人的弯曲河段的两个反向弯道之间的长度和宽度比较适宜的过渡段。

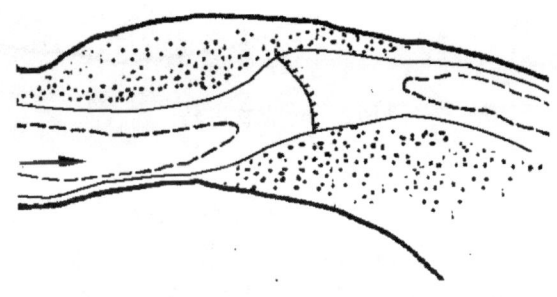

图 3-5-4　正常浅滩

2.交错浅滩

交错浅滩的主要特点是：上下深槽相互交错,下深槽首部形成窄而深的倒套,横向漫滩水流比较强烈,浅滩脊宽而浅,鞍槽横而窄,或无明显的鞍槽,浅滩冲淤变化较大,航道极不稳定,航行条件差。这类浅滩,又称为坏滩或过渡性不良的浅滩。交错浅滩多出现在河身宽浅、边滩宽且高程低的微弯河段或弯曲半径很小的两反向弯道间的短过渡段上。

这类浅滩的形态基本有两种：一种是沙埂较宽,缺口较多,其主流线的摆移一般随着上边滩的下移而逐步下移,达到一定程度后,突然大幅度上提,如图 3-5-5(a)所示;另一种是沙埂窄长并与河岸基本平行,往往无明显的鞍槽,其主流线一般随上游河岸变形和上下边滩发展变化而左右摆动,如图 3-5-5(b)所示。

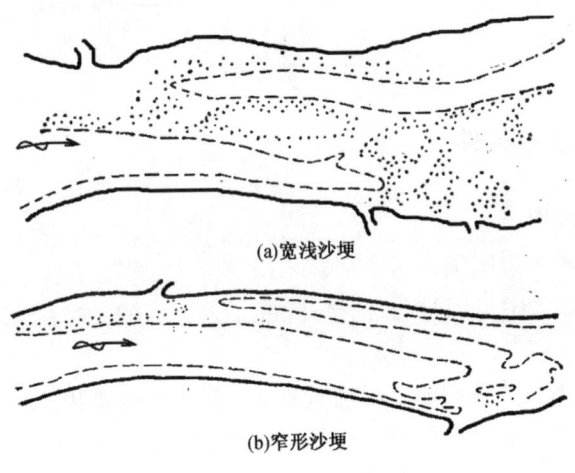

(a)宽浅沙埂

(b)窄形沙埂

图 3-5-5　交错浅滩

3.复式浅滩

复式浅滩是由两个或两个以上相距较近的浅滩所组成的浅滩群,如图 3-5-6 所示。其主要特点是：两岸的边滩和深槽相互交错分布,边滩与边滩之间形成浅滩,上下浅滩之间有共同的边滩和深槽,上浅滩的下边滩和下深槽就是下浅滩的上边滩和上深槽。这类浅滩一般多出现于比较长的顺直河段或两反向弯道之间的长直过渡段内。

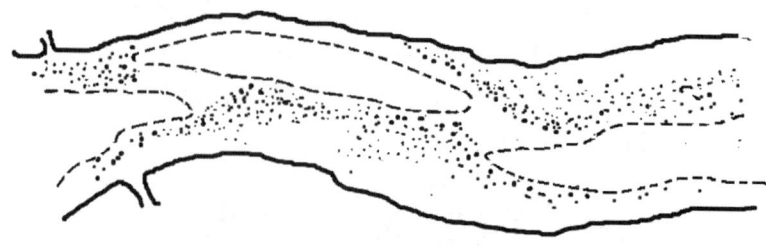

图 3-5-6　复式浅滩

4.散乱浅滩

散乱浅滩的主要特点是:在整个河段上,极不规则地散布着各种不同形式和大小的江心洲和潜洲,没有明显的边滩、深槽和浅滩脊;水流分散,流路曲折,航道弯曲且极不稳定,水深很小,碍航严重。这类浅滩多出现于河槽放宽段或周期性壅水的区段内以及游荡型河段上,如图3-5-7所示。

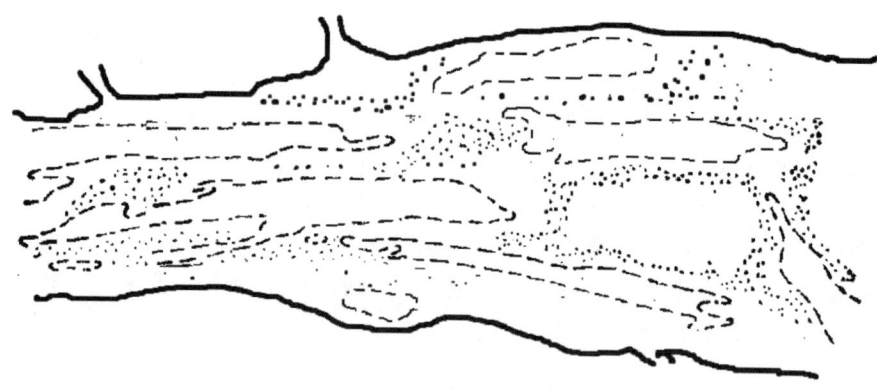

图 3-5-7　散乱浅滩

（二）浅滩河段的航行条件

1.浅滩河段的碍航因素

浅滩河段的碍航因素可以归纳为四个字,即"浅、坏、弯、变"。

浅,即浅滩河段水深较小。沙脊横亘河槽,隔断了上下深槽,沙脊上水深不足以过船,有碍船舶航行。

坏,即浅滩河段流态较差,一般均有横流存在,上下沙嘴刚露出水面时,会产生局部性横流。如果上下沙嘴已淹没在水中,而沙脊与河槽中心线的交角又较小,则横流将影响到整个鞍槽,对航行更为不利。

弯,指浅滩河段的航道常常是弯曲的,只是弯曲程度不同而已。当弯曲度较大而弯曲方向又多变时,就增加了操作上的困难。

变,就是有的浅滩经常是在变化的。如散乱型浅滩的高程、深泓线的位置等经常发生变化,这种浅滩航道的特点是多变而不易掌握。浅滩在变迁过程中,活动的泥沙往往在航道中形

成沙包,这些都会影响船舶安全航行。

船舶驶过浅滩河段的基本操纵方法,应紧紧围绕上述四个碍航因素来考虑。

2.判断浅滩位置的方法

(1)查阅航道图、航路指南、航行参考资料等,了解和分析浅滩的组成情况及历年来的变化规律,初步掌握浅滩类型结构及碍航程度。

(2)根据河槽形势与航标配布,实地观察,以掌握泥沙堆积体的分布,河槽的变化与发展,上下沙嘴的位置。一般航标多设置于上下沙嘴最窄、最浅、最突出的连线上,既标示了水下的障碍物,也标示了航道的界限。

(3)根据不同的水文、流速、流向等表现出的不同表面流态,判断浅滩的河床形态与水深。如沙脊像一道溢流坝,它使浅滩在其上段壅水,水面比降及流速减小;在沙脊处,比降及流速逐渐增大,水面光滑如镜;到沙脊的后坡,比降增大,水流下切,并在后坡形成环流,水面发皱,水色转暗。有风时,浅区水面呈现的波纹较深水小,呈麻花状浪或鱼鳞状浪。

(4)采用测深的方法校核浅滩中障碍物的位置与高程,掌握浅滩水深的实际分布情况,使船舶能及时调整航向与船位并采取应急措施,同时也可为下次航行提供依据。

(三)浅滩河段的船舶操纵

1.过沙脊

沙脊是船舶过浅滩时的主要碍航因素。沙脊处水深最小、流速最大,加之后坡的回波对船舶产生横推力,易使船体偏转。过沙脊时,应掌握以下操纵方法:

(1)交角适宜

上行船在驶至沙脊时,要尽量使艏艉线与沙脊的夹角大些,最好使之处于垂直状态,如图3-5-8中的3位置所示。其目的一是减小因横流及后坡回波而引起的偏航;二是保证船舶以最小的航迹带通过鞍槽。下行船通过沙脊时对所取交角的要求,没有上行船那么严格。因下行船航速较大,惯性也大,沙脊后坡的回波影响不如上行船显著。因此,下行船应着重考虑横流的影响,可采取斜交的状态驶过沙脊。

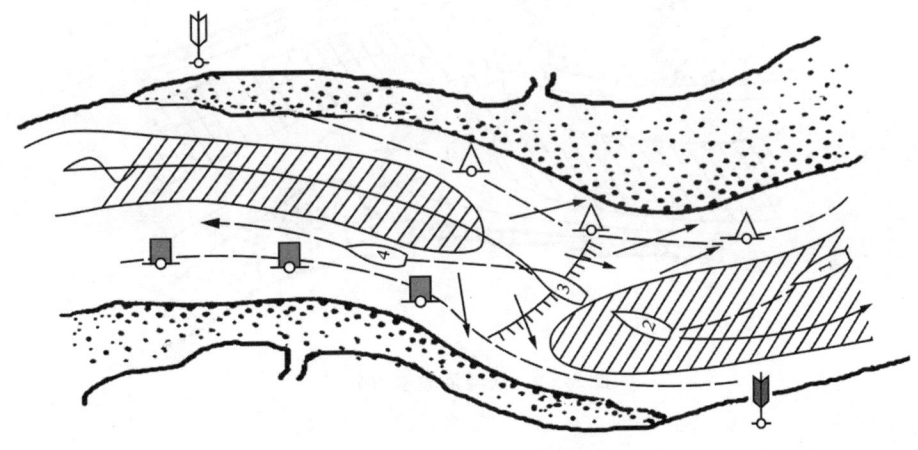

图3-5-8 船舶过沙脊操纵

（2）航向尽量平行于流向

在正常浅滩中，水流流经沙脊时，流向与沙脊棱线几乎垂直。在这种条件下，航向做到与流向平行并不困难。但当沙脊由于某种原因而产生局部扭曲，或沙脊棱线与河槽轴线存在着较小的夹角，从而出现横流时，应尽量使航向平行于流向。这样既减小航行阻力，也减小横流产生的流压差，以避免航行船舶变向及避免在沙脊处受后坡回波的影响，使船体偏转或横移，甚至倒头而发生搁浅事故。

当艏艉线与沙脊的夹角较大（尤其互相垂直）时，一般能够做到航向平行于流向，因为水流经过沙脊时的流向，大致与沙脊棱线垂直。

当（1）和（2）相矛盾时，应先满足（2）点。

（3）控制车速和测深

沙脊是整个浅滩水深最小的地方，船舶通过时必须减速和测深。因为从深水区进入浅水区时，如果航速快，惯性大，浅水效应显著，船体下沉增加，船舶易吸浅。船舶过浅脊后，应加大车速，以提高舵效，利于抵御横流和转向。这种"早减速，早加车"是船舶过浅区的用车原则，通过测深，可随时掌握浅滩水深的变化情况，以便于船舶及时调整船位，行驶在水深最大的鞍槽上。

2.过横流

一般浅滩河段的航槽都弯曲狭窄，船舶通过时，在横流的作用下，极易因偏航而偏离航道界限，发生搁浅事故。

（1）浅滩河段的横流特点

当浅滩的上下沙嘴在水下延伸较远且与水下江心滩交错时，水流在其面上扩散分支，各支水流的流向与河槽轴线均存在一定的夹角。此类浅滩的横流一般从三个方向流动：鞍槽上端，一支水流向上沙嘴尾部推压，注入下深槽的倒套，在交错和复式浅滩存在时，其横流夹角增大、流力增强，有时会出现局部强横流，如图3-5-9中的①所示；鞍槽中部，一支水流自上深槽纵向下流，向凹岸冲刷成强力扫弯水流，如图3-5-9中的②所示；鞍槽下端，一支水流向下沙嘴上方的尖端推压而成横流，如图3-5-9中的③所示。

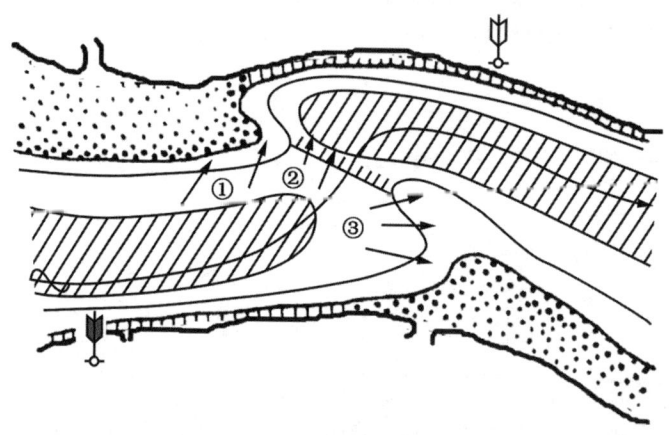

图 3-5-9　浅滩河段横流分布

（2）操纵要点

船舶航行于有较强横流的浅滩河段时，要注意确定航路与航向。在横流中航行时，航路应置于横流的上方。为使航迹线与计划航线相一致，应预先使船首向横流上方偏转一个角度，以抵制横流的作用。

当整个鞍槽为强横流所控制时,其操纵要点为:首先船位必须处于横流的上方,航向虽可有一个偏航角以抑制偏移,但绝对不宜过大,谨防陷入"逼向"的困境;其次在行驶过程中,横流的推压作用将自一舷侧转到另一舷侧,驾引人员稍不注意,就可能形成失去控制的危险局面,因此在用舵使偏航角由一舷转换到另一舷的过程中,当偏航角接近零度(艏艉线与流向一致)时,就应及时回舵控制转势,决不能任其继续自由回转,以便及时稳向。尤其是舵效较差的船舶,应舵时间长,如转向不及时,船舶可能会随流漂移而失控,发生搁浅事故。

3.一般浅滩河段的船舶操纵

一般浅滩河段是指河槽轴线与主流流向基本一致,航线与河槽轴线交角较小(一般小于30°),上下弯槽较圆顺地衔接,鞍槽较宽、深泓线稳定的浅滩,一般属于正常浅滩。

(1)上行船的操纵方法

船舶于下边滩的缓流中上行,将达下沙嘴缓流时,用外舵扬头,拉大档子,逐步修正航向与流向及与沙脊棱线的夹角;沿着过河标连线,根据横流的情况,使船略挂流势较高一侧通过沙脊,穿越主流,顺过上沙嘴的外缘,沿上深槽主流的上侧,即上边滩外缘缓流,取适当的横距上行,如图3-5-10中的1船所示。

(2)下行船的操纵方法

船舶驶至上深槽时,将船位置于主流的上侧,即上边滩外高流势一侧下行;驶至沙脊上流时,适当拉大档子,略挂上沙嘴浮标外缘,视横流强度取适当夹角进槽;从鞍槽驶过沙脊,及时迎流转向,提高船身,置船位于主流上侧,顺流向下驶出槽,如图3-5-10中的2船所示。

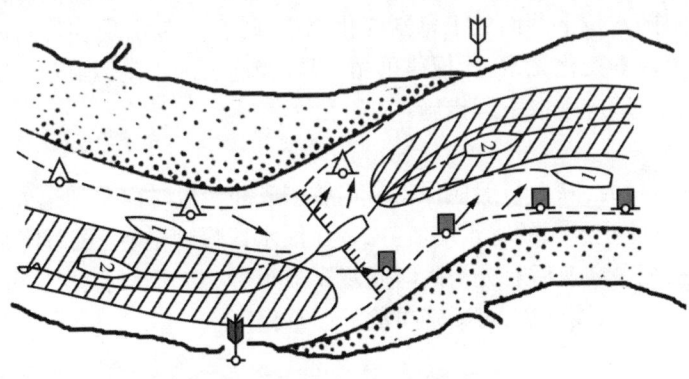

图3-5-10 一般浅滩河段的船舶操纵

4.大交角浅滩河段的船舶操纵

大交角浅滩河段是指船舶过沙脊时,航线与河槽轴线的交角较大(一般大于30°)的交错浅滩或复式浅滩河段。其特点是鞍槽弯曲狭窄,浅滩上有强横流,或整个鞍槽为横流所控制。

(1)上行船的操纵方法

当浅滩为横流所控制时,船舶沿下边滩外缘上行;将至下沙嘴时,适当拉大档子,缩小航向与流向的夹角,渐走渐迎流转向。过渡到上边滩尾部外缘时,挂横流的上方,使船舶与水流顺向,沿上边滩外缘上行,如图3-5-11所示。

(2)下行船操船方法

沿上深槽主流上侧行船,将近上沙嘴时,及时拉大档子,迎上沙嘴外横流,挂高船位;然后逐步转向迎下沙嘴外横流,使船位落于下深槽主流上侧,顺流向出槽。当船舶从上深槽高流势一侧通过浅脊过渡到下深槽高流势一侧时,也就是从一舷受流转移到另一舷受流时,因时间和距离均短,横流较强,夹角也大,故所取的迎流角及转向角速度要恰当。过浅脊时既要防止转向过早,被困于下沙嘴,又要防止转向过迟,致使船随流漂移,扬不起头而垮困于下深槽凹岸,特别是慢速船队更要谨慎操作,如图 3-5-11 所示。

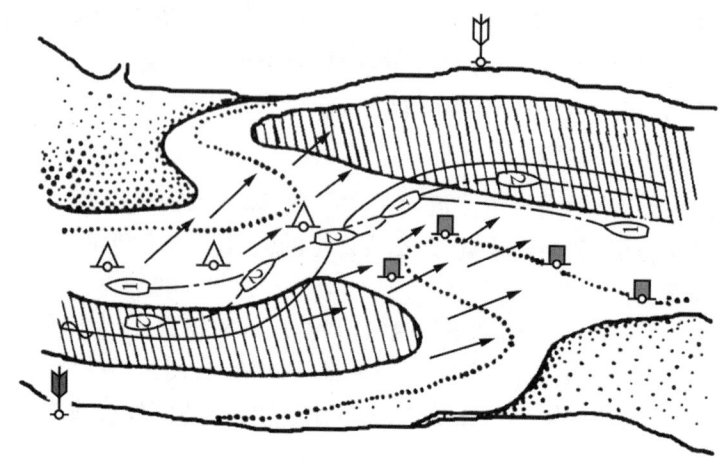

图 3-5-11　大交角浅滩河段的船舶操纵

5.变迁中的浅滩河段的船舶操纵

变迁中的浅滩河段是指具有相当大范围且正在变迁中的浅水河段,一般为浅滩成形的前一个阶段,如游荡性河段的浅滩。这类河段的主要特点是:在汛末水位下落至中水期,水流未归槽之前,河槽形势随水位下落而处于急剧变化之中,时有沙包出现、时而移位、时而被冲毁,致使深泓线位置、流向等变化无常,无规律可循,河段普遍水深不足,难以正确地选定航路。船舶通过此类浅滩时,一般应采取下列措施:

(1)减速

船舶于浅水区航行时,除上行船应保持一定航速或冲沙包时需要加速外,一般采取减速操作方法。其目的一是防止过大的吃水增值;二是在浅水区慢速航行,还可降低航行阻力,避免主机功率无谓消耗;三是减速后有充裕的时间观察航道、水文等实际情况,可及时采取应变措施,调整船位,一旦发生搁浅事故,可减轻事故的严重程度。

(2)测深

船舶通过测深能随时了解浅滩上水深的变化情况,以便及时调整船位和选择航路。

(3)冲沙包

沙包是在浅滩河段急剧变化的过程中产生的。其质地松软,一般承受不起船舶的冲击。船舶在航行时,若判明前方航路上有沙包,可采用冲沙包的方法通过。冲沙包时,应在船舶接近沙包之前,减速或停车,借船舶的余速,使船首轻微地接触沙包,若感到船体有蠕动,船向前跳跃或人体有前倾等征象,表示已接触沙包,此时应立即开车加大冲击力,将沙包冲毁,可使船舶拖底勉强通过。如果驶近沙包前未减速而以较大前进速度接触沙包,沙包虽然更易被冲毁,但在船体触及沙包的一瞬间,由于惯性太大,船体将发生剧烈振动,可能导致船体受损、货物倒塌、人身伤亡等;船队则可能造成断缆、散队、搁浅等。如果冲沙包时的冲击力太小,即与沙包阻力相当,不但不能冲毁沙包,反而易使船体搁浅在沙包上。

（四）船舶通过浅滩河段时的注意事项

（1）船舶沿浅滩或边滩行驶，发现有跑舵现象时，如偏转一侧有足够水深和航宽，应让其自由偏转到一定程度后再稳向；若在窄、浅槽内发现跑舵现象，应及时变换车速助舵纠正，以防跨越航道范围而搁浅。

（2）船舶下行过浅滩河段时，除保持一定剩余吃水外，最好艉倾 3~5 cm，这样不仅便于操作，而且剩余水深不足时，仅船尾擦浅，不会造成横拦航道；上行过浅滩河段时，最好艏倾 3~5 cm，这样当剩余水深不足时，仅艏部擦浅，不易造成船舶搁浅。

（3）浅滩河段在出浅碍航期间，一般属于单向航行控制航道，受控船舶不能在此会让。

三、桥区河段的船舶操纵

（一）航行条件

桥梁作为水上跨河建筑物，虽然沟通了公路和铁路运输，发展了陆上交通，但却给船舶航行带来了限制和困难。

1.航道尺度缩减

航道尺度的缩减，主要表现为航道宽度与桥下通航高度的变化。通航河段架桥后，航道宽度会被缩减到一个桥孔的宽度。桥下通航高度与水位的升降密切相关，在最高水位期通航高度被缩减到最低限度，常迫使过往船舶眠桅而过。

2.出现不正常水流

桥墩和桥台等建筑，使河槽的过水断面有所缩减，水流不得畅泄，在桥台和每个桥墩的上方形成壅水，下方出现旺水等不正常水流。有时由于桥墩和桥台的挑流，还可能在桥区范围内出现较大的横流区。

3.流向与桥梁水平垂线交角的影响

大桥轴线的水平垂线与主流流向会有一个夹角 θ，如图 3-5-12 所示。夹角 θ 一般不会太大，否则主流会形成较大的横流，使船舶在驶过桥孔的过程中发生显著的偏移，甚至因此而发生事故。船舶在驶过桥孔时，因桥梁轴线的水平垂线与主流流向交角而引起的偏移距离，会随横流速度、交角、航速的变化而变化。航速高时，偏移量小；反之，偏移量大。

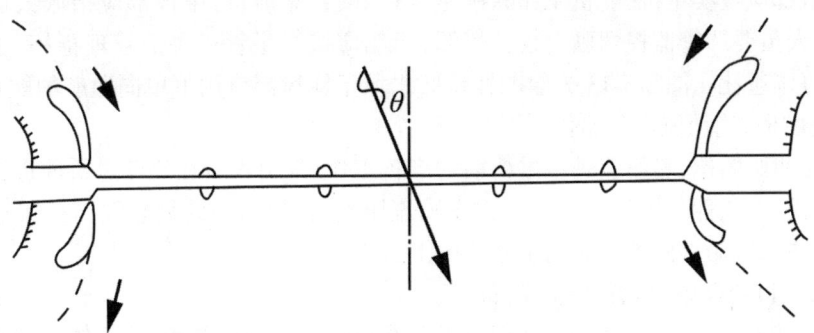

图 3-5-12　流向与桥梁水平垂线交角

4.桥区交通安全管理规则的约束

在通航河流建桥后,为保护桥梁建筑及船舶航行安全,都制定有相应的交通安全管理规则。这些规则对船舶航行做了一些限制和要求,如船舶尺度、能见度、航速等,驾引人员一定要严格遵守执行,以策安全。

(二)船舶过桥操纵

船舶通过桥区水域时的操纵难度较大,因而操船时应集中精力,谨慎驾驶。操纵船舶使航迹带宽度尽可能小,并维持船位在航道中心线附近是桥区船舶操纵的关键所在。特别是在横风流较强的桥区水域,更应做到船舶、人员、设备都处于最佳状态,以确保船舶顺利通过桥梁通航孔水域。

1.操纵要点

(1)挂高船位,减小与流向的夹角

大桥轴线的水平垂线与流向的夹角,再加上桥台、桥墩的挑流作用,很容易导致船位偏移。这种偏移与水位、流速、流舷角、船舶浸水面积、流压中心与重心的相对位置及船舶的航速等有关。在潮流段内,偏移还受潮汐影响。

因此应尽量减小艏艉线与流向的夹角,挂高船位,将航路选择在水势高的一侧,这对下行船尤其重要,因为船舶下行速度快,更不容易控制船位。

(2)掌握船位,发现异常及时纠正

在过桥过程中,必须密切注意各物标、灯光相对位置的变化,利用灯光、桥区物标进行导航,采用"开门""关门"叫舵,并结合航向和横距来有效控制船位。一旦发现异常,应迅速判断船位偏移方向,及时纠正。

(3)应急处置

下行船如果偏航严重、无法纠正,无把握安全过桥时,应及时掉头,将船位提高后再掉头下驶。当船舶从大桥上游以一定夹角与大桥斜交过桥时,船头刚达桥墩便应迅速调顺船身,与大桥呈正交状态通过。如因某种特殊原因,船舶的位移难以校正,有碰撞桥墩危险时应果断用舵偏离桥墩,使船沿下流一侧的桥孔过桥,但必须及时报知大桥监督站。

2.操纵方法

船舶通过桥区水域时,船长或驾引人员应调用全船一切可用资源确保船舶桥区水域的航行安全。轮机部应核实主机、舵机工作状况是否良好,备车航行;甲板部应指派人员到船首备锚瞭头;驾引人员要严密监控驾驶台仪器资源;船舶应接受主管机关的管理指挥,主动联系附近船舶进行协调避让。图3-5-13为船舶在桥区水域于横风流作用下单向通航的航行示意图。

(1)调整航向,确认航速和船位(位置0、位置1)

位置0为初始船位,船舶应进行过桥前的准备工作,驾引人员在船舶过桥前进行初始船位调整;抵至位置1时,船舶根据自然条件预设风流压差角,使船舶计划航线与桥梁通航孔轴线方向成直角,并保持船首向稍微靠近中心线的上风舷一侧。

(2)桥墩入口处操纵(位置2、位置3)

船舶首部进入桥墩连线水域之前,驾引人员调整船舶风流压差角,使船体保持平直通过桥墩连线水域,并尽可能保持在航道中心线上(位置2)。当船舶尾部驶出桥墩连线水域时,船身状态如位置3所示,船首向由于横向风流的作用,导致向下风舷产生一定的偏转,偏转程度越

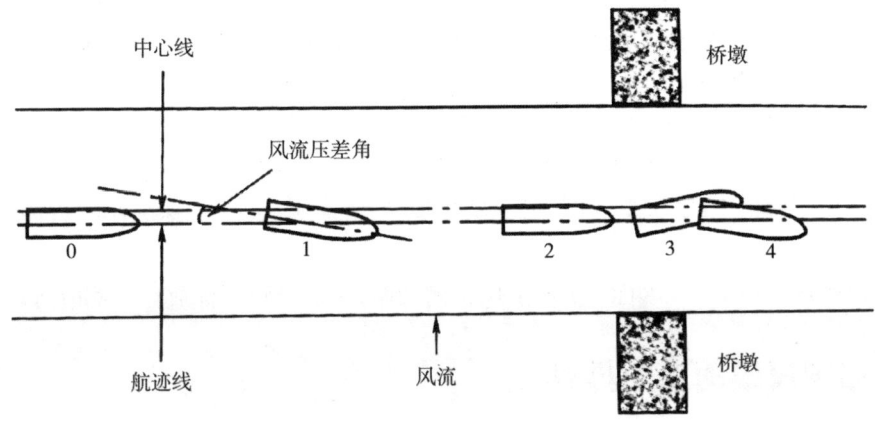

图 3-5-13 船舶横风流作用下过桥示意图

大,船舶碰撞桥墩的风险就越大。

（3）船舶整体通过桥墩水域后的操纵（位置4）

船舶整体通过桥墩连线水域后,桥区水域的船舶操纵仍然没有结束,桥墩水域横向风流等自然条件对船舶的影响仍然存在,如位置4所示。如驾引人员不采取适当的操作,重新预设风流压差角,船舶仍然会因为过大的风流压导致漂移而撞击桥墩。因此,有必要重新预设风流压差角。

（三）桥区河段船舶通航注意事项

（1）根据自身情况选择合适的通航桥孔通过,保留足够的富余高度、富余水深,并与桥墩边缘保持足够的安全间距;禁止船舶从有禁航标志的桥孔通过。

（2）船舶进入桥区水域前应当备车,并对船舶主要航行设备、号灯等进行检查,确保其处于良好状态。

（3）加强瞭望,谨慎驾驶,使用安全航速航行。

（4）如发现桥区水域助航标志等有异常情况,不能确保安全过桥时,不得强行通过,并应立即采取安全措施,同时向当地海事管理机构报告。

（5）禁止在桥区水域内追越、掉头、试航或并排航行。

（6）配备有效的航道图、航路指南、航行参考资料等,并按规定进行更新。

（7）除非情况紧急,船舶不得在桥区水域内停泊或锚泊。船舶因紧急情况在桥区水域锚泊或停泊时,应立即向当地海事管理机构报告,并按规定显示信号、用VHF无线电话等发布船舶动态,采取有效措施尽快驶离桥区水域。

（8）船舶应注意收听天气预报和有关航行安全信息,当遇大风、能见度不良、汛期急流等异常情况,不能确保安全过桥时,不得冒险通过,应及早采取安全措施。

（9）有下列情况之一,船舶不得通过大桥:

①能见度低于规定要求时;

②风力达到限制通航的风力等级时;

③汛期流速达到限制通航的速度时;

④其他严重影响航行安全的情况。

（10）强风条件下过桥的注意事项

在风力的作用下，船舶向下风方向偏转漂移，漂移速度与风速、风舷角、航速、流速、流向、受风面积、船队队形等有关。

①当风力超过过桥的规定标准时，应选择安全码头或锚地避风。当风力虽在规定标准的许可范围，但由于船舶受风面积大、马力小，无把握过桥时，也应采取抛锚避风措施。

②紧沿桥区航道上风一侧。挂上风的松紧程度，视风力大小、流速大小及流向、船舶操纵性能、负载大小而定。

③发现船位漂移应立即纠正，多向上风一侧调向，必要时将浮标放在一侧航行。

四、船闸河段的船舶操纵

船闸是用以保证船舶顺利通过航道上有集中水位落差处的箱形水工建筑物，是拦河建筑物的重要通航设施，如图 3-5-14 所示。

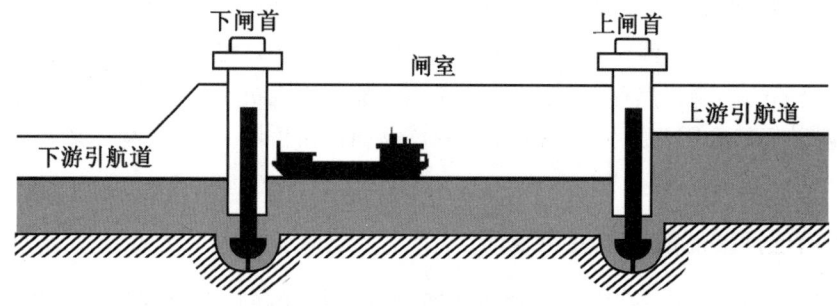

图 3-5-14　船闸布置示意图

为了便于船舶迅速和安全地通过船闸，一般的船闸都设有系船设备和信号设备，有的船闸还设有牵引设备。系船设备是为船舶过闸或等待过闸时系船所用的设备，它有系船桩和系船环两种；信号设备是为了保证和控制船舶安全过闸所用的设备，如号灯、号型、航标等；牵引设备是为了辅助船舶进出闸所用的设备，它有电绞盘、电力吊车和电拖车三种。

（一）船舶过闸的基本原理

当船舶上行时，操作程序（如图 3-5-15 所示）为：闸室内水位降至与下游水位齐平，然后打开下闸门，船舶进闸，关闭下闸门，充水；待水位升高到与上游水位齐平后，打开上闸门，船舶即可出闸向上游驶去，即"开下闸门→进闸→关下闸门→充水至上水位→开上闸门→出闸"。当船舶下行时，过闸操作程序与上行时相反。

（二）船闸河段的航行条件

1.航道尺度变化

船闸水域和尺度受限，给船舶进入闸室前定位、吊向带来较大困难。

2.闸区的水工设施与港口码头及系泊设施的区别

船闸都是用钢筋混凝土浇灌的固定建筑物。所以，操作稍有不慎，就会出现硬碰硬，使船体受损。

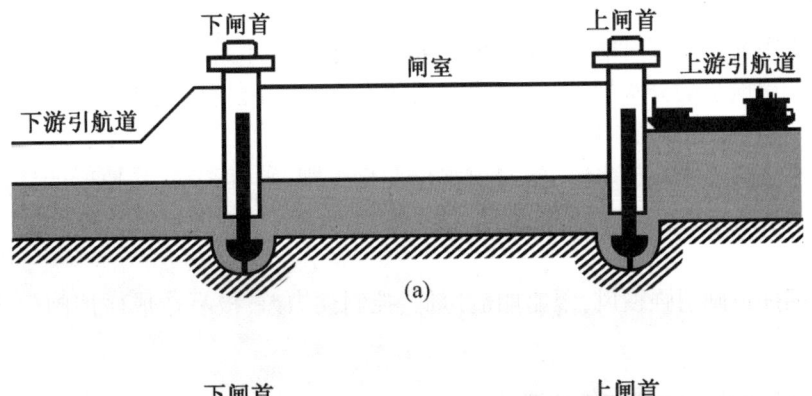

(a)

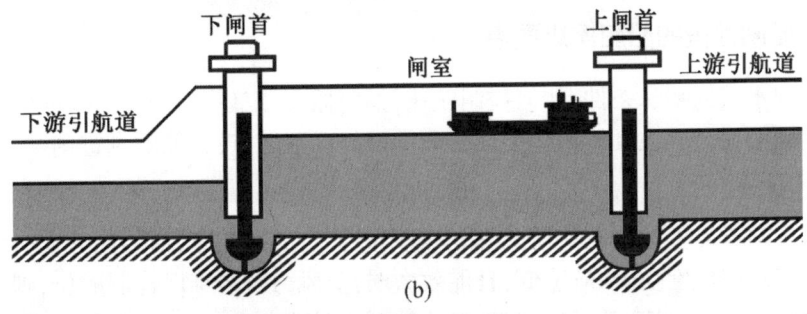

(b)

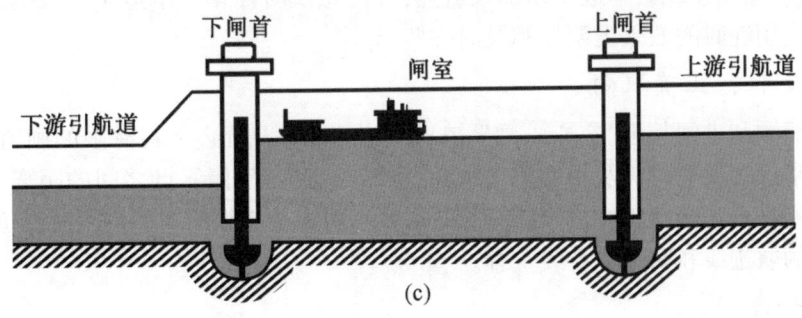

(c)

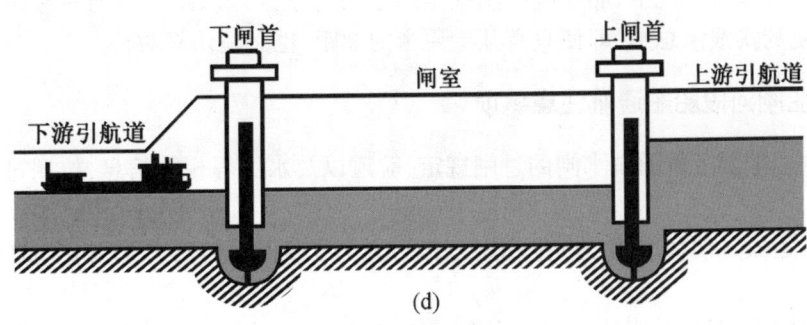

(d)

图 3-5-15　船舶过闸示意图

3.船闸上下引航道和闸室水文特征及淤积特点

(1)上下引航道内都可能产生淤积,使河床变浅、水深不足。

(2)在上引航道的分水坝端,每当泄水闸放水分流,就会产生强弱不同的横流,对船舶进出闸操作产生不同程度的影响。

(3)当闸室内充水或放水时,闸室内水位变化急剧,水流紊动,易使船舶碰擦闸壁。在下引航道内,当闸室放水时,水面产生波动,使下游引航道内等待进闸的船舶产生摆荡和垂荡,导致碰撞或擦浅。

(4)若船舶进闸遇强横风,因船舶航速低、控制能力差,极易造成碰擦闸门或进不了闸室等现象。

(三)船闸河段的船舶操纵要点

限于船闸水域的特殊条件,如何控制航速,如何抓点、定位、取向、取距,如何调顺船身等是船舶通过船闸的关键。在具体操作方面必须掌握好以下三点,方能顺利进闸。

1.控制航速

如不需候闸或发生其他意外情况,船舶进闸时要控制好航速,借船舶冲程一气呵成完成过闸。但若由于船舶尺度受限、航速低,且舵效微弱,受风力影响难以控制船位,则必须借助于车和舵。如果操作不太熟练,可早停车,把航速控制得较常规小一些。若航速较慢,双车船可结合调向需要,用适度左或右单进车以加大航速,并注意及时停车。单边车进或倒,对调向或稳向的效果要比用舵时的效果更明显和及时一些。

2.准确定位,正确取向

为了使船顺利进闸甚至"空心入闸",在进闸前,驾引人员必须在有限的闸道内定好船位和吊向点。掌握好动舵时机及用舵角大小,注意船身与闸壁、停靠点之间的距离,必要时派人在驾驶室一侧进行观察,随时报告船舶动态,以便驾引人员操纵船舶。进闸时船位的最佳状态应是使船舶的航迹线和闸室中心线重合。

3.掌握好漂距

漂距是指船舶转向后在某一时间内船舶沿原航向继续滑行的船位与新航向的实际船位间的横向距离。在很多情况下,船舶剐蹭闸壁是由于没有掌握好漂距。目前对漂距大小的掌握只能依靠反复的实践来总结,即使只有几十厘米的漂距,也必须认真对待。

(四)船闸河段船舶通航注意事项

(1)过闸船舶要了解通航水闸的过闸规定、航道以及水位等相关信息,按照过闸流程安全有序地过闸。

(2)按规定放置防撞装置,并在规定范围内停靠,不得超越安全警戒线,前后保持安全距离。

(3)按规定有序停泊,服从调度员指挥,不擅自进闸,依次序慢速进闸,不抢档超越。

第六节　急流滩、险槽河段的船舶操纵

一、急流滩河段的船舶操纵

急流滩是山区河流特殊类型的航道,是由于两岸有凸出地形,河心有障碍物或河床突然地升高等原因,形成卡口,使滩段过水断面过小,水流无法自行将其调整扩大,因而形成陡比降,产生急流,滩嘴下流态紊乱而形成严重碍航的河段。

(一)急流滩碍航程度与水位的关系

急流滩的碍航程度随着水位的变化而变化,甚至在一定水位时,它不碍航而消滩。所以,急流滩的形成、发展和消失与水位变化有很大的关系。

1.成滩水位

成滩水位是急流滩特征水位。当达到此水位时,滩势开始出现,船舶航行感到困难,称为成滩水位。

2.当季水位

某一滩槽适逢碍航的水位期,当急流滩的滩势达到最急、最凶时的水位或水位范围,称为当季水位。

3.消滩水位

当水位上升或下降至某一高程时,急流滩滩势逐渐减弱,此时的临界水位称为该滩的消滩水位。

(二)急流滩的分类

1.按成滩水位期分类

(1)枯水急流滩

河底的浅脊岩坎在枯水期阻滞水流的作用明显,水流从浅槽流入深槽时,如水下有堤坎便形成急流,特别在有基岩嘴或溪沟冲积堆的卡口地区,束流成滩的现象更加严重。这类急流滩的特点是,在枯水期时成滩,水位越枯,滩势越凶险;水位上涨,深槽与浅脊之间的水面比降趋于平缓或束流卡口被淹没,河槽断面逐渐扩大,滩势即消失。

(2)中水急流滩

在中水期,随着流量的增大和水位的上升,水流受到阻束,产生急流而成滩,特别是在该障碍物适淹时,阻水更严重,滩势最凶险;待水位增高,淹没障碍物,其上能过船,河槽放宽,水势畅通,滩势即消失。这种类型的急流滩,通常在中水位时成滩,在当季水位期滩势最凶险,高于该水位即漂滩,低于该水位时滩势消失。

(3)洪水急流滩

在洪水期,由于流量猛增,因峡谷河段河床狭窄,泄水不畅,使峡口上方壅水陡增,迫使水流在峡内加速通过,在峡口下方又因河槽放宽、水流倾泻,在峡谷上下口之间形成较大落差,当峡内有岸嘴突出或礁石阻流时,则出现急流。这种类型的急流滩一般在洪水期成滩,水位越高、滩势越凶,尤其是在涨水头,滩势更凶;只要涨平或退水,上口壅水消失,峡内落差减小,滩势便能减弱,水位退到成滩水位以下时,滩势即可消失。

2.按急流滩平面形态分类

(1)单口急流滩

单口急流滩是指一岸岸嘴或石坝、石梁伸入河床,缩窄过水断面,凸岸一侧产生急流埂水,断面横比降向彼岸倾斜,形成水流扫弯的急流滩,如图3-6-1(a)所示。

(2)对口急流滩

对口急流滩是指两岸岸嘴互相对峙伸入河槽形成卡口;或一岸有凸嘴,另一岸有岩脚、卵石坝伸入河槽,形成两岸均有急流埂水、断面横比降由两岸指向河心的急流滩,如图3-6-1(b)所示。

(3)错口急流滩

错口急流滩是指两岸上下方相距不远,各有岸嘴伸入河槽,形成急流、埂水上下交错,呈反向弯道水流特征的急流滩,如图3-6-1(c)所示。

(4)多口急流滩

多口急流滩是由两个以上的基本滩型紧密连接所组成的滩段,如图3-6-1(d)所示。

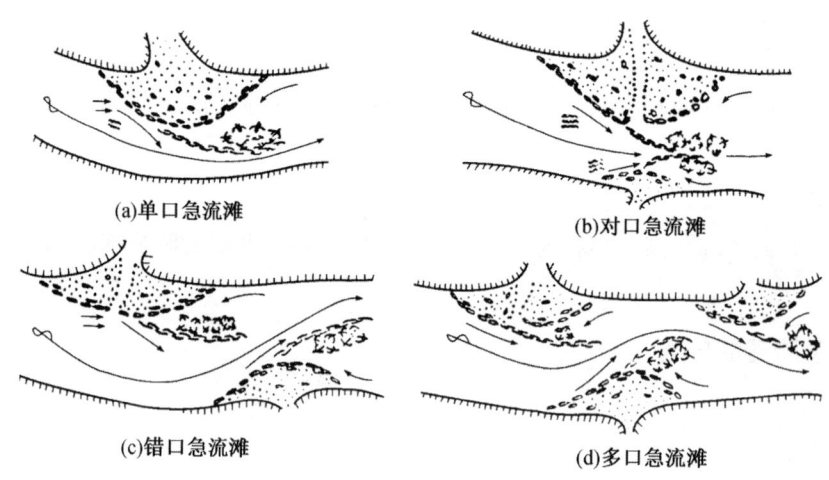

(a)单口急流滩　　　　　　　　　　(b)对口急流滩

(c)错口急流滩　　　　　　　　　　(d)多口急流滩

图3-6-1　急流滩河段平面形态

3.按河床组成分类

(1)石质急流滩

石质急流滩多分布在峡谷河段,通常情况都是随着水位的上升而形成急流滩。

(2)砂卵石急流滩

砂卵石急流滩分布在宽阔的碛坝河段和有溪沟的河段,随着水位的下降而形成急流滩。

(三)急流滩水流条件

1.纵比降与急流滩阻力

(1)纵比降及流速分布

急流滩的纵比降及流速的分布情况,基本可分为三个特征河段。

第一区段(壅水段):水流受下游两岸凸出地形的约束,在滩口上方产生壅水,纵比降及流速减小而形成缓流。

第二区段(陡比降段、埂水段):滩口以下河床下切河面放宽致使水流在滩口上受阻壅高后,又急剧下泄,形成局部陡比降。

第三区段(急流段):由于两岸凸嘴挑流,主流收缩成一束,惯称"滩舌"或"剪刀水",河心流速达到最大值,两岸出现大面积回流区。

如图3-6-2所示,Ⅰ以上为壅水段;Ⅰ—Ⅱ为陡比降段、埂水段;Ⅱ—Ⅲ为急流段。

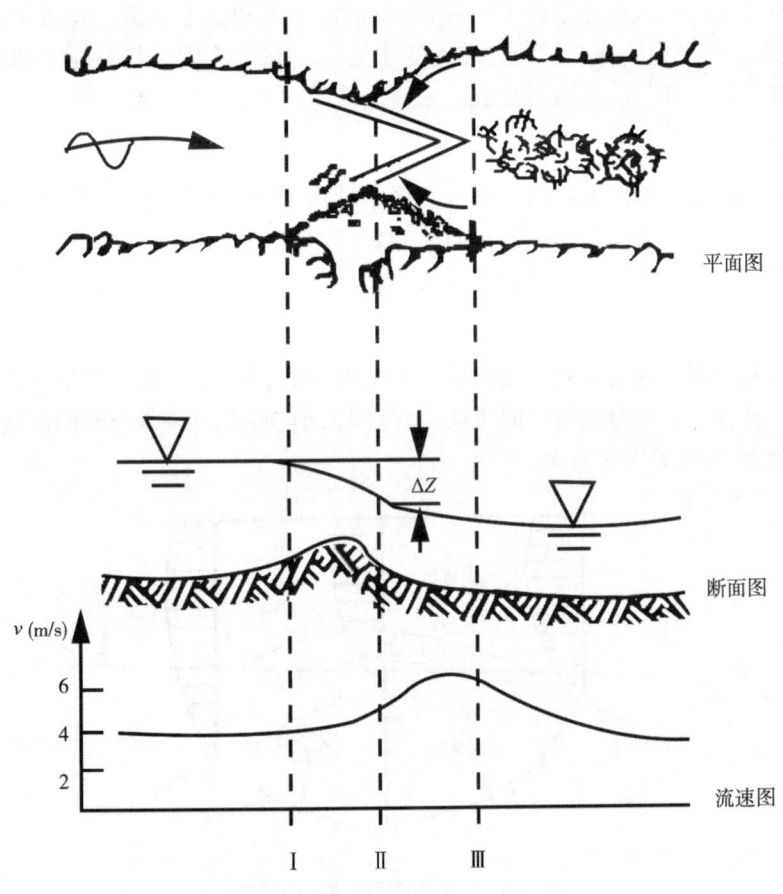

图 3-6-2 急流滩河段纵比降及流速图

(2)急流滩阻力

上行船舶通过急流滩所受到的阻力由坡降阻力和水流阻力构成。坡降越大或船舶吨位越大,坡降阻力越大。急流滩上的水面坡降分布也不是大小相同的,它在岸嘴附近较大,离岸嘴渐远,坡降渐小。因此,在对口滩,河心一线水面的坡降最小;在错口滩,对岸附近的水面的坡降最小。这一较小坡降的存在,为难以上滩的船舶提供了有利条件。

2.横比降分布特点

急流滩水流受凸出岸嘴阻挡而收缩集中,在滩口形成斜流束状的强横流,断面上出现较大的横比降。

(1)单口急流滩水面横比降由凸嘴向彼岸一侧倾斜;

(2)对口急流滩水面横比降自两岸向河心倾斜;

（3）错口急流滩和多口急流滩水面横比降，由凸岸一侧向对岸倾斜，并具有弯曲河段的水流特征。

（四）急流滩河段的水流结构

由于水流受凸嘴和障碍物阻挡，流束集中后又扩散分离，在滩嘴下形成不同的水流结构。水流结构大致可分为主流区、紊动区、回流区，如图3-6-3所示。

1.主流区

主流区因滩段内河床边界条件不同，而形成正常主流和变态主流。正常主流是指主流带水面比较平缓，能明显地辨认出其流速较大的水流。变态主流则是指急流下切受滩下相对较缓的水流所阻，降速增压，产生泡漩交混的水流。

2.紊动区（夹堰区）

紊动区即主流区与回流区之间的水域。该水域由于水流相互擦、交混，水体扰动较大，流速、流压不均匀，流向多变，泡漩混杂，水面高低悬殊，是水流高度紊动的流场，被称为紊动区。其水流条件与岸嘴凸入河床的倾斜程度有关。

3.回流区

回流区急流滩的水流集中而又扩散后产生变形分离，其流速、流压发生变化，在滩嘴下方凹进沱区内形成与主流流向相反的回流区，其范围大小、回流的强弱与断面流速及流压梯度、河床粗糙度、沱区水深等因素有关。

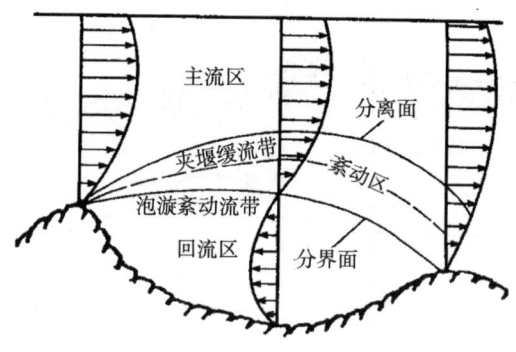

图3-6-3　急流滩河段的水流结构

（五）急流滩河段航行水域的划分

因滩形不同，急流滩河段的面流流态及其水力特性也不尽相同，如图3-6-4所示。其具体可划分为：

1.三角水

三角水是指在滩嘴水流边界层的脱离处，由斜流、枕头泡和回流出水三种不同流向的水流交汇所形成的三角形静水区，又称三叉水。

2.沱

沱是指在滩嘴以下，河岸凹陷的整个回流、静水、缓流区域。

3.沱楞

沱楞是指在滩嘴下方的沱内,夹堰水与回流边缘之间的一束较缓水流,因该束水流位于沱的边缘,故称沱楞。

4.腮

滩嘴下端位于分界水以上夹堰内侧的局部水流,称为腮。

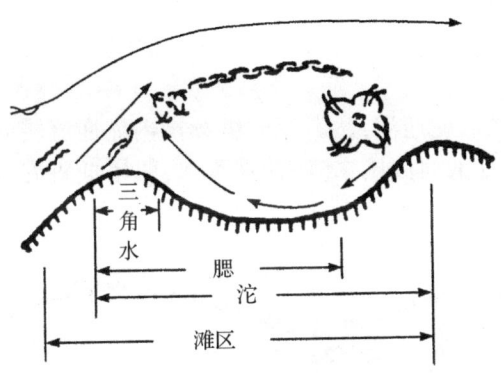

图 3-6-4　急流滩河段航行水域的划分

（六）上行船过急流滩河段的操纵

上行船过急流滩河段时和航法的选择主要根据主流区、紊动区、回流区三个水域的条件来确定。

1.挂主流航法

因滩嘴岸形陡峭,紊动区水流紊动剧烈,不存在夹堰缓流带。在沱楞上泡水汹涌、枕头泡内压力强、回流出水无力时,上行船可选择挂主流航法航行,如图3-6-5所示。

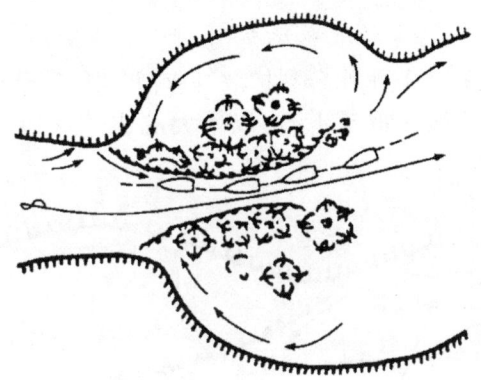

图 3-6-5　挂主流航法

（1）上行船达沱区下角时操外舵,置下角内拖水于内舷,外舷挂主流,内舷靠沱楞泡水上行。

（2）修正船向与水流流向的夹角,置枕头泡于内舷前方。

（3）船达枕头泡时操内舵,达斜流时继续操内舵迎斜流驶上滩头。斜流达船中部时回舵,并逐渐操外舵。船到滩头时立即操外舵抵住内压水势（即披头水）,船尾抵斜流,乘稳水后回舵,调顺船身上滩。

2.循夹堰缓流带航法（外穿里、大包小）

该法适于在夹堰缓流带较宽、水流紊动程度和内压力较弱时使用,上行船可利用此缓流带进滩以减小航行阻力,提高过滩能力。此航法适用于一般急流滩河段,尤其适用于大型船舶和操纵性能较差的船舶,如图3-6-6所示。

（1）船首达沱区下角分界泡时操外舵扬头,达夹堰时操内舵顺向,以外舷挂夹堰,置回流出水及枕头泡于本船内舷前方上行。

（2）渐行渐向内转向,逐步缩小船向与流线的夹角,顺向上行,并不时以外舵抵住沱楞内压水势。

（3）船首达枕头泡时操内舵迎泡,达斜流时继续操内舵迎流转向上滩。斜流达船中部时回舵,并逐渐操外舵,使船首抵迎内压水势,即披头水,船尾抵斜流,乘稳水后回舵,调顺船身上滩。

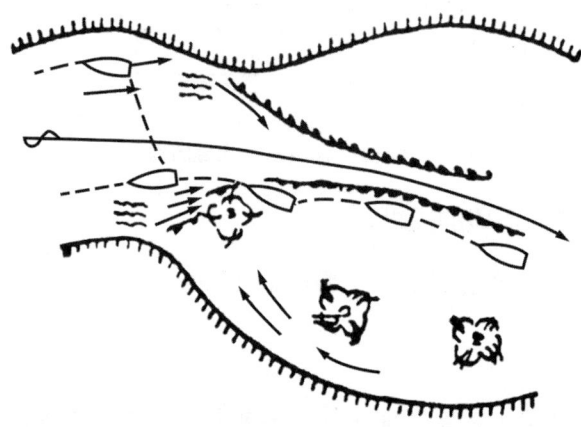

图3-6-6 循夹堰缓流带航法

3.挂半沱出半腮航法（半腮出角航法）

因滩口下游段的河面宽阔顺直,泡水分裂扩散迅速,使沱区下半部水势趋于平稳,内压水势弱,所以船舶利用下半沱的缓流取道上行,以增大航速,提高船舶过滩能力,如图3-6-7所示。

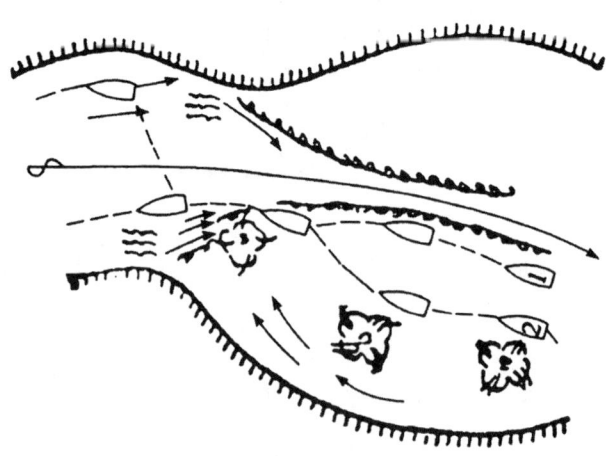

图3-6-7 挂半沱出半腮航法

（1）船达沱区下角分界泡时操外舵稍扬头，将内拖水置于本船内舷。

（2）过内拖水时操内舵稍收，循下半沱缓流上行，置沱心困堂泡于内舷前方。

（3）将达困堂泡时操外舵扬头，置回流出水和枕头泡于本船内舷前方，循夹堰流带上行。

（4）渐行渐向内转向，逐步缩小船向与流向的夹角，并不时以外舵抵住内压水势。

（5）达枕头泡时操内舵迎泡，达斜流时继续操内舵迎斜流转向上滩，随后操外舵抵迎披头水，稳向上行。

4. 循分界面航法（里穿外航法）

萦动区及沱楞上泡漩交混，流态险恶，分不清主流流路，而回流沱区大、回流流带宽，又有适航宽度和深度，且回流出水无力时，则可选择循分界面航法，以避开主流区的高速水流和萦动区的险恶流态，如图3-6-8所示。

（1）船过分界泡后，操内舵稍收进沱，置回流于内舷，不时以外舵抵住内压水势。

（2）达沱腰时操外舵扬头，置回流出水于内舷前方、枕头泡于外舷前方上行。

（3）达回流出水时操内舵迎流摆开船尾，调顺船身，乘稳水后回舵，借出水的支撑力用舵外扬，利用船舶的惯性抵迎枕头泡；待船腰至泡流时回舵，借泡力并操内舵迎斜流转向；待船腰平斜流时回舵，继续操外舵，使船首抵迎披头水，船尾抵斜流；船稳住后，回舵调顺船身过滩。

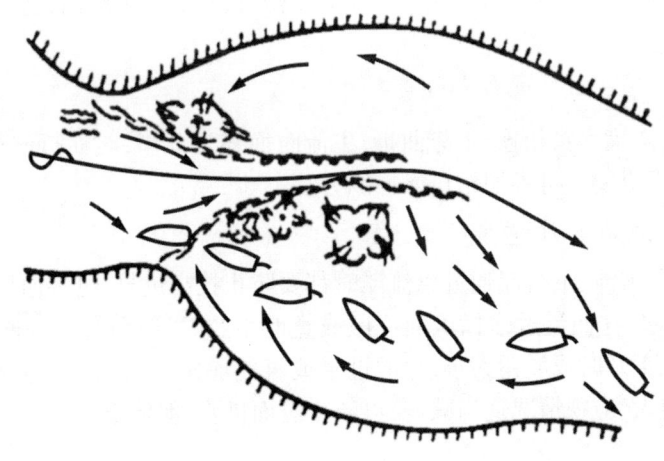

图3-6-8　循分界面航法

5. 循回流航法（满腮出角航法）

沱区大，回流面积宽，流线较顺直，三角水域有适航宽度和深度，斜流及披头水与滩嘴的交角较小时，可采用循回流航法进滩。此航法由于从回流出水与枕头泡之间驶出，迎斜流上滩，易造成窝凶、困边、出角打张或挖岸等事故，故一般不采用，具体航法不再介绍。

（七）下行船过急流滩河段的操纵

由于急流滩的形势及水流特点，下行航路及航法的选择也与一般航道有所区别。原则上应根据急流滩上下河槽形势和当时的水位、流向、流速来判断河岸水势的高低，下行船应挂高水势一岸下行，使船位落于预定航线上。

1. 单口滩

（1）船至滩嘴上方时应使船位处于主流上侧，即高流势一侧，并与滩嘴斜流保持一个适当的夹角。

（2）船首达斜流,操内舵乘迎斜流;斜流担腰,回舵提艉抓枕头泡为点;内舵迎泡,以内舷挂沱楞;直舵提艉,稳向后使船位落位于枕头泡外侧,沿主流内侧边缘下滩出槽。

2.对口滩

（1）若对口滩两岸滩嘴大小相当,且上下段河槽较顺直,两岸横流强弱相当,滩嘴的水面是两岸高、河心低,主流在河心,则下行船可循河心主流下滩。

（2）若滩嘴大小不相等,且上下段河槽弯曲,则下行船应挂高。其操纵要点是:在滩嘴以上将船位摆在水势高的一岸,将主流置于外舷,抓水势高的一岸凸嘴为点,临近滩嘴前,与滩嘴斜流取得适当的迎流角,达斜流时内舵乘迎;当内舷挂上沱楞时,直舵提艉,将船位置于主流内侧下滩。

3.错口滩

错口滩的主流流向呈连续反向弯曲,主流经上滩嘴阻束后,直冲下滩嘴迎流面,受下滩嘴挑移再折回本岸。其操纵要点是:船至上滩嘴上方时应使船位处于主流上侧,即高流势一侧,并与上滩嘴斜流保持一个适当的夹角,船首达斜流时操内舵乘迎斜流;当内舷挂上沱楞时,直舵提艉,借势乘迎下滩嘴斜流;当内舷挂上下滩嘴沱楞时,直舵提艉顺向,将主流置于本船外舷下滩。

4.多口滩

由于河槽弯曲,滩嘴交错相连,水势曲折,主流时而靠近此岸,时而折向彼岸,形成了多口滩的复杂流态。其操纵要点可参照错口滩操纵方法。

5.下行船过急流滩的注意事项

无论是何种的急流滩,下行船通过急流滩时都要防止挂高过早、过多而导致背脑、困角;要防止由于乘穿枕头泡、挂回流过多插入回流区或直舵不及时、舵角过小等原因而导致吊钩打枪;要防止乘迎斜流不及时或舵角太小、直舵过早或直舵舵角过大而跨入低水势落弯;下滩或挂沱楞时,若夹堰浪大,应视情况适当减速,以防止舱面进水,船体下沉。

二、危险局面及应急措施

（一）打张

1.打张的原因

发生打张的原因有很多,一是船舶上驶过急流滩或凸嘴时,航法选择不当。如船舶操纵性能较差,却错误地选择了满腮出角的航法,以致在出角时,船首受斜流冲压,船尾受回流或泡水顶托,虽用满舵,但其舵压力转船力矩内不能抗衡水动力转船力矩而发生打张。二是用舵不当。例如上行船舶出角时,内舵乘迎枕头泡或斜流用舵不当,致使水动力转船力矩大于或等于舵压力转船力矩,船首向河心下游偏转或稳向冲向彼岸,或者上行船在滩嘴下方已形成逼向的不正常局面。另外,为防止窝凼而向河心操舵过多,也会导致打张。

2.打张的应急措施

上行船发生打张危险时可采取如下应急措施:在滩口处,若航道宽阔,航宽大于船舶长度,

可加大车速并操内满舵,迫使船尾外移;当船腰达斜流时,因水动力作用点移至船舶转心以后,船首会急速向内侧转向,从而扭转打张的局面,但此时应及时回舵,并用反舵,以防止挖岸。在狭窄的滩段,当河面宽度没有船舶回转的余地时,船出角发现有打张趋势,若采用加车助舵的方法,不仅不能挽救危局,反而会增大冲向对岸的碰撞力而扩大损失,则应果断停车、倒车,控制船舶惯性,使船尾在回流区、船首在主流区,利用水动力转向力矩的作用,将向下掉头改为下行,待驶至宽阔航道再掉头上行。

（二）挖岸

1.挖岸的原因

挖岸往往是因顾虑上行船发生打张,在乘迎斜流时用舵过多,未及时回舵推船尾迎斜流所造成的。

2.挖岸的应急措施

当上行船发生挖岸险情时,应设法保证车和舵的完好无损,控制船舶,使船首搁于岸边,船尾处于安全水域,然后采取妥善的脱险方法,退离岸边。

（三）吊钩或打枪

1.吊钩或打枪的原因

其原因是下行船通过急流滩,用舵乘迎斜流时,舵角过大,船首插入回流过多,直舵不及时或用舵过小,不能调顺船身。

2.吊钩或打枪的应急措施

在发现下行船在挂沱楼后,若直舵不当造成吊钩或打枪事故时,如航道水流条件允许,可采取加车助舵的措施来扭转"败局"。若加车措施不能奏效,应紧急停车或倒车,控制船舶惯性,借船体所受异向流力所构成的转船力矩,原地掉头为上行,驶至航道宽阔地段再掉头下行。

（四）背脑

1.背脑的原因

背脑是指下行船航经弯曲航道或急流滩时,船位偏离正常航线而逼近滩嘴上方或其他障碍物上首,有触礁之势的一种险情,如图3-6-9所示。图中:1为正常船位;2为背脑船位。其产生的原因是:下行船过急流滩时,怕落弯而挂高过早,使船舶受背脑水的推压。

2.背脑的应急措施

下行船航经弯曲航道或急流滩时,应适时适当摆好船位;当发现船舶有向滩嘴背脑的趋势时,应及时用舵抬向避让。

三、险槽河段的船舶操纵

在山区河流中,狭窄、弯曲、水浅、流急、礁石区等河段上水深较大的可供船舶航行的那部分河床,通常被称为险槽或槽口。驾引人员通常将急流滩和险槽称为滩槽。险槽按水位划分,有枯水险槽、中水险槽和洪水险槽;按碍航特征划分,有弯险槽、窄险槽、浅险槽、滑梁险槽等。

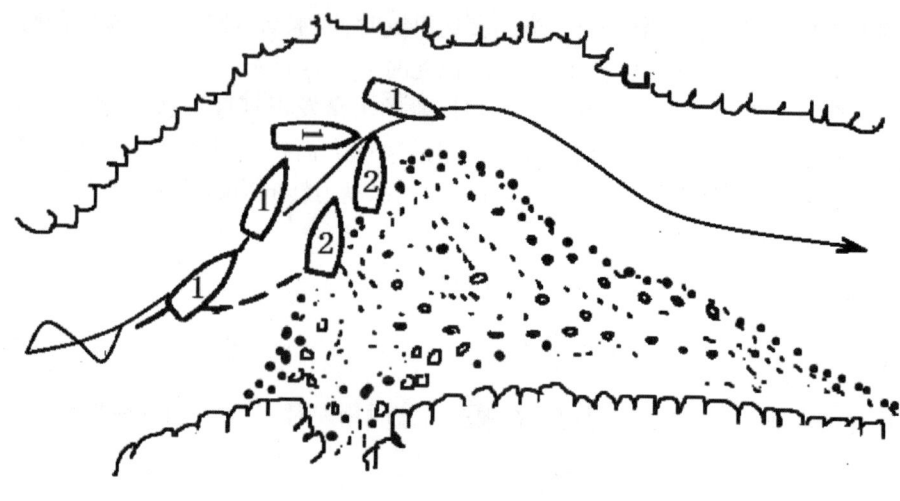

图 3-6-9　背脑示意图

（一）弯险槽、窄险槽、浅险槽河段的船舶操纵

1.航行条件

弯险槽、窄险槽、浅险槽河段一般出现在枯水期的宽谷河段,尤其是在宽浅型河段内,而且多出现在两个反向弯道的过渡段,或因碛坝、礁石等障碍物伸入河槽,相互交错而成。槽内明暗礁石星罗棋布,有时河面虽较宽阔,但可供船舶航行的航道十分狭窄,浅区连亘,背脑水、斜流和扫弯水强劲,流态复杂。一般水位越枯,航槽越险。随着水位的上升,因礁石、碛坝的淹没,航道放宽,航行条件逐渐改善,险槽逐渐消失。

在弯险槽、窄险槽、浅险槽河段航行时,驾引人员往往为了克服船舶的偏转和漂移,在需加车助舵过浅区时选择减速,以减小动吃水。这就要求驾引人员应根据各险槽的航道特点,熟悉航道水势,因势利导,谨慎操作。

2.操纵要点及注意事项

（1）船舶上行

①上行船进入弯险槽、窄险槽、浅险槽河段时,应将船位置于凸岸高水势一侧的缓流上行。

②遇横流时要及时用舵乘迎,使船航行于深槽。

③注意由深水区进入浅水区前应适当减速,既要保持足够的舵效,又要减小船舶动吃水,防止因惯性过大而造成吸浅和搁浅。

④发生跑舵现象时,若航道、水深条件许可,可让其向深水一侧偏转,而后再调整船位,必要时可进一步采取减速或停车等措施,待船向稳定后,再逐步开车。

⑤槽中暗碛处的水流情况,一般是脑部受水流冲压呈背脑水势,碛腰有微弱出水、尾部水势内拖、尾下有旺水等流态。上行船选择航路应沿暗碛高流势一侧,在碛尾下要防抢旺、内泻困碛;至碛腰部出水时要挂高,防止船身横移困压下岸侧;在碛脑部要防披头水,不能过早转向。

（2）船舶下行

①船舶沿高流势一侧顺向进槽,在达到浅区前先摆正船位,然后减速,以减小其前进惯性。

②在仿碛坝型航道下行时,采取"有碛抱碛,无碛抱月"或下行急弯航道的航法,拉大档

子,扩大航迹线弯曲半径,采取挂高的操作方法,以克服航道弯曲半径不足和斜流、扫弯水的影响。

③航向与横流流向取适当夹角,既防背脑,又防落弯,以保证船舶的船位沿深槽下行。

④船舶过浅区后,若出现船体下沉后又抬起、水流啸声变大等现象,说明已到深水,即可恢复常车(通常在弯顶处可恢复常车,必要时加车),调整航向,摆正船位下行。

(二)滑梁险槽河段的船舶操纵

1.航行条件

(1)河床特点

滑梁险槽是山区河流宽谷河段的特殊河床之一,在峡谷河段中也偶有出现。由于河床两岸石梁、碛坝、台地或山脚伸入河床,河心的石梁及孤石、岔道的上口及卡口处的尾部等被淹没,其上不能过船,存在由河心指向岸边的横向分速水流,产生滑梁水,而形成滑梁险槽。滑梁险槽可分为单滑梁险槽和双滑梁险槽。单滑梁险槽是指某一岸或河心的较低石梁被淹没,形成滑梁水,而另一岸是河床较高未淹没的险槽,如图3-6-10(a)所示;双滑梁险槽是指两侧石梁、石盘高程相当,当水流淹没其上不能过船时,水流流向两侧漫坪滑梁的险槽,如图3-6-10(b)所示。

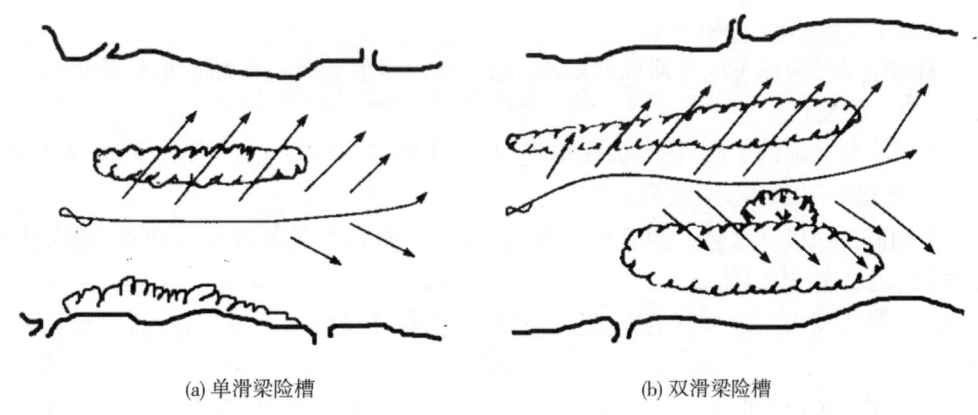

(a) 单滑梁险槽   (b) 双滑梁险槽

图 3-6-10 滑梁险槽河段

(2)水流特点

单滑梁险槽的水流特点是,滑梁一侧横向分速水流较强,未淹没一侧水势高且平稳。双滑梁险槽的水流特点是河心高、两侧低,横向分速水流强,水流淹到哪里就滑到哪里,主流流路清晰,横断面上呈水面背流。横断面上也存在水势高低之分,一般凸岸一侧或地形较高一侧为高水势一方。

在有些较顺直的双滑梁河段,因水面背流、水底对流的双向环流作用,河心产生上升流并呈现连串泡喷(分迳泡),是上下行船舶操纵必须抓住的重点水势。有些石梁刚被淹没而其上又没有适航水深时,呈现一线夹槽水(镶水);在石梁未被淹没部分,由于反击出水与主流的横向水流相互撞击,也呈现一线夹槽水,水面呈下凹曲线,流速较缓,也是上下行船舶操纵需要抓住的重点水势。有的滑梁险槽河段在地形凹陷处,水流向其扩散,产生强力内拖水,如图3-6-11所示。图中:1为主流;2为主流横向分速水流;3为下坎泡;4为夹槽水(镶水);5为滑梁水;6为反击出泡;7为内拖水。

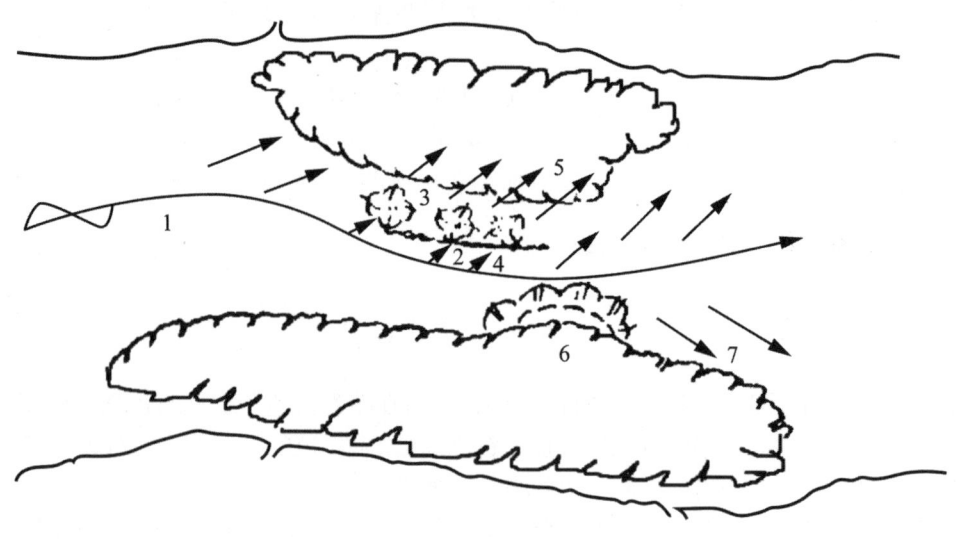

图 3-6-11 滑梁险槽河段的流态

2.滑梁险槽河段的操纵要点及注意事项

无论是单滑梁险槽还是双滑梁险槽,上下行船舶的航路基本一致,均应避开滑梁水势强的一侧,选择在水势较高的一侧航行。

(1)船舶进槽后应抓主流流路或分逤水(泡),参照岸形、流线,使船位沿程处于凸岸高流势、横流上方一侧航行。

(2)滑梁水势越强的地段,越要抓住分逤水,顺主流流线取直分心,保持大向,勤拨小向,防止船舶向两岸滑困。

(3)在刚淹没地段高水势一侧呈反击泡花(或有出泡)时,其外缘呈夹槽水(镶水),应以外舷挂主流,内舷靠镶水上行。

(4)当有强力反击出泡挤迫主流、阻挡航路时,应以适量的舵力乘迎保向,防止偏离航路滑困于另一岸。

(5)操作中避免用急舵或大舵角,防止船体左右偏摆使阻力增加、航速降低,造成失控。

(6)适当加车助舵,增强对船舶航向的掌控,减少船舶受滑梁水作用的时间。

第七节 能见度不良、雷暴雨、大风浪、夜间环境条件下的船舶操纵

一、能见度不良时的船舶操纵

能见度不良是指受雾瘴、下雪、暴雨、风沙等影响而使视距受到限制的局面。由于视线较差,航行条件恶化,易使航行船舶失点迷向而造成事故。

雾是造成能见度不良的主要因素,本节主要讲述船舶在雾中的操纵。

雾天航行一般分为两种情况：一种是在轻雾（通常能见度为 1～2 km）中航行；另一种是在浓雾（通常能见度小于 0.5 km）中航行。在一般的水雾、雨雾、雪雾、瘴气等天气情况下，若航道宽阔、障碍物少、水流缓慢，前方有可供船舶锚泊的水域，或在湖泊、水库中，船舶仍能继续航行。而如果在航道条件复杂、多发雾的地区，即便是轻雾，也应认真对待，决不能冒险航行，应果断采取措施扎雾。浓雾中航行一般是不得已而为之的行为，如航行过程中突遇浓雾，一时无法选择锚地抛锚而被迫在浓雾中航行，通常情况下决不能冒此风险。

（一）雾天对船舶航行安全的影响

（1）驾引人员不易及早地发现和正确地识别来船（物标），进而不能及早预警、正确判断危险局面，容易引发碰撞、搁浅等事故。

（2）驾引人员对周围水文、气象环境估计不足，对突然的视线不良或他船采取不协调行动时缺乏思想准备和应急措施，难以及时地采取正确的避让措施。

（3）船舶长时间在能见度不良的水域航行，驾引人员精神高度集中，心理压力大，容易造成体力下降、精神疲惫、思维及判断力下降，在关键时刻易产生急躁、莽撞等情绪，影响船舶操纵。

（二）雾天航行的注意事项

（1）加强瞭望，必要时打开驾驶室门窗，充分利用视觉、听觉观察可疑动向和声响，并视情况在驾驶室或船首增加瞭望人员。

（2）主机备车航行，以便可随时进行变速操作。

（3）采用安全航速航行，以便能采取适当而有效的避碰行动，并能在适合当时环境和情况的距离内把船停住。

（4）根据本船动态，鸣放雾航情况下的相应声号，并倾听、观察他船的声光信号，判断船舶周边的安全情况。

（5）充分利用 AIS、雷达、VHF 无线电话等导助航仪器，获取他船的信息并跟踪其动态，视情发布本船雾航警报，以提醒过往船舶注意。

（6）及早采取避让行动，及早与来船联系，做到"早、大、宽、清"。在环境条件不允许的情况下，一定要做到：不论当时船舶的态势如何，要尽可能地做到及早发现来船，为观察和分析局面、采取避让行动留有充分的时间和余地；牢记双方都有采取避让行动的责任，不可盲目等待、观望，以免贻误避让良机；对来船在特殊情况下可能采取"背离"规则的行动，一定要有应急预案；为避免紧迫局面或紧迫危险局面，采取的避让行动一定要留有回旋的余地，并认真核查避让行动的效果，不要造成与另一船发生紧迫局面；采取避让行动后，如发现对方采取不协调行动，距离越来越近且形成紧迫局面，唯一的办法是立即停车，把船停住，并继续观测对方动向，鸣放相应的声号。

（7）港内航行时，严格遵守各港港章规定的相关能见度不良的航行制度及管制信息。

（8）及时接收相关预警信息，落实各项安全防范举措，服从交管中心的指挥，选择合适的水域锚泊。

（9）执行值班制度，充分利用 AIS、VHF 无线电话、雷达等设备协助瞭望。船长和值班人员应密切关注天气变化，在航道航行、与他船会遇、锚泊等情况下，充分考虑本船的操纵性能。

（10）发现雾情有向浓雾转化的趋势时，要及早做好锚泊扎雾准备工作。山区河流的下行船更应准确地掌握船位、航道特征及浓雾区特点,不能错失掉头的时机和锚地,要及时选择锚地扎雾。

（三）突遇浓雾的应急措施

船舶因突遇浓雾,一时无法选择锚地抛锚而被迫在浓雾中航行时,除应按照雾天航行要点进行操作外,还应着重采取以下措施:

(1)减速航行。一定要将船舶的航速减下来,为避免碰撞留有更多时间,以便于采取各种操纵措施。船速慢,不仅船位变化慢,而且储备了操纵能力,需要改向时,可短时间快进车以助舵效,实现在较小的进距上转过较大的角度;当需要制动时,惯性冲程和旋回惯性也会变小,便于控制航向。

(2)要用好雷达(对备有雷达的船舶而言)。驾引人员应会熟练使用雷达定船位、选航向;会使用雷达航行参考图,能准确从雷达荧屏上选择吊向点、转向点,按航道走向及时调整船位,使船舶航行在计划航线上;能从雷达荧屏上区别航道内外的动、静物标,区别船舶的类型、大小、走向,判断有无碰撞危险,如发现有碰撞危险,应及时用车、舵,采取紧急应变措施。

(3)要服从当地 VTS 的管理(如区域内设有),遇到疑难问题可以请求 VTS 的帮助或指导。同时要切记:雾中两船相遇致有碰撞危险时,无直航船、让路船之分,两船均应及早采取避免碰撞的行动。

二、雷暴雨天气条件下的船舶操纵

（一）雷暴雨天气特征

雷暴雨天气是一种突发性强、风向急转、雨势猛烈、持续时间短的中小尺度范围的灾害性天气,其风力甚至可达 12 级以上。突然而来的雷暴雨,可能会使四周漆黑一片,能见度几乎为零,给内河船舶航行安全造成严重的威胁。

雷暴雨天气具有明显的季节性,京津冀地区多发生于 5~9 月份,尤以 6、7、8 月为甚,发生的时间常见于午后至深夜。雷暴雨天气主要有以下特点:

(1)来得快,来得猛。雷暴雨带来的是狂风暴雨,常伴有电闪雷鸣。风力通常为 7~11 级,最大甚至可达 12 级以上。

(2)风向急转。雷暴雨天气的风向急转通常表现为由微弱的偏南风突然转变为西北大风。

(3)风暴持续时间短,一般为十几到几十分钟。

(4)大风的水平宽度不大,一般为几十千米,但纵向袭击范围可达数百千米。

（二）雷暴雨天气条件下船舶操纵的注意事项

(1)船舶航行在雷暴雨出现的航区,应装有避雷设施,并保证其功能良好。

(2)发现有雷暴雨来临的征兆,或航经经常出现雷暴雨的航区,应提前开启雷达(如有)、VHF 无线电话,请船长到驾驶室。

(3)雷暴雨来临时,立即鸣放雾航声号。利用目测、雷达、罗经等一切有效瞭望手段,加强瞭望。派专人观测雷达及罗经,守听 VHF 无线电话,测深,并及时向船长报告船舶动态和河床

航道变化情况。控制好航向与航速,必要时将航速降至维持舵效的最低航速,阶段性用车助舵调向。无雷达的船舶,可利用闪电的余光抓点定位、掉头、抛锚。上行船宜及早抛锚扎雷雨或停车稳舵待航;下行船宜及早选择宽阔水域掉头,选择锚地抛锚。

三、大风浪中的船舶操纵

(一)顺直河段和河口段的风浪特点

(1)顺直河段和河口段的风浪较其他河段大,且大浪多出现在风流同向时。如航道为南北向,流向向南,风为南风,风向与流向相同,但作用力方向相反,为逆流风,此时风与流相撞击,会在整个河段上掀起大浪。

(2)在同等风力下,顺流风的浪小于逆流风的浪。

(3)在同等风力下,顶浪下行的船舶受浪的影响大于顺浪上行的船舶。

(4)下风岸的浪大于上风岸的浪。

(5)深水区浪大,浅水区浪小。

(6)流速大的地方浪大,流速小的地方浪小。

(二)大风浪中的船舶操纵要点

在顺直河段或河口段内航行的船舶遇到风浪时,对船舶安全危害较大的一般是顶浪下行、顺浪上行、横浪航行以及在风浪中掉头。

1.顶浪下行

对下行船影响最大的是顶浪下行。顶浪下行时,船体前部受波浪的猛烈冲击,振动很大并发生猛烈纵摇,对强度较弱的船可能引起渗漏、变形等事故。船舶受波浪的强力冲击,会产生横摇、纵摇、艏摇、垂荡等,造成甲板上浪、拍底、打空车、打横等危险现象,使船舶操纵性变差,严重时还会产生中拱、中垂等有损船体强度的现象。当纵摇周期接近于波浪周期时,谐摇产生,纵摇加剧,并使船首有钻入波峰的危险。

为安全起见,可驶离原航路以避开大浪区,或将航速降低至能保持或维持舵效的程度,使船舶处于缓速顶风的状态。如风浪很猛烈,为了避免船首受过大的冲击和减轻横摇与纵摇,使船舶回到计划航线上来,可采用偏顶浪 Z 字航行的方法:先以船左(右)侧前方对浪,与波浪成一交角(通常以 2~3 个罗经点斜向迎浪)航行一段时间后,再用另一侧前方对浪,如此反复进行 Z 字航行。但要注意,此时风流压将显著增大,因此,偏顶浪航行的条件是:风浪不太大,且船舶有一定的前进速度并能保持舵效,以防船首被压向下风而造成横浪局面。

2.顺浪上行

对上行船影响显著的是顺浪上行。顺浪上行时,风浪从后方过来,容易冲击船尾,引起艉淹或打横。当波浪速度大于或等于航速时,船舶将随波而运动,舵效减弱,航向稳定性显著降低。此时若用大舵角校正,必使船舶摇摆得更剧烈。若航速大于波速,上述现象则不存在。因此,最好能调整航速,使之略大于波速。对一些艉部突出、舵面积较小的船舶,顺浪上行时不易保持航向,这时使航向与波浪成 30°角左右航行,可以减轻艉淹并保持舵效。顺浪上行不宜采用大舵角转向,要充分注意保持航向,配合使用不同的车速来增加舵效,应选择不受波浪大角度冲击的航向行驶。

3.横浪航行

船舶在横浪中航行,船体将发生横摇。横摇易导致货物移位、产生自由液面等,影响船舶稳性。当船舶的摇摆周期与波浪周期接近一致时,将产生谐摇现象,使船舶横摇加剧,甚至有倾覆的危险。在此情况下,必须设法改变航向以减轻横摇。在调整航向过程中,切忌用大舵角,以免造成过大横倾。

4.在风浪中掉头

在风浪中掉头,当船身转至横浪时,若回转中的横倾与波浪引起的横倾相位一致,则过大的横倾角会危及船舶的安全,并且横向受浪时,容易出现横摇、谐摇。因此,在风浪中掉头必须经过深思熟虑和做好充分准备,特别要注意本船的稳性(包括货物的积载及其移动的可能性、自由液面的影响等),谨慎操纵。掉头时必须做到:

(1)仔细观察波浪的规律,选择适当时机掉头。一般情况下几个大浪过后,接着就有几个较小的浪。在前面一组的最后一个大浪刚刚过去后就应立即开始掉头,要抓紧水面相对比较平静的一段时间,度过横风横浪的危险阶段,并争取在下一组第一个大浪到来之前掉头完毕。

(2)若无法在两组大浪之间较平静的水面完成掉头,则从顶浪转向顺浪时,转向应在较平静水面到来之前开始,以求较平静水面来临时正好转至横向受浪。此后,可适时用短暂快车满舵,加速完成后半段掉转。

从顺浪转向顶浪比较困难且危险,主要是后半段掉转较困难。因此必须先降速,等待时机,以求后半段在较平静的水面进行,以便加速掉转。

(3)操舵时要避免操舵引起的横倾与波浪引起的横倾相位相向,避免相位一致引起过大的横倾而危及船舶安全。

(4)开始时慢车中舵,掉转中适时用短暂的快车满舵,可增加舵效,以缩短掉头时间,特别是船身横向受浪的时间。

(5)顺浪转顶浪时使用倒车掉头十分危险,会造成船尾受波浪的猛烈冲击,可能会损伤舵和螺旋桨,且不利于掉头,应保持必要的航速才有利于掉转。双车船在顶浪转顺浪时,为了减小掉头水域,可将回转侧的主机停车或倒车。但这样做只能减小回转半径,并不能缩短掉头时间,所以有时为提高舵效,需短时间用双车快进来达到目的。

(6)若由于判断错误,在掉转中大浪来临且处于危急局面,则应注意不能强行掉头,不能急速回舵甚至操相反方向的满舵。正确的措施是减速并缓慢地回舵。

四、夜间环境条件下的船舶操纵

在夜间,由于受视距影响,距离估计不如白天那样准确,目标的发现不如白天那样及时,航道岸形不如白天那样直观,对他船动向的判断也不如白天那样快而准。所以,船舶在夜间航行时,驾驶室必须保持肃静,集中精力,加强瞭望,谨慎驾驶。

(一)夜航的特点

1.视觉能力减弱

人眼对物体不同亮度之间的区别能力在夜间要大大低于白天,在夜间观察细浅、小黑点或两个物体的狭窄间隙的能力也要比白天弱得多。

人在夜间的辨色能力较差,物标的颜色可能会被误判。

2.气温变化造成视角偏差

夜间气温变化较大,在水面上会产生不同的湿度层,水面湿度和驾驶室湿度不一致,空气的密度也不一样,因光的折射会引起视距偏差,如图3-7-1所示。

(1)视物标变远

当水面气温低、远处气温高时,光线弯曲向下折射,看到物标的距离会变远。这种情况多发生在春秋季,使船舶容易误入灯标而发生事故。

(2)视物标变近

当水面气温高、眼处气温低时,光线弯曲向上折射,看到物标的距离会变近。在这种情况下,驾引人员往往不敢接近物标,造成船不落位而发生事故。

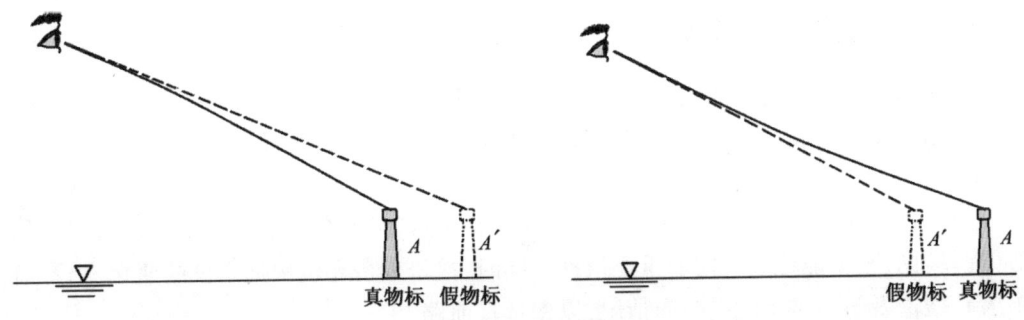

图 3-7-1　视物标变化

3.灯光照射所产生的偏差

(1)习惯上以灯光明暗判断远近,容易产生错觉。灯光的能见距离(灯光的射程)不仅与它的亮度有关,而且与灯高有关。内河岸标的设置受地理条件的制约而高低不一,平原河网地带一连看到数座灯标,高低相间,完全依靠亮度确定远近,容易导致船舶因偏航而发生事故。

(2)灯色易于混淆。可见光是由不同颜色的光混合而成的,其在大气中有的被吸收,有的被折射。远望时有色灯光可能被误认为是白色灯光,而白色的灯光可能被误认为黄色或其他颜色灯光。

(3)沿岸其他干扰性灯光太多,航标灯光不容易被发现。

(二)夜航中容易出现的问题

1.物标辨认不清

(1)在晴朗的月夜,有时水面和沙滩都呈灰白色,两者容易混淆。

(2)在夜间以山尖作为船首物标时,两个相近的山尖很可能被辨认错误。

(3)在夜间容易把两山之间的平地误认为水域。

(4)不同水道与沟溪容易进错。

(5)河水上涨、水面增宽,主流位置比例会发生新的变化(如三七分心变为四六分心),按原习惯河宽比行船,容易出问题。要注意,在晴朗无风的夜间,深水区水面发黑。

2.感觉上的误差

(1)有山影的地方驾驶员习惯地离暗侧远些,靠明侧近些,往往会造成船不落位而发生事故。

（2）背月一旁常有阴影映入水中，尤其在高的陡岸或傍山的河段，这种阴影更为显著。在驶入阴影之前很难认清深浅、岸形和各种物标，有时容易造成船舶偏位而发生搁浅事故。

（3）在夜间，特别是能见度不良时，对灯光射程估计不准，对灯光辨别不清，易造成危局。

3.精神紧张、疲劳

（1）在夜间遇到坏天气，物标难以辨认时，容易引起驾驶员精神紧张，特别是缺乏经验的驾驶员，不容易把握船位、航向。

（2）连续转舵容易造成失向，船位一时偏离航线也觉察不出来。

（3）夜间航行值班人员容易困倦，尤其连续夜航更加劳累。所以，除值班人员外，还应落实协助人员，以便情况紧急时能采取应急措施。

（三）夜航交接班注意事项

在交接班这段时间里，由于交班驾驶员容易放松警惕，接班驾驶员还未进入正常工作状态，很容易出现事故，所以驾驶人员在交接班过程中应特别注意以下几个问题：

（1）接班人员在接班前应熟知本班夜间所航经河段的航道情况，熟知地形、地貌、岸嘴、礁石等障碍物；熟知航段标志（包括助航标志及显著的天然物标）特征，并能合理地利用其作为夜航叫舵、转向、校核船位及航向的重要依据。同时，接班人员还应根据水位的变化，熟悉航段内的主流、缓流及不正常水流的分布情况，以便选择航路。

（2）接班人员应待交班人员交接清楚当前船舶状态、周围船舶动态、航道等情况，摆正船位、稳定航向后再接班。禁止交接不清、盲目接班或在避让时交接班。

（3）接班人员在进驾驶室接班前，应于黑暗处闭眼停留片刻，使眼睛适应在黑暗中视物。驾驶室内应避免其他灯光射入而影响值班人员视觉。当需用灯光时，应遮蔽灯光不使其外露，或采用不耀眼的弱光或红色灯光。

（四）夜航注意事项

（1）要充分利用雷达、望远镜、VHF无线电话等助航设备加强瞭望，在山区河流或狭窄河道，不妨碍他船航行时，可利用探照灯助航。

（2）随时准确测定船位，掌握好夜航转向点和吊向点，使船舶始终保持在计划航线上或处于落位状态。

（3）通过突出的凸嘴、石梁、礁石、急流滩或险槽时，要准确掌握地势、滩情水势，正确使用车、舵，将安全措施落实到位。

（4）宽阔河段的物标、灯标稀少；在支叉河口处，灯光混杂；在洪水期的漫坪地段，灯标远近相互交错，辨认不清。所以要求驾引人员熟记每个航标的名称、灯质，两标间距和本船所需的航行时间及相对方位，及时校核船位与航向。

（5）在漆黑的夜晚，近岸航行时要及时抓住显著物标（地形、地貌），校正船位。应使船首线略与岸线保持平行，并根据地形特征及时转舵扬头。夜间航行岸距应大于日间航行岸距。

（6）在弯曲、狭窄、横流强的河段，切忌会让船舶，应选择在航道较宽、水流情况较好的地点会让。避让时应及早取得联系，统一避让意图。当前方航道情况不清、他船动态不明时，应及早减速、停车，待弄清情况后，方能续航。

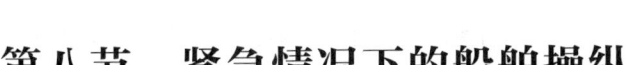

第八节 紧急情况下的船舶操纵

一、碰撞前后的应急处置和操船

船舶间发生碰撞,往往会造成船毁人亡、水域环境污染等灾难性后果。因此,在航船舶在任何情况下都应用视觉、听觉及适合当时环境和情况的一切有效手段保持正规的瞭望,以便对局面和碰撞危险做出充分的估计,即使对水面上的漂流物也不能轻易放过,以避免发生碰撞。船舶碰撞后的损害程度取决于两船相对运动速度、碰撞角度、碰撞位置、破损程度、碰撞船舶的吨位大小、当时的水域环境等因素。在两船发生碰撞的前后,应立即根据当地、当时的情况,迅速做出正确的判断,果断地采取最妥善的处置措施。

(一)碰撞前的紧急操船

两船在碰撞不可避免而又尚未发生之前,应考虑的关键是根据当时的情况确定怎样操纵船舶才能尽可能地减小碰撞受损程度。而减小碰撞受损程度的决定性因素有二:其一是减小船舶运动速度以减小碰撞时的动能(如全速倒车刹减船速、抛锚紧急制动船舶);其二是减小碰角,以避开要害部位,如大船的机舱及船中部位、小船的推进器的安装部位。

在某些情况下,当船身由于倒车制动横于对方船舶运动轨迹前方,处于被动挨撞时,可用进车提高舵效,以减小碰角,避免船体重要部位受碰。而碰撞一经发生,则应立即依据当时情况来采取紧急措施,以保证人命安全和船舶安全。

(二)碰撞后的应急操船

(1)船首撞入他船船体时,应尽力操纵船舶(必要时微进车)顶住他船破洞,以减小被撞船的进水量,让被撞船留有相对多的时间来判明情况,采取应急措施。

(2)被撞船则应尽量使船停住,以利于两船保持撞击咬合状态,减小进水量,并应立即进入堵漏应变部署。若两船无法保持撞击咬合状态,应尽力操纵船舶使破损处处于下风侧,以减小波浪的冲击和进水量,并有利于实施堵漏作业。

(3)碰撞发生处附近有浅滩,被撞船有沉没危险时,在不严重危及自身安全的情况下,可操纵本船顶其抢滩或顶到浅滩附近由被撞船自力抢滩。

(三)碰撞后的损害评估和紧急处置

1.碰撞后损害的评估

船舶发生碰撞后应立即检查全船人员受伤情况、船体受损情况、机器设备状况和水面污染情况,以便为后续的应急行动提供决策依据。

2.应变部署

船舶发生碰撞造成船体破损后,全体船员应按应变部署进行排水、堵漏等抢救工作。关于排水、堵漏工作,本书后续章节也将进行介绍。

3.调整纵横倾

船舶进水后,船体必然会发生纵横倾及稳性高度的改变。为了保持比较合理的纵横倾和初稳性高度(*GM*)值,就必须利用排出或调驳油水来进行调整。对于向倾斜相反舷注水的方法,虽对有纵向隔舱壁的船舶可起一定的作用,但这一方法会造成船舶储备浮力的进一步减小,形成新的自由液面,从而进一步减小 *GM* 值。因此,采用此法必须对 *GM* 值进行认真计算,在确保安全的前提下才可使用。向他船转驳货物或抛弃部分货物也是调整船体纵横倾的一种方法。对位于水线附近的破口,同时还可采取其他措施以减小进水量。

(四)碰撞后的航行

1.自力续航

若碰撞船舶经全面检查后,确认续航中不会出现危及船舶安全的情况,且主辅机状况良好无损,船体破损部位经过堵漏、加强后进水得以有效控制,排水畅通,仍保留有一定的储备浮力,浮性符合航行要求,救生设备完好无损,则船舶可自力续航至最近港口码头进行检修。自力续航宜十分谨慎,并应:

(1)减速航行,密切注意进排水情况变化并详细记录。如情况恶化,应检查原因并重新采取堵漏、修复排水设备、清理排水吸入口等措施。

(2)尽量近岸航行,勤测船位。

(3)密切注意水文、气象情况变化,随时准备择地避风或采取其他应急操船措施。

(4)与附近岸台、公司或船舶所有人保持密切联系,及时报告航行情况和船位,根据指示结合实际情况采取相应措施。

(5)航行过程中密切注意破损部位,应根据风浪情况调整航向、船速,减轻船舶的摇摆,尽量使破损处处于下风侧。

2.拖航

对于不能自力续航的船舶,必须请救助船或其他船舶将其拖航至附近港口码头检修。

二、船舶抢滩操纵

发生事故后,既不能自力续航又难以拖航或拖航难以为继的船舶,应果断实施抢滩。抢滩是指船舶面临沉没危险时利用附近浅滩主动搁浅,以争取时间实施自救或等待救援而避免沉没的自救性措施。

(一)选择抢滩地点时应全面考虑的因素

(1)抢滩处底质:泥、沙、沙砾底均可,但软泥底要注意防止因船体下陷而难以脱浅。岩石区不可抢滩。

(2)抢滩处坡度:条件许可时应根据船舶大小进行确定。一般小型船为1:15,中大型船为1:17~1:24。坡度可根据两等深线深度之差和两等深线间距之比来加以估算。

(3)水深:抢滩后甲板在高潮时应露出水面,而这与抢滩前的船舶余速关系甚密。

(4)风和流:应选流较弱、风较小的地点。

(5)周围环境:应有利于固定船舶,且尽可能远离航道,以便于救助作业的实施。

（二）抢滩、出滩作业步骤

（1）抢滩前应利用压载水来调整船舶吃水差，使之与抢滩处的坡度相适应。

（2）选择恰当时机进行抢滩作业，如在潮汐影响河流时，应选择在高潮后落潮时抢滩。

（3）抢滩一般多取船首上滩方式。抢滩时应保持船身与等深线尽量垂直，适时停车慢速接近，使船体和缓地擦滩而上。

（4）随着船首上滩，可抛双锚，以稳定船身和帮助脱浅。有时，为避免抢滩时抛锚影响抢滩效果，在抢滩后利用拖船或救生艇或起重机等运锚向后抛出。

（5）抢滩后应尽快把漏洞堵好或初步修复，排尽积水，待天气好转并于水位上涨（如有）前做好出滩准备。

（6）出滩时，打出压载水，待水位上涨时绞收双锚，配合倒车，船舶将徐徐出滩。若经计算，单凭绞锚和倒车拉力不能出滩，应请具备足够功率的拖船协助出滩。

三、火灾后的应急处置

（一）船舶火灾的特点

（1）船舶结构较陆地建筑物更加复杂，火源难以发现，火灾一旦发生往往发现较晚，灭火作业也较为特殊和困难。

（2）船舶内部所用材料多具有可燃性，加之钢板导热性较好，多涂布油漆、覆以衬板，家具采用木料者居多，容易燃烧且灾情蔓延迅速。

（3）发生火灾时，如载客或载货，疏散旅客或移出燃烧物较为困难，而且所载货物中可燃性物质也比较多。

（4）使用灌水灭火将使浮力和稳性降低，并可能引发沉没、倾覆危险；而且，为防止火灾扩大所采取的阻断通风等间接灭火措施，在多数情况下将妨碍直接性灭火工作的进行。

（5）在灭火作业中，常出现的情况是船员灭火作业的熟练程度较陆上消防队员水平低；而且在航行中如发生火灾，很难得到陆上消防的快速救援。

（二）航行中发生火灾后的应急措施

（1）发出消防应变信号，全船人员按应变部署迅速到指定地点集合待命，按具体分工投入灭火工作。

（2）查明火源、火灾性质、燃烧面积及火势，确定灭火方案。

（3）根据火灾发生的位置，按相对风向适当地操纵船舶，使火源处于下风处。即：火源在船尾，迎风行驶；火源在船首，顺风行驶，且保持航速略低于风速；火源在船中，傍风行驶，可能的话还应尽量降低航速，避免急剧转向，以免火势加剧。

（4）采取合理的灭火措施。切断通往火场的电源和油路；确定无人后关闭火灾舱室的所有门、窗、通风口，以阻止空气流通；根据火灾性质选用适当的灭火器材和设备。利用大量的水灭火时，应注意船舶的浮力、稳性和横倾情况。

（5）如采用封闭窒息法灭火，不能急于开舱或通风，以防止复燃。

（6）如火势过大、自行灭火无效或察觉无法有效控制火势，应立即请求外援。船舶有沉没危险时,应决定是否抢滩或弃船。

(7)迅速将火灾事故报告附近的主管机关和船舶所有人,并将详情记入航行日志。

四、人员落水救助操船

(一)人员落水时的紧急措施

发现本船人员落水后,应立即采取下列各项措施:

(1)立即大声呼叫"左(右)舷有人落水",抛下就近的救生圈。夜间应抛下带有自亮浮灯的救生圈;白天应尽可能抛下带有自发烟雾信号的救生圈,以便落水者被及时发现,也能指示落水者位置,便于寻找。

(2)停车,向落水者一舷操满舵,以免落水者被船尾螺旋桨所伤。

(3)发出人员落水警报,落实人员落水救助应变部署,有关人员做好救助准备。

(4)派专人登高瞭望,不断报告落水者的方位。

(5)紧急备车,用合适的操船方法迅速掉头驶向落水者。

(6)若配有救助艇(救生艇),接近时尽快放下救助艇(救生艇),从落水者下风靠拢并将其救起。

(二)驶近落水者的操船方法

由于落水者情况和船舶所受外界环境的影响不同,驶近落水者可采用不同的操纵方法,下面推荐两种实践中被证明有效的方法人。

1.单旋回

(1)停车,向落水者一舷操满舵,当落水者过船尾时加速。

(2)若落水者可视认,距落水者方位尚差20°舷角时操正舵,船舶凭借惯性继续回转,至船首对准落水者后把定,适时停车,接近落水者。

(3)若落水者难以视认,则待船首转过250°时正舵,边减速停车边努力寻找落水者。

本法最适合于驾驶台发现人员落水即采取"立即行动"的情况,是救助刚落水人员的最快、最有效的操船方法,如图3-8-1所示。

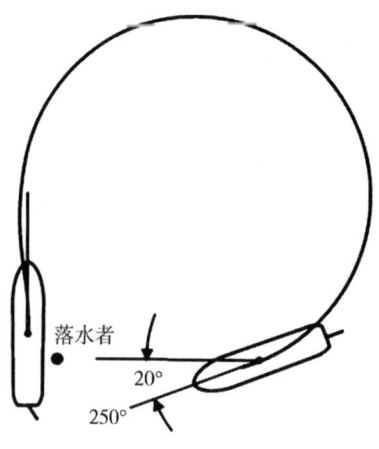

图 3-8-1 单旋回示意图

2.威廉逊旋回

（1）停车,向落水者一舷操满舵。

（2）在落水者过船尾后加速,当船首偏离原航向60°时,向另一舷操满舵。

（3）当船首与原航向的反航向相差20°时操正舵,船舶凭惯性继续回转,直至驶到原航向的相反航向,然后把定。

此方法能准确地使船舶驶至落水者位置,是夜间或能见度不良时的有效操纵方法,最适用于人员落水由目击者报告驾驶台,经过一定时间后开始"延迟行动"的情况,如图3-8-2所示。

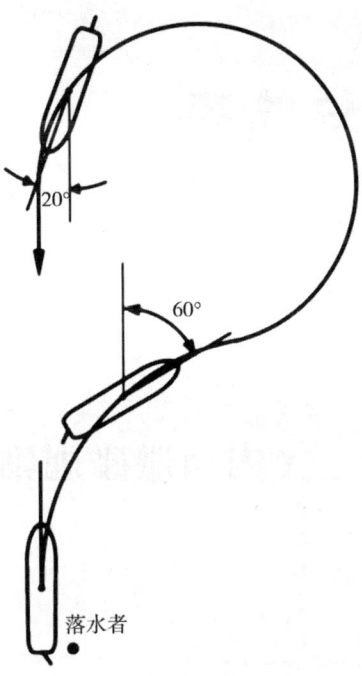

图 3-8-2　威廉逊旋回示意图

第四章

内河避碰与信号

第一节 《内河避碰规则》①总则

一、宗旨

（一）条款内容

为维护水上交通秩序,防止碰撞事故,保障人民生命、财产的安全,制定本规则。

（二）条款解释

内河航行条件复杂,碰撞事故时有发生,为维护水上交通秩序,防止船舶污染,最大限度地防止碰撞事故的发生,保障水上人命、财产的安全,制定该《规则》。同时,《规则》为分析和调查处理水上交通事故提供了法律依据。

二、适用范围

（一）条款内容

（1）在中华人民共和国境内江河、湖泊、水库、运河等通航水域及其港口航行、停泊和作业的一切船舶、排筏均应当遵守本规则。

---

① 为方便阅读,本章统一简写为《规则》。

（2）船舶、排筏在国境河流、湖泊航行、停泊和作业，按照中国政府同相邻国家政府签有的协议或者协定执行。

（3）船舶、排筏在与中俄国境河流相通的水域航行、停泊和作业不适用本规则。

（二）条款解释

1.适用的水域

《规则》适用的水域是指"中华人民共和国境内江河、湖泊、水库、运河等通航水域及其港口"，简称"内河通航水域"。

2.适用的对象

《规则》适用的对象是指在内河通航水域航行、停泊、作业的一切船舶、排筏。只要船舶、排筏在内河通航水域航行、停泊和作业，就要遵守《规则》的规定，即便是进入内河通航水域的海船，也应遵守《规则》的相关规定。

3.不适用的水域

（1）国境河流、湖泊

船舶、排筏在国境河流、湖泊航行、停泊和作业，一律按照中国政府同邻国政府签署的协议或协定执行。

（2）与中俄国境内河流相同的水域

与中俄国境内河流相同的水域是指中华人民共和国境内与中俄国境河流相通的通航水域，如松花江、松花湖等。船舶、竹筏在该水域航行、停泊和作业时，并不执行《规则》，而应执行《中华人民共和国黑龙江水系航行规则》，这样有利于衔接《中俄国境河流航行规则》，确保在中俄国境河流及中俄国境河流相通水域船舶的航行安全。

三、责任

（一）条款内容

（1）船舶、排筏及其所有人、经营人以及船员应当对遵守本规则的疏忽而产生的后果以及对船员通常做法所要求的或者当时特殊情况要求的任何戒备上的疏忽而产生的后果负责。

（2）不论由于何种原因，两船已逼近或者已处于紧迫局面时，任何一船都应当果断地采取最有助于避碰的行动，包括在紧迫危险时而背离本规则，以挽救危局。

（3）不论由于何种原因，在长江干线航行的客渡船都必须避让顺航道行驶的船舶。

（二）条款解释

（1）船舶、排筏及其所有人、经营人的责任

不论是哪种疏忽造成的后果，不管船舶、排筏所有人及经营人在管理船舶、排筏方面有无过错，只要其所属的船舶、排筏与他船发生交通事故，均应承担相应的责任。

（2）船员的责任

船舶发生碰撞事故后，若证实船员存在疏忽，船员应承担相应的责任，如警告、罚款、吊销证书；若触犯刑法，还可能被追究刑事责任。

（3）最有助于避碰的行动

最有助于避碰的行动是两船逼近或处于紧迫局面时，驾引人员应发挥良好的驾驶技术，最大限度避免碰撞或减少碰撞损失，紧迫危险时可背离《规则》行动。

四、特别规定

（一）条款内容

本规则授权各省、自治区、直辖市海事机构，长江、黑龙江海事局及辖区内有内河的沿海海事机构根据辖区具体情况，制定包括分道通航等有关交通管制在内的特别规定，报交通部批准后生效。

（二）条款解释

我国幅员辽阔，内河航道通航条件千差万别。船舶可能会遇到复杂的情况，例如不同河流之间以及同一河流的上、中、下游之间的航行环境差异。《规则》中关于内河通航的规定具有普遍性，不能包罗万象。《规则》授权各省、自治区、直辖市海事机构以及长江、黑龙江海事局，以及管辖范围内有内河的沿海海事机构，根据管辖范围的具体情况，制定包括交通分流和航行在内的交通管理特别规定，以解决《规则》无法解决的一些具体或特殊问题。

五、定义

（一）条款内容

（1）"船舶"是指各种船艇、移动式平台、水上飞机和其他水上运输工具，但不包括排筏，如图 4-1-1 所示。

图 4-1-1　船舶示意图

（2）"机动船"是指用机器推动的船舶。

（3）"非自航船"是指驳船、囤船等本身没有动力推动的船舶，如图 4-1-2 所示。

（4）"帆船"是指任何正在驶帆的船舶，包括装有推进器而不在使用者，如图 4-1-3 所示。

图 4-1-2 非自航船

图 4-1-3 帆船

(5)"拖船"是指从事吊拖或者顶推(包括旁拖)的任何机动船,如图 4-1-4 所示。

图 4-1-4 拖船

(6)"船队"是指由拖船和被吊拖、顶推的船舶、排筏或者其他物体编成的组合体。

(7)"快速船"是指静水时速为 35 千米以上的船舶,如图 4-1-5 所示。

图 4-1-5　快速船

（8）"限于吃水的海船"是指由于船舶吃水与航道水深的关系，致使其操纵、避让能力受到限制的船舶。限于吃水的海船的实际吃水在长江定为 7 米以上，珠江定为 4 米以上。

（9）"在航"是指船舶、排筏不在锚泊、系靠或者搁浅。

（10）"船舶长度"是指船舶的总长度。

（11）"航路"是指船舶根据河流客观规律或者有关规定，在航道中所选择的航行路线。

（12）"顺航道行驶"是指船舶顺着航道方向行驶，包括顺着直航道和弯曲航道行驶。

（13）"横越"是指船舶由航道一侧横向或者接近横向驶向另一侧，或者横向驶过顺航道行驶船舶的船首方向。

（14）"对驶相遇"是指顺航道行驶的两船来往相遇，包括对遇或者接近对遇、互从左舷或者右舷相遇、在弯曲航道相遇，但不包括两横越船相遇，如图 4-1-6 所示。

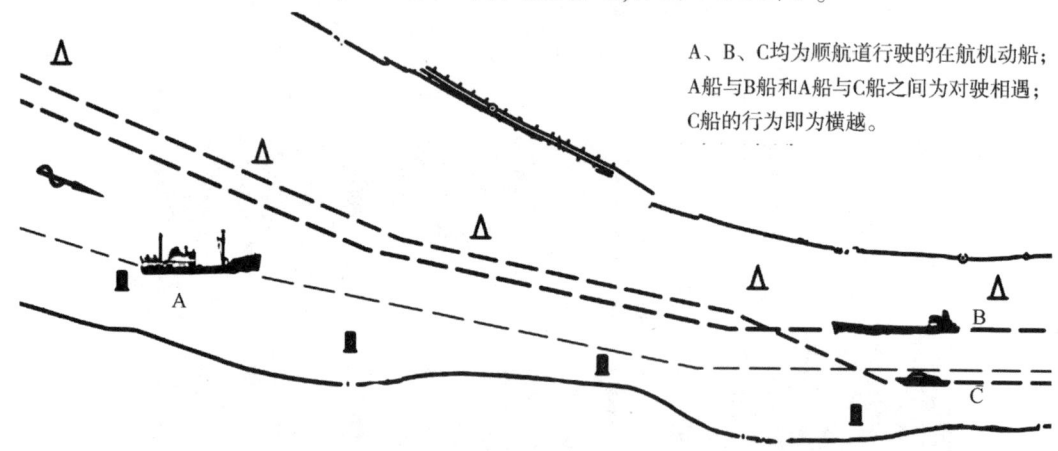

A、B、C均为顺航道行驶的在航机动船；
A船与B船和A船与C船之间为对驶相遇；
C船的行为即为横越。

图 4-1-6　船舶对驶相遇

（15）"能见度不良"是指由于雾、霾、下雪、暴风雨、沙暴等原因而使能见度受到限制的情况。

（16）"感潮河段"是指沿海各省、自治区、直辖市海事机构及长江海事局划定的受潮汐影响明显的河段。

（17）"干、支流交汇水域"是指不与本河（干流）同出一源的支流与本河的汇合处。

（18）"叉河口"是指与本河同出一源的叉河道与本河的分合处。

（19）"平流区域"是指水流较平缓的运河及水网地带,如图4-1-7所示。

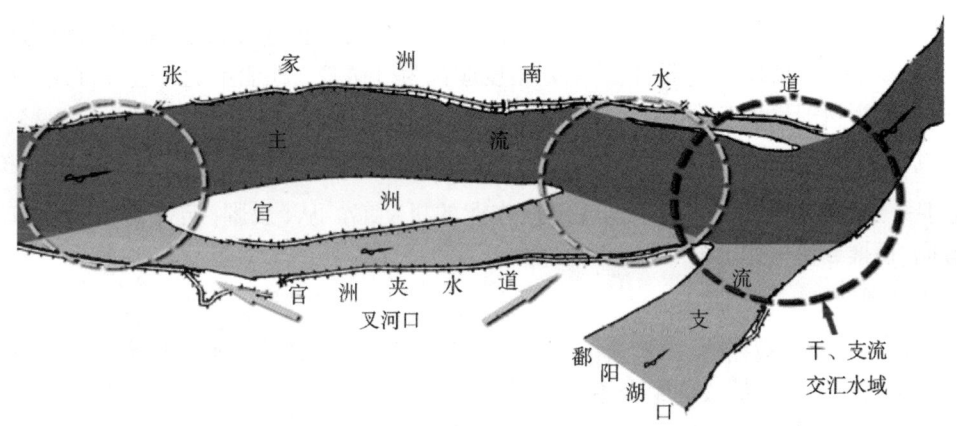

图4-1-7 水域示意图

（20）"渡船"是指内河Ⅰ级航道内,单程航行时间不超过2小时,或单程航行距离不超过20千米,其他内河通航水域单程航行时间不超过20分钟的用于客渡、车渡、车客渡的船舶。

（二）条款解释

1.船舶

船舶指的是除排筏之外的水上运输工具,无论其类型、大小、形状、结构、推进方式或者用途怎样,只要能够用作或者可以用作水上运输载体,包括移动式平台和水上飞机,皆属于《规则》所规定的船舶范畴,例如客船、货船、快速船、帆船、人力船、工程船、渡船、科学考察船、军用船、公务船等。

水上飞机在水面上滑行、漂浮或者锚泊时可被视为船舶,而一旦其离开水面,就应被视作飞机,不再是《规则》定义中的船舶。

移动式平台是未用作水上运输工具的船舶,依据其在水上的不同用途可分为不同的类型,《规则》对此未作具体规定。

船舶不涵盖排筏,排筏指的是竹排、木排等。

2.机动船

机动船是配备机器推进系统的船舶,其推进系统可以是蒸汽机、柴油机、汽轮机、燃气轮机、电力推进系统、喷水推进系统或核动力系统等。与人力船不同,机动船依靠船上主机产生的动力航行,而非依赖人力。此定义不仅适用于正在使用机器推进的船舶,也包括那些通常使用机器推进但处于停泊状态或漂航状态的船舶。另外,装有推进器但主要依靠帆布作为推进方式的船舶,若未使用推进器,则不被视作机动船。

3.非自航船

非自航船是指驳船、货船等本身没有动力推进的船舶。帆船与人力船虽然不用机器推进,但仍有自航能力,只能称为非机动船,不能称为非自航船。

4.帆船

帆船一般指依靠帆借助风力推进的船舶。未装推进器且正在航行的帆船属于《规则》定义的帆船。

装有推进器的帆船,驶帆且不使用推进器的为帆船;使用推进器,无论是否驶帆均视为机动船;既不驶帆也不使用推进器时,从安全角度应视为机动船。他船不能通过号灯或号型判断时,应假定其为帆船以保安全。

5.拖船

拖船一般为专门从事吊拖、顶推或傍拖作业的机动船。从《规则》定义看,任何机动船在进行吊拖、顶推或傍拖作业时,即视作拖船。

6.船队

船队包括拖船和被拖物,二者缺一不可。船队中必须有拖船,否则不称为船队。例如,吊在浮筒上由若干艘驳船编成的组合不属于船队。

拖船是指从事吊拖或顶推(包括傍拖)的机动船。一个船队中可能有不止一艘拖船,但只要有一艘拖船存在,就可以组成一个船队。

7.快速船

快速船是指在静水条件下速度能够达到 35 km/h 及以上的船舶。一般来说,快速船通常包括气垫船、水翼船以及一些快艇等。在正常航行状态下,快速船的速度相对较快,展现出其高效的航行能力。然而,当处于有水流的环境中时,尽管其实际速度可能并未达到 35 km/h,但依据其特性和定义,它依然属于快速船的范畴。

8.限于吃水的船舶

限于吃水的船舶是指吃水较大,在内河航行时,因内河的航道水深不普遍满足要求,需要走深水航道,导致其操纵和避让能力受到很大限制的船舶。

《规则》定义的限于吃水的船舶,是指在内河行驶,其实际吃水在长江水域为 7 m 以上、在珠江水域为 4 m 以上的船舶。

9.在航

《规则》把船舶、排筏的动态分为在航、锚泊、系靠、搁浅四种,不在锚泊、系靠或搁浅,即为在航。

在航包括正常航行、操纵用锚及失控状态,有对水移动和不对水移动两种。

锚泊是指船舶、排筏抛锚后抓牢河底的状态,也包括船舶系泊在另一艘锚泊船上。走锚船舶失控属于船舶在航,但大风浪中开微车(可能用舵)减少锚链张力防走锚时,应被视为锚泊。

"系靠"是指船舶、排筏用缆绳系留在码头、岸壁、栈桥、陆地或系泊船,以及通过系船浮筒系泊的状态。船舶、排筏用缆绳直接或间接系靠在码头、岸壁都算系靠。靠泊系上第一根系缆,视为从在航转换为系靠;离泊解脱最后一根系缆,视为从系靠转换为在航。

搁浅是指船舶、排筏搁置在浅滩或礁面失去或部分失去浮力而无法自由航行。局部移动但无法脱浅仍属于搁浅,擦浅船舶仍能前进则不属于搁浅。

10.船舶长度

船舶长度是指船舶的总长度,也就是船舶最前缘到船舶最后端的纵向水平距离,也是船舶的最大长度。《规则》中涉及的船长和船宽都是指船舶最大长度和宽度。船舶长度一般作为

船舶通过船闸、避让、旋回、系泊时的参照。

11.航路

"航路"是指在航道中选定的航行路线。"航道"为可航水域,不一定有航标标示。

在航道中选择路线先依据"有关规定",即与交通管制相关的特殊规定,如京杭大运河北京段要按船舶定线制选择航路;无具体规定的内河通航水域,依据河流客观规律选择航路,如河流有主流和缓流之分。船舶应根据自身上行或下行、吃水深浅选择合适航路。

航路一般分为上行、下行、逆流、顺流、过河、枯水、中水、洪水、定线制、海船推荐航路等。

12.顺航道行驶

顺航道行驶意味着沿着航道的方向前行,而航道方向其实就是航道的走向。在江河与运河中,航道往往是由顺直航道和弯曲航道反复交替构成的。至于湖泊和水库,其航道走向通常较为宽阔且顺直。因此,顺航道行驶既包含了顺着直航道行驶的情况,也囊括了顺着弯曲航道行驶的情形。顺航道行驶的船舶一般来说包括顺航道行驶的上行船(逆流船)以及顺航道行驶的下行船(顺航船)。

13.横越

横越有两层含义。其一,参照航道走向,船舶从航道一侧横向或接近横向驶向另一侧,需与航道走向成大角度或直角,从一侧缓流到另一侧缓流,角度与过程目的要素同时具备视为横越,否则不是。其二,参照顺航道行驶船舶船首方向,横向驶过,不强调从一侧到另一侧,有碰撞危险也被视为横越。

两种情况都可被视为横越,同时满足两个条件亦然。

14.对驶相遇

"对驶相遇"这一概念有着明确的定义。首先,其强调的是顺航道行驶的两船来往相遇。所谓"顺航道行驶",是指沿着航道的方向前行,这里既包括顺着笔直的航道行驶,也涵盖顺着弯曲的航道行驶。由此可知,对驶相遇的情况既包含顺着直航道行驶的两船来往相遇,也包含顺着弯曲航道行驶的两船来往相遇。

在通常情况下,对驶相遇主要是指顺航道行驶的上行船与下行船的相遇。其相遇的态势一般表现为多种形式,比如两船互从左舷或右舷相遇,或者处于对遇或接近对遇的状态,也可能是在弯曲航道中相遇。

需要明确的是,横越船并非顺航道行驶的船舶。因此,对驶相遇的范畴并不包括两艘横越船相遇的情况。

15.能见度不良

根据能见度不良的定义,雾、霾、下雪、暴风雨、沙暴是造成能见度不良最常见的原因,但不止于此,如浓烟、扬尘等也可能导致能见度不良。需注意,夜间使能见度受限制和弯曲航道或有障碍物遮蔽视线不属于能见度不良。

能见度不良的程度因地、因原因而异,能见度不良的实际视距不是固定值。在船舶航行中,船员应根据实际导致能见度不良的原因判定是否进入该区域,并按照《规则》第二十三条进行避让操作。

16.感潮河段

《规则》所指的感潮河段,是沿海各省、自治区、直辖市海事机构及长江海事局划定的受潮汐影响明显的河段,并非所有受潮汐影响的河段。例如长江感潮河段为江阴鹅鼻嘴以下受潮汐影响明显的河段,鹅鼻嘴以上河段虽受潮汐影响但不在划定范围内。

划定感潮河段因江河入海口航段水流流向受潮汐影响而周期性往复变动,按"逆流船应当避让顺流船"规定避让更合理,更利于保障航行安全。它是对"上行船应当避让下行船"规定的补充。

17.干、支流交汇水域

若将本河称为干流,则不与本河同出一源而流入本河的河流称为支流。支流与干流的汇合处,称为干、支流交汇水域。

18.叉河口

由于江心洲或陆地的存在,河道分成两叉或多叉,一叉河道与其他支叉河道的分岔处和汇合处叫叉河口。

干、支流交汇水域和叉河口水域均通航密度大、通航条件复杂、不正常水流多。两者的区别在于:干、支流交汇水域的干流与支流不同源,是干流与支流的汇合处;叉河口是指一叉河道与其他支叉河道同源,是江心洲或陆地上下两端的河道分岔处和汇合处。

19.平流区域

平流区域指的是运河及水网地带中水流平缓之处。这里的"水流平缓"意味着流速较慢且流向不明显。平流区域限定在运河及水网地带范围内。

20.渡船

渡船依航道等级划分,有客渡、车渡、车客渡三种。在内河Ⅰ级航道内,单程航行时间不超2 h或距离不超过20 km的客渡、车渡、车客渡船舶是渡船;在Ⅰ级航道外其他内河通航水域,单程航行时间不超过20 min的上述船舶为渡船。

在内河Ⅰ级航道内的渡船不一定是横越船,可能只是顺航道行驶。

第二节 航行和避让

一、瞭望

(一)条款内容

船舶应当随时用视觉、听觉以及一切有效手段保持正规的瞭望,随时注意周围环境和来船动态,以便对局面和碰撞危险作出充分的估计。

(二)条款解释

1.瞭望的含义和重要性

从船舶碰撞的意义上讲,瞭望主要是指对船舶周围的环境和情况,特别是来往船舶及其动态进行观察、了解和判断,是船舶不断收集和鉴别周围其他船舶信息的过程。

保持正规的瞭望是确保船舶航行安全的首要因素。船舶碰撞事故统计结果表明,无人瞭

望或未保持正规的瞭望是导致船舶碰撞事故的重要原因。

广大船员必须清楚地认识到,保持正规的瞭望,以便能及早发现并判明其动态,是及时准确地对会遇局面和碰撞危险做出充分的估计、进行碰撞决策以及采取避碰行动的先决条件。

2.瞭望的适用范围

瞭望条款适用于每一条船舶。不论船舶的用途、种类、大小、动态如何,只要符合《规则》定义的船舶,就有责任和义务遵守瞭望条款。

瞭望条款适用于任何时候。不论是白天还是黑夜,能见度良好还是不良,航行在顺直航道还是弯曲航道,船舶都要保持正规的瞭望。

此外,保持正规的瞭望不仅适用于值班驾驶员,而且适用于任何其他负有瞭望职责的人员。

3.瞭望手段

对内河小型船舶来说,瞭望的手段主要有以下两种:

(1)视觉瞭望。视觉瞭望是保持正规瞭望最基本,也是最重要的常规手段。其优点是简易、方便、直观,并能迅速地获得准确的信息。在任何能见度下,放弃视觉的瞭望,将被认为是一种违反正规瞭望的行为。即使装配有现代化助航设备的船舶,视觉瞭望仍是一种最主要的基本手段。视觉瞭望不足之处在于受能见度不良的限制。

(2)听觉瞭望。听觉是能见度不良时保持正规瞭望的基本手段之一。在能见度不良的情况下,驾驶室门窗不能关严,尤其在浓雾中,它可以在视觉无法觉察的情况下,首先获得他船鸣放的雾号,从而判断他船的大概方位及动态。听觉瞭望的不足之处在于声号传播受外界干扰较大。

二、安全航速

(一)条款内容

船舶在任何时候均应当以安全航速行驶,以便能够采取有效的避让行动,防止碰撞。

船舶决定安全航速时,应当考虑能见度、通航密度、船舶操纵性能、风、浪、流及航道情况和周围环境等主要因素;使用雷达的船舶,还应当考虑雷达设备的特性、效率和局限性。

机动船经过要求减速的船舶、排筏、地段和船舶装卸区、停泊区、鱼苗养殖区、渡口、施工水域等易引起浪损的水域,应当及早控制航速,并尽可能保持较开距离驶过,以避免浪损。

由于本身防浪能力或者防浪措施存在缺陷的,不能因《规则》第七条第三款的规定而免除责任。

(二)条款解释

1.安全航速的含义

对于安全航速《规则》未明确定义,也没有做出任何"量"的规定。但安全航速应符合"三性"要求:

经常性——能够在任何时候均保持安全航速。

应变性——能够采取适当而有效的避碰行动,防止碰撞和浪损。

适应性——能适合当时环境及情况的要求。

由此可见,广义的安全航速是指能够采取适当而有效的避碰行动,并能适合当时环境和情况的要求,达到避免碰撞和浪损的速度。

2.决定安全航速应考虑的因素

(1)能见度情况

能见度是决定安全航速时应当考虑的首要因素。

(2)通航密度情况

通航密度通常是指单位面积水域中船舶的密集程度。

(3)船舶操纵性能

船舶操纵性能通常包括航向稳定性能、旋回性能与启动、制动性能等。

(4)风、浪、流及航道情况和周围环境

风、浪、流及航道情况和周围环境作为影响船舶操纵的外界因素,均对船舶操纵性能产生直接影响,使船舶的航速、航向、船位、纵横倾等要素随之发生改变。

三、航行原则

(一)条款内容

机动船航行时,上行船应当沿缓流或者航道一侧行驶,下行船应当沿主流或者航道中间行驶。但在潮流河段、湖泊、水库、平流区域,任何船舶均应当尽可能沿本船右舷一侧航道行驶。

设有分道通航、船舶定线制的水域,必须按照有关规定航行和避让。两船对遇或者接近对遇应当互以左舷会船。

(二)条款解释

1.航行原则的重要性

航行原则是船舶在选择航路时应当遵守的基本原则。航路指的是船舶依据河流客观规律或者有关规定,在航道中所选择的航行路线。《规则》第八条对船舶选择航路的基本原则进行了规定。由此可见,船舶在选择航路时是有原则可循、有依据可依的,绝不能主观随意地进行选择。

航行原则具有重要的作用。它规定了船舶的航路,要求船舶按照规定的航路行驶,使得不同流向的船舶能够各行其道、分道行驶,从而避免因航路相互干扰、侵占而引发碰撞事故,同时也能防止因航路偏离而导致搁浅、触礁等事故的发生。熟悉航道情况,严格遵守航行原则的规定,是对驾驶人员正确选择航路的必然要求。否则,如果一艘船舶因选择航路错误而侵占了另一艘船舶的航路,进而导致双方发生碰撞,那么这将成为事故的直接原因,该船舶很可能要承担事故的主要责任。

2.航行原则的规定

(1)上行船走缓流,下行船走主流

其适用于机动船航行在感潮河段界限以上河段或者除感潮河段、湖泊、水库、平流区域以外的水域。

上行船是指航向朝向河流上游方向行驶的顺航道行驶船舶;下行船是指航向朝向河流下游方向行驶的顺航道行驶船舶。两者都不包括横越船的航路。

"上行船走缓流、下行船走主流"的航法,有利于机动船提高航速,节约航行成本。而且,缓流与主流,或航道一侧与航道中间的横距,使上下行船舶可保持一定的安全横距,互以左舷或者右舷会船。但是,这种横距的大小,受航宽、船宽和吃水因素的限制较大,使大型船舶在航宽相对较小的水域会船横距变小,会船难度增加。

(2)各自靠右行驶

其适用于任何船舶(包括人力船、帆船)航行在感潮河段、湖泊、水库、平流区域。

"各自靠右行驶"的航法有利于上下行船舶增大安全会让横距、明确会让方向、简化会让过程,可极大降低上下行船舶之间发生碰撞事故的概率。但是,下行船(顺流船)因流速原因而损失航速,且在尽可能靠右行驶的过程中增加了船舶发生搁浅、触礁事故的风险。

(3)船舶定线制

海事管理机构针对辖区水域特点和船舶交通流情况,专门制定了"船舶定线制",对《规则》第八条第(一)款进行了有益的补充和细化,完善了航行原则规定,规范了船舶航行与避让行为,这对改善水上交通秩序、避免碰撞事故的发生起到了重要作用。

船舶定线制的种类主要包括分通道航制、沿岸通航带、单向通行航路、警戒区等。其中,分道通航制是船舶定线制最主要的方式之一。

①分道通航制:通过适当方法建立通航分道,以分隔相反的交通流为目的的一种定线措施。它由分隔带或分割线、通航分道、交通流方向等要素构成。

②沿岸通航带:分道通航制区域中靠岸一边的界线与相邻河岸之间用于沿岸通航的一个指定区域。

③单向通行航路:在通航条件受限制航段内,对受控船舶建立的一种单向通航措施。该航段规定受控船舶只能单向下行或单向上行,禁止受控船舶之间会让,而非受控船舶不受单向通航控制。该定线措施还规定了该区域的界限范围、适用水位(水深)、受控船舶、VHF无线电话联系时机或地点、航行原则、等让地点、等让原则,其目的是控制该航段船舶通行与避让行为。

④警戒区:指由一个规定界限的区域构成一种定线措施,在该区域规定或推荐船舶航路,船舶航行必须特别谨慎。警戒区通常设置在干、支流交汇水域,叉河道,桥区水域,港口水域,以及其他通航条件受限制的水域,而不需要设置在通航条件较好的水域。尽管这些区域各具特点,或已建立分道通航制(如具备条件),但这些区域会受航道类型、尺度、跨河桥梁、船舶种类、吨位、通航密度、会遇态势等因素的限制,使通行船舶受限更多、风险更大。设置警戒区的目的就是向船舶警示通行限制,指示通行要求。

四、避让原则

(一)条款内容

船舶在航行中要保持高度警惕,当对来船动态不明产生怀疑,或者声号不统一时,应当立即减速、停车,必要时倒车,防止碰撞。

采取任何防止碰撞的行动,应当明确、有效、及早进行,并运用良好驾驶技术,直至驶过让清为止。

在任何情况下,在长江干线航行的客渡船都必须避让顺航道或河道行驶的船舶。

船舶在避让过程中,让路船应当主动避让被让路船;被让路船也应当注意让路船的行动,并按当时情况采取行动协助避让。

两机动船相遇,双方避让意图经声号统一后,避让行动不得改变。

（二）条款解释

（1）船舶优先顺序:根据相关国际海上航行规则的要求,不同船舶在相遇时有一定的优先顺序。例如,大船应避让小船,驶离航道的船应避让在航道中的船,非机动船应避让机动船等。船舶在遇到其他船舶时,应根据这些优先顺序来确定避让责任。

（2）观察和判断:船舶在航行中应时刻保持警惕,通过雷达、望远镜等设备对对方船舶进行观察,了解对方船舶的航行状态、速度、航向等信息,以便做出准确的判断和决策。

（3）靠右航行:在相遇时,如果两艘船处于相同的方向和水平面上,应尽可能靠右航行,以避免相撞。同时,根据具体相遇情况,如一船在另一船的右方或左方,靠右或靠左一方的船必须避让另一船。

（4）改变航向或减速:在某些情况下,若一船与另一船在正前方和右前方相遇,右前方的船应改变航向或减速,使前者通过。

（5）充分沟通和预防性行动:船舶在遇到其他船舶时,应及时通过信号、通信等方式进行沟通,确保对方了解自己的航行意图。同时,驾驶人员可以采取预防性行动,如改变航行方向、速度等,来避免可能发生的危险情况。

五、机动船对驶相遇

（一）条款内容

两机动船对驶相遇时,除本节另有规定外:

（1）上行船应当避让下行船,但在潮流河段,逆流船应当避让顺流船;在湖泊、水库、平流区域,两船中一船为单船,而另一船为船队时,则单船应当避让船队。

（2）在潮流河段、湖泊、水库、平流区域,两船对遇或者接近对遇,除特殊情况外,应当互以左舷会船。

（3）机动船驶近弯曲航段、不能会船的狭窄航段,应当按规定鸣放声号,夜间也可以用探照灯向上空照射以引起他船注意。遇到来船时,按第十条（一）、（二）项规定避让,必要时上行船（潮流河段的逆流船）还应当在弯曲航段或者不能会船的狭窄航段下方等候下行船（潮流河段的顺流船）驶过。

（二）条款解释

1.机动船对驶相遇的判断

根据对驶相遇的定义,构成机动船对驶相遇应同时具备三个条件:

（1）两船均为机动船

本条适用的两艘机动船是指同类型（操纵性能类似）的船舶,即两艘普通的机动船（本节另有规定的机动船除外）,或者虽然是本节另有规定的船舶,但地位（操纵性能）相同,包括相遇的两艘渡船、两艘限于吃水的船舶、两艘快速船等。

（2）顺航道行驶的两船来往相遇

顺航道行驶的两船来往相遇是指顺航道行驶的上行船与下行船,或者逆流船与顺流船的来往相遇,包括对遇或者接近对遇、互从左舷或者右舷相遇、弯曲航道相遇。

(3)存在碰撞危险

机动船对驶相遇,以两船构成碰撞危险为前提条件,具有两船相对速度较大,供船舶识别判断、采取行动的时间较短的特点,因此,要及早判断局面,统一避让意图,采取避让行动。

2.机动船对驶相遇的避让关系

两机动船构成对驶相遇,避让关系应当遵循:

(1)上行船应当避让下行船

两机动船对驶相遇时,上行船应当避让下行船(简称"上让下")的规定适用于除感潮河段以外的内河通航水域。除感潮河段以外的内河通航水域,包括感潮河段界限以上的江河、湖泊、水库和运河。

上行船与下行船的航向相反,是按船舶行驶方向与河流上下游方向的关系而划分的。受水流流速因素的影响,同类的上行船与下行船避让操纵能力出现一定的差别。上行船比下行船对岸航速小、舵效好、制动能力强、船位易于控制,使上行船比下行船避让操纵能力好,所以其避让责任规定了"上让下"。

(2)逆流船应当避让顺流船

两机动船对驶相遇时,逆流船应当避让顺流船(简称"逆让顺")的规定仅适用于感潮河段。

区分逆流、顺流,要看两个方向:船舶行驶方向和水流流向。当船舶行驶方向和水流流向一致时,称为顺流船;不一致时,称为逆流船。顺流、逆流的确定与河流的上下游方向无关。在感潮河段,由于水流流向周期性变化,如果仍然按照上行船让下行船的让路关系,就会出现顺流船让逆流船的情况,这样不利于避让的安全,所以《规则》规定,在感潮河段,不管是涨潮还是落潮,都是逆流船避让顺流船,这也是划定感潮河段的意义所在。

在感潮河段内行驶的船舶,若遇平潮或平潮间隙不能确定本船是否为逆流船,应认为本船是逆流船,主动避让,这样可以避免当事船因对流向判断不一致而贻误避让时机。

(3)单船应避让船队

在湖泊、水库、平流区域,两机动船对驶相遇,适用"单船应当避让船队"的规定。在该水域,若两船中一船为单船,另一船为船队,则单船需避让船队;若两船同为单船或者同为船队,则适用"上让下"的规定。

这是因为湖泊、水库、平流区域的水流平缓、流速小且流向不明显,流速因素对船舶操纵性能影响较小。同时,单船与船队在操纵性能优劣方面差异较大,单船操纵性能优于船队,所以在此规定了"单船应当避让船队"。

(4)机动船驶近弯曲航道、不能会让的狭窄航段的避让行动

①加强瞭望,驶近时引起他船注意。机动船要保持正规瞭望,通报船位和动态(可鸣放声号一长声),夜间用探照灯向空中照射以引起他船注意。

②遇来船按《规则》第十条(一)、(二)款避让。若航段可会船,除遵守第八条规定外,还应遵守"上让下"或"逆让顺"的规定,及早统一避让意图并行动,确保安全会让距离。若航道尺度限制大,上行船应主动给下行船让路,对遇时除特殊情况外各自右转以左舷会让。

③必要时上行船等候下行船驶过。通常情况下,下行船即将或已驶入该航段,不允许某些上行船驶入会船时,上行船应在航段下方等候。若上行船已驶入,下行船应减速、停车甚至掉

头等候。此类航段如采用定线制,会设置控制航段或单向通行航路,相关船舶应遵守规定。

六、机动船追越

（一）条款内容

一机动船正从另一机动船正横后大于22.5度的某一方向赶上、超过该船,可能构成碰撞危险时,应当认定为追越,并应当遵守下列规定:

（1）在狭窄、弯曲、滩险航段、桥梁水域和船闸引航道禁止追越或者并列行驶。

（2）在可以追越的航道中,追越船必须按规定鸣放声号,并取得前船同意后,方可以追越。

（3）在追越过程中,追越船应当避让被追越船,不得和被追越船过于逼近,禁止拦阻被追越船的船头。

（4）被追越船听到追越船要求追越的声号后,应当按规定回答声号,表示是否同意追越。在航道情况和周围环境允许时,被追越船应当同意追越船追越,并应当尽可能采取让出一部分航道和减速等协助避让的行动。

（二）条款解释

1.追越的定义

根据《规则》第十一条的规定:一机动船正从另一机动船正横后大于22.5度的某一方向上赶上、超过该船,可能构成碰撞危险时,应当认定为追越。

由上可知,追越需同时满足4个条件:

（1）两艘机动船;

（2）方位:后船位于前船正横后大于22.5度的某一方向上;

（3）航速:两船存在速度差,后船航速大于前船;

（4）可能构成碰撞危险。

2.追越的特点

（1）相对速度小,并行相持时间长

追越时,两船同流向,相对速度小、相持时间长,航速相近则相持更久,不利因素多,碰撞概率大。横距小会有船间效应,被追越船岸距小会有浅水或岸壁效应,还可能因故障而失控。

（2）航段通航条件的限制使追越过程复杂化

追越受航道尺度、通航密度的限制较大,长江江苏段部分航段严禁或避免追越。即使在可追越航段,安全通过距离也受多种因素影响,风险常在,追越船应时刻关注被追越船及周边动态。

3.避让责任

《规则》第十一条规定:在追越过程中,追越船应当避让被追越船,不得和被追越船过于逼近,禁止阻拦被追越船的船头。

追越过程指的是从追越局面构成开始,直到驶过让清为止的过程。在追越过程中,无论随后两船的距离和方位如何变化,都不免除追越船主动让路的责任和义务,若一船对本船是否正在追越存有疑问,应假定正在追越。

4.追越船的行动

（1）应充分了解所驶航段的通航条件是否适合追越。追越前,追越船应首先考虑前方航段是否为禁止追越航段。《规则》规定,在狭窄、弯曲、浅滩航段、桥梁水域和船闸引航道,禁止追越或并列行驶。此外,追越船应观测前方是否有船舶正在实施追越、定线制水域相反交通流向的船舶航行秩序是否正常、是否处于船流高峰期等,如果所驶航段的宽度和通航密度限制两船追越而不能保证在安全距离上通过时,则在这种航段是不能追越的。

（2）在可追越的航段,应充分表达追越意图,直至被追越船同意为止。

（3）在追越过程中,应正确把握追越方式和距离,确保追越行动的有效性。

一是要正确把握追越方式和速度,并征得被追越船的同意;二是正确把握追越安全距离,不得和被追越船过于逼近,禁止拦阻被追越船的船头,规避船体间作用力的影响;三是应充分考虑被追越船的行动和其他因素对追越行动有效性的影响。

5.被追越船的行动

（1）对追越船的追越企图应表示是否同意追越

对是否同意追越,被追越船应以航道情况和周围环境是否允许为依据,综合考虑能见度、航道尺度、水流、危险障碍物、通航密度、第三船等因素,如环境许可,应同意追越。

（2）如同意追越,应采取协助追越的行动

如同意追越,应尽可能采取让出一部分航道和减速等措施协助避让行动;如果被追越船发现第三船逼近等异常情况,应及早告知追越船,及时协调追越船的行动。

（3）密切关注追越船的行动,细心核查避让效果

在追越过程中,被追越船应密切注视追越船的行动,防止追越船过于逼近或强行追越;发现异常,应及时发出警告并做好随时操纵的准备。

七、机动船横越和交叉相遇

（一）条款内容

机动船在横越前应当注意航道情况和周围环境,在确认无碍他船行驶时,按照规定鸣放声号后,方可以横越。除本节另有规定外,机动船横越和交叉相遇时,应当按下列规定避让:

（1）横越船都必须避让顺航道或河道行驶的船,并不得在顺航道行驶的船前方突然和强行横越。

（2）同流向的两横越船交叉相遇,有他船在本船右舷者,应当给他船让路。

（3）不同流向的两横越船相遇,上行船应当避让下行船,但在潮流河段逆流船应当避让顺流船。

（4）在平流区域两横越船相遇,上行船应当避让下行船;同为上行或者下行横越船时,有他船在本船右舷者,应当给他船让路。

（5）在湖泊、水库两船交叉相遇,有他船在本船右舷者,应当给他船让路。

（二）条款解释

1.定义和判断

（1）横越

机动船横越主要是指船舶由航道一侧横向或者接近横向驶向另一侧，或者横向驶过顺航道行驶船舶的船首方向的过程和行为。在这个过程中，机动船需要特别注意避让其他船舶，确保航行安全。特别是在通航密度较大的区域或者复杂的交汇水域，机动船横越时更需要谨慎操作，遵守相关航行规则，避免发生碰撞事故。同时，机动船在横越前应当注意航道情况和周围环境，在确认无碍他船行驶时，方可按规定进行横越操作。

（2）交叉相遇

机动船交叉相遇是指两艘或多艘机动船在航行过程中，其航向线交叉形成一定的角度，导致双方存在构成碰撞危险的情况。在这种情况下，船舶需要特别警惕，并采取适当的避让措施，以确保航行安全。在实际操作中，机动船驾驶员需要密切关注周围船舶的动态，判断是否存在交叉相遇的情况。一旦发现交叉相遇局面，驾驶员应立即采取行动，避免碰撞事故的发生。同时，驾驶员也需要注意遵守航行规则，尊重他船的航行权利，确保航行安全。

2.避让责任和行动

（1）在横越的情况下，横越船通常是义务船，应当避让其他船舶。根据《规则》的相关规定，机动船在横越前应当仔细观察航道情况和周围环境，确保没有其他船舶构成碰撞危险。在确认安全后，横越船应按照规定鸣放声号，方可进行横越操作。

（2）在交叉相遇的局面中，避让责任取决于船舶之间的相对位置和动态。根据《规则》及《1972年国际海上避碰规则》的相关规定，如果一艘船处于他船的右舷，那么这艘船通常被认定为让路船，应主动采取避让措施，确保直航船（即处于他船左舷的船）能够保持其航向和航速。让路船应避免横越直航船的前方，并宽裕地让清直航船。直航船则应保持其航向和航速，但如果发现让路船未采取适当的避让行动，直航船也应采取必要的操纵行动，以避免碰撞。

八、机动船尾随行驶

（一）条款内容

机动船尾随行驶时，后船应当与前船保持适当距离，以便前船突然发生意外时，能有充分的余地采取避免碰撞的措施。

（二）条款解释

1.含义和判断

尾随行驶通常指后船尾随前船以基本相同速度同向行驶致构成有碰撞危险的局面。

构成尾随行驶需同时满足四个条件：一是两艘机动船，定义与《规则》第十条中"两机动船"的定义相同；二是方位上后船在同一航路或接近同一航路上尾随前船；三是后船与前船航速相近；四是致构成碰撞危险，即两船相互构成碰撞危险或对是否构成危险表示怀疑。

2.避让责任和行动

后船应当避让前船，即后船为让路船，前船为被让路船。主要原因是后船无论是转向还是

减速,在避让上都占有优势和主动权。

(1)后船的行动

后船应对前船可能突然发生意外情况保持高度戒备,并与前船保持适当距离行驶。

(2)前船的行动

如前船突然发生意外情况,应及时将情况告知后船,以便后船可以及早采取措施,避免发生碰撞。

九、客渡船

(一)条款内容

在长江干线航行的客渡船与其他顺航道或河道行驶的机动船相遇,客渡船都必须避让顺航道或河道行驶的船舶,并不得与顺航道或河道行驶的船舶抢航、强行追越或者强行横越或掉头。两渡船相遇时,应当按本节各条规定避让。

(二)条款解释

1.客渡船的定义和判断

客渡船是指一岸到另一岸,或一地到另一地单程航行时间不超过 2 h,单程距离不超过 20 km,从事短途运输旅客的船舶。

2.客渡船相遇的避让规定

(1)无论何种原因,在长江干线航行的客渡船都必须避让顺航道或河道行驶的船舶。客渡船不得与顺航道行驶的机动船争抢航道、航路,尽可能为顺航道行驶船舶留足航行水域,尤其是在弯曲、狭窄航段,应按规定航路行驶,主动采取有效避让行动,不得侵占对方航路,确保顺航道行驶船舶安全通过。客渡船在环境和航道情况不适合追越,或顺航道行驶的机动船未同意追越时,不得强行追越。客渡船不得在顺航道或河道行驶的机动船前方强行横越或掉头。

(2)两渡船相遇时,应按《规则》第二章第二节各条的规定采取避让行动。

十、机动船在干、支流交汇水域相遇

(一)条款内容

机动船驶经支流河口,在不违背第八条规定的情况下,应当尽可能地绕开行驶。除在平流区域外,两机动船在干、支流交汇水域相遇时,应当按下列规定避让:

(1)从干流驶进支流的船,应当避让从支流驶出的船。

(2)干流船同从支流驶出的船同一流向行驶,干流船应当避让从支流驶出的船。

(3)干流船同从支流驶出的船不同流向行驶,上行船应当避让下行船,但在潮流河段逆流船应当避让顺流船。

两机动船在平流区域进出干、支流交汇水域相遇时,有他船在本船右舷者,应当给他船让路。

（二）条款解释

1.适用船舶和水域

机动船在干、支流交汇水域的行动规定,适用于任何机动船;适用水域为干、支流水域,一般干、支流水域指的是干流与支流相互影响明显的水域。

2.避让关系

（1）因支流一般比干流狭窄,船舶避让余地比干流小,按照"先出后进"的航行习惯,从干流驶出支流的船,应当避让从支流驶出的船。

（2）干流船同从支流驶出的船在同一流向行驶时,因为干流水域宽阔,航行条件较好,因此干流船应当避让支流船。

（3）干流船同从支流驶出的船在不同流向行驶时,干流船用车、用舵有优势,避让关系是上行船(逆流船)应当避让下行船(顺流船)。

（4）两机动船在平流区域进出干、支流交汇水域相遇时,只要干流船与支流船构成了航向交叉,当有其他船在本船右舷时,应当给他船让路。

十一、机动船在叉河口相遇

（一）条款内容

两机动船在叉河口相遇,同一流向行驶时,有他船在本船右舷者,应当给他船让船;不同流向行驶时,上行船应当避让下行船,但在潮流河段逆流船应当避让顺流船。

（二）条款解释

1.适用水域

本条款适用水域为叉河口水域。叉河口水域是指两条或多条河流交汇处的开放水域。在此类水域,河流的交汇可能会产生一系列特殊的水文现象和地理特征。

2.避让关系

在叉河口水域,同向行驶的两艘机动船受水流的影响几乎相当,而叉河口的特点又不同于干、支流交汇水域。在干、支流交汇水域,干流的回旋余地和航行条件显然好于支流,而江心洲形成的叉河口不一定具有明显的优劣之分,所以《规则》规定:两机动船在叉河口相遇,在同一流向行驶时,有他船在本船右舷者,应当给他船让船;在不同流向行驶时,类似于两机动船对驶相遇的避让关系,上行船应当避让下行船,但在潮流河段逆流船应当避让顺流船。

十二、机动船与在航施工的工程相遇

（一）条款内容

不论本节有何规定,机动船与在航施工的工程船相遇,机动船应当避让在航施工的工程船。

（二）条款解释

（1）在航施工的工程船是指一边在航一边正在进行施工作业的工程船,两个条件缺一不可。

（2）机动船与在航施工的工程船相遇,在任何水域,机动船都应当避让在航施工的工程船。机动船应根据具体情况选择合适的避让方法,如改变航向、减速等,以确保安全通过。对驶相遇时,机动船应当在相距 1 km 以上处鸣放声号一长声,待工程船发出会船声号后,机动船方可以回答相应的会船声号,并谨慎通过。

十三、限于吃水的海船相遇

（一）条款内容

在长江干线航行的客渡船都必须避让限于吃水的船舶。

限于吃水的船舶遇有来船时,应当及早发出会船声号。除第十六条外,不论本节有何规定,来船都必须避让限于吃水的船舶并为其让出深水航道。两艘限于吃水的船舶相遇时,应当按本节各条规定避让。

（二）条款解释

1.限于吃水船舶的定义

限于吃水的船舶是指那些在航行时,由于船舶自身结构或装载货物等原因,其吃水深度受到限制的船舶。吃水深度是指船舶浸在水里的深度,它受到船舶设计、载重以及航道水深等因素的共同影响。

限于吃水的船舶的实际吃水在长江水域被定为 7 m 以上,在珠江水域被定为 4 m 以上。

2.避让关系

由于限于吃水的船舶的自身吃水大、排水量大、惯性大,操纵性能差,加上内河的航道水深不足,导致限于吃水的船舶必须在深水航道航行,这样其操纵和避让能力受到了很大的限制。因此机动船应当避让限于吃水的船舶,而在航施工的工程船的操纵性能比限于吃水的船舶更受限制,因此限于吃水的船舶应当避让在航施工的工程船。

十四、快速船相遇

（一）条款内容

快速船在航时,应当宽裕地让清所有船舶。两快速船相遇时,应当按本节各条规定避让。

（二）条款解释

1.快速船的定义

快速船主要是指那些航速较高的船舶。一般来说,静水时速在 35 km 以上的船舶可以被称为快速船。我国内河常见的快速船有水翼船、气垫船等,主要应用于短途客运、旅游、救助等。

2.快速船相遇的避让规定

快速船因为具有良好的避让操纵性能和机动性能,当其在航时,应当尽可能与他船保持距离,宽裕地让请所有船舶。但当快速船顺航道行驶时,他船不可在快速船前方任意横越、掉头、靠离泊。

十五、机动船掉头

(一)条款内容

机动船或者船队在掉头前,应当注意航道情况和周围环境,在无碍他船行驶时,按规定鸣放声号后,方可以掉头。

过往船舶应当减速等候或者绕开正在掉头的船舶行驶。

(二)条款解释

1.机动船掉头的含义

机动船航向方向改变180°的操作过程称为机动船掉头,通常是船舶为了离泊、靠泊或者避让时采取的一种作业方式。

2.机动船掉头与过往船舶相遇的避让责任和行动

机动船掉头不应妨碍过往船舶的行驶,应当确保留出足够的水域空间供他船通过,当与过往船舶形成碰撞危险时,还应遵守《规则》其他条款的相关规定。

机动船在掉头前应当充分注意航道情况和周围环境,确保掉头操作不会妨碍其他船舶的正常航行。在确认无碍他船行驶的情况下,机动船需要按规定鸣放声号,以警示其他船舶。

对于过往船舶来说,当它们遇到正在掉头的机动船时,应当减速等候或者绕开正在掉头的船舶行驶。这是为了避免与掉头船舶发生碰撞或产生航行冲突。

十六、机动船与人力船、帆船、排筏相遇

(一)条款内容

除快速船外,机动船与人力船、帆船、排筏相遇时,船舶、排筏均应当遵守下列规定:

(1)机动船发现人力船、帆船有碍本船航行时,应当鸣放引起注意和表示本船动向的声号。人力船、帆船听到声号或者见到机动船驶来时,应当迅速离开机动船航路或者尽量靠边行驶。机动船发现与人力船、帆船距离逼近,情况紧急时,也应当采取避让行动。

(2)人力船、帆船除按当地主管部门规定的航线航行外,不得占用机动船航道或航路。

(3)人力船、帆船不得抢越机动船船头或者在航道上停桨流放,不得驶进机动船刚刚驶过的余浪中去,不得在狭窄、弯曲、滩险航段、桥梁水域和船闸引航道妨碍机动船安全行驶。

(4)人工流放的排筏见到机动船驶来,应当及早调顺排身,以便于机动船避让。

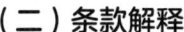

（二）条款解释

1.帆船、人力船、排筏的定义

帆船是指依靠风帆航行和操纵,而不是依靠机器推进和操纵的船。

人力船是指用人力或者用人力操作的工具推动或者拉动的船舶。

排筏,是指竹、木排。其水上运输方式包括拖带流放和人工流放两种方式。

2.避让责任和行动

（1）人力船、帆船不应妨碍机动船顺航道行驶。根据人力船、帆船的特点,人力船和帆船应避免阻碍机动船顺航道行驶,从而保障内河航道机动船顺航道行驶畅通。

（2）人力船、帆船与机动船存在碰撞危险时,机动船应当避让人力船和帆船。由于机动船比人力船和帆船的避让操纵性能好,按照船舶登记原则,人力船、帆船与机动船存在碰撞危险时,机动船应当避让人力船和帆船。

（3）机动船应当避让人工流放的排筏。因人工流放的排筏顺流而下,航行阻力大,控制十分困难,避让操纵性能差,所以机动船应当避让人工流放的排筏。

（4）机动船与人力船、帆船相遇的避让行动:

①人力船、帆船应按照当地海事主管部门规定的航线行驶,在没有特别规定航路的水域航行时,尽量避免占用机动船航道或航路;如不得不占用,在听到声号或见到机动船驶来时,应当迅速离开机动船航道或航路,尽量靠右行驶。

②人力船、帆船不得抢越机动船的船头,避免碰撞事故的发生。

③人力船、帆船不得在航道中停桨流放,因为停桨流放会导致船舶失控,增加碰撞的可能性。

④人力船、帆船不得驶进机动船刚刚驶过的余浪中,防止浪损事故的发生。

⑤在狭窄、弯曲、滩险航段,桥梁水域和船闸引航航道等通航条件受限制航段,机动船航行操作比较困难,人力船、帆船不得妨碍机动船航行。

⑥机动船发现人力船或帆船有碍本船航行时,应按规定鸣放声号,确定会让方向。当机动船发现与人力船、帆船距离逼近,情况紧急时,应当采取避让行动。

十七、帆船、人力船、排筏相遇

（一）条款内容

帆船、人力船、排筏相遇,按下列规定避让:

（1）两帆船相遇,顺风船应当避让抢风船;两船都是顺风船或者抢风船,左舷受风船应当避让右舷受风船;两船同舷受风,上风船应当避让下风船。

（2）帆船应当避让人力船。

（3）帆船、人力船都应当避让人工流放的排筏。

（二）条款解释

1.两帆船之间的避让责任

由于顺风的帆船航速快,操纵灵活,所以规定两帆船相遇时,顺风船应当避让抢风船;若两船都是顺风船或抢风船,为统一避让原则,左舷受风船应当避让右舷受风船;若两船同舷受风,因为上风船往往拥有更宽阔的行动水域,所以上风船应当避让下风船。

2.帆船与人力船、排筏的避让责任

由于帆船比人力船的避让操纵性能好,帆船和人力船比排筏的避让操纵性能好,所以《规则》规定帆船应当避让人力船,帆船和人力船应当避让人工流放的排筏。

十八、船舶在能见度不良时的行动

(一)条款内容

船舶在能见度不良的情况下航行,应当以适合当时环境和情况的安全航速行驶,加强瞭望,并按规定发出声响信号。

装有雷达设备的船舶测到他船时,应当判定是否存在着碰撞危险。若是如此,应当及早地与对方联系并采取协调一致的避让行动。

除已判定不存在碰撞危险外,每一船舶当听到他船雾号不能避免紧迫局面时,应当将航速减到能维持其航向操纵的最低速度。

无论如何,每一船舶都应当极其谨慎地驾驶,直到碰撞危险过去为止,必要时应当及早选择安全地点锚泊。

(二)条款解释

1.适用范围

(1)适用水域:能见度不良的水域,以及其附近的水域。

(2)适用的船舶:包括在能见度不良的水域及其附近的水域航行的任何船舶。

(3)适用的能见度:通常情况下,以机动船号笛最小可听距离 1 km 为依据,当能见度距离小于 1 km 时,认为处于能见度不良状态。

2.能见度不良时的具体行动

(1)船舶在能见度不良的情况下航行时,应第一时间开启信号灯,并鸣雾号,以警示其他船舶注意。

(2)船舶应降低航速,保持安全航速行驶。这样不仅可以减少因能见度不良而可能发生的碰撞风险,还能确保在紧急情况下有足够的反应时间。

(3)船舶应使用雷达、AIS 等导航设备,并保持正规瞭望。通过雷达可以及时发现附近船舶,避免碰撞;而 AIS 则可以提供船舶的位置、航向等信息,帮助判断船舶动态,以便驾驶人员及时采取避让措施。

(4)在避让过程中,船舶应避免采取可能增加碰撞危险的行动,如避免对正横前的船舶采取向左转向,对正横或正横后的船舶采取朝右转向等。船舶应根据当时的环境和情况,采取合理的避让行动,确保与其他船舶保持安全距离。

(5)如果能见度严重不良,船舶应考虑选择合适的水域进行锚泊避雾。在锚泊期间,船舶应继续保持警惕,并随时准备应对可能出现的紧急情况。

十九、靠泊、离泊

（一）条款内容

机动船靠、离泊位前，应当注意航道情况和周围环境，在无碍他船行驶时，按规定鸣放声号后，方可以行动。正在上述水域附近行驶的船舶，听到声号后，应当绕开行驶或者减速等候，不得抢档。

（二）条款解释

1.靠泊、离泊的定义

靠泊、离泊是指机动船靠、离码头、坡岸或系离浮筒的作业。通常情况下，靠泊是指船舶抵达目的港或中途港后，安全停靠码头的过程；离泊是指船舶离开码头或泊位，驶入航道或开往下一目的地的过程。

2.机动船在靠、离泊过程中与他船相遇的避让责任和行动

（1）责任：机动船在靠泊和离泊过程中与他船相遇时，为确保机动船在进出泊位时不会与其他船舶发生碰撞或造成航行危险，应承担的避让责任主要是"不应妨碍附近船舶行驶"。

（2）行动：机动船在靠、离泊前，应仔细观察航道情况和周围环境，包括风、浪、流、航道宽度、弯曲度、障碍物分布等因素，以便制订合理的靠、离泊计划。同时，机动船应使用合适的信号和声号，向周围船舶通报本船的动态和意图，以提醒其他船舶注意避让。在靠、离泊过程中，机动船应保持对周围船舶的动态观察，并根据实际情况采取适当的避让措施。

二十、停泊

（一）条款内容

船舶、排筏在锚地锚泊不得超出锚地范围。系靠不得超出规定的尺度。停泊不得遮蔽助航标志、信号。

船舶、排筏禁止在狭窄、弯曲航道或其他有碍他船航行的水域锚泊、系靠。

除因工作需要外，过往船舶不得在锚地穿行。

（二）条款解释

（1）停泊是指船舶、排筏处于锚泊、系靠的状态。

（2）船舶、排筏在锚地锚泊不得超出锚地范围。锚地是指可以提供船舶、排筏抛锚停泊的地点或区域，如果船舶、排筏锚泊超出了锚地范围，就会占据过往船舶的航道、航路，会对过往船舶的判断、航行和避让产生不利影响，还容易导致其他危险。

（3）系靠不得超出规定的尺度。系靠如果超出规定的尺度，会增大泊位承载负荷，减小有效航宽，对泊位、停靠船舶、过往船舶的安全产生不利影响，所以系靠不得超出规定的尺度。

（4）停泊不得遮蔽助航标志、信号。如果停泊时遮蔽了助航标志，会使过往船舶无法及时发现，容易导致过往船舶迷失方向，走错航道、航路，发生碰撞、搁浅等事故。

（5）禁止在狭窄、弯曲航道或者其他有碍他船航行的水域锚泊、系靠。上述航道或水域受航宽影响较大，船舶、排筏停泊的话会使其他船舶航行受限，避让更加困难，所以船舶、排筏禁止在狭窄、弯曲航道或者其他有碍他船航行的水域锚泊、系靠。

（6）除因工作需要外，过往船舶不得在锚地穿行。船舶进入锚地除进行编解队作业、从事补给、接送船员、避险、救生，以及进行安全检查等情形外，不得在锚地穿行。

二十一、渔船捕鱼

（一）条款内容

渔船捕鱼时，不得阻碍其他船舶航行，在航道上不得设置固定渔具。

（二）条款解释

1.渔船的定义

渔船是指使用网具、绳钓、拖网来捕捞和采收水生动植物的船舶。渔船操纵性能受限，动态不规律，在鱼汛期间，渔船聚集进行捕鱼作业对过往船舶妨碍较大。

2.避让责任和行动

渔船在航行和作业过程中，需要遵守一系列避让规定，以确保与其他船舶的安全交会。首先，渔船在作业时应当遵循特定的避让规则。例如，正常作业的渔船应当避让作业中发生故障的渔船，避免发生碰撞或造成其他安全隐患。其次，渔船在采取避让措施时，应当与被让路渔船及其渔具保持一定的安全距离。这一安全距离的确定应充分考虑到渔船的操纵性能、作业状况及渔具尺度，渔场的风、流、水深、障碍物及能见度等情况，以及周围船舶的动态及密集程度。

二十二、失去控制的船舶

（一）条款内容

失去控制的机动船、非自航船应当及早选择安全地点锚泊，严禁非自航船舶自行流放。

（二）条款解释

（1）失去控制的船舶是指由于某种异常情况（机动船推进系统故障、舵系统故障、船舶走锚、船舶发生火灾、船体破损进水等），不能按照本规则条款的要求进行操纵，因此不能给他船让路的船舶，包括失去控制的机动船和失去控制的非自航船。

（2）失去控制的船舶不仅丧失了操纵和避让能力，也失去了继续航行的能力，不仅不能给他船让路，还可能发生搁浅、碰撞等事故，因此《规则》规定失去控制的船舶应及早采取应急措施，在安全地点锚泊。而当他船与失去控制的船舶相遇时，他船应当主动避让。

第三节　号灯和号型

一、一般规定

（一）条款内容

有关号灯的各条规定从日落到日出期间应当遵守。在白天能见度不良的情况下也可以显示有关号灯。在显示号灯的时间内，凡是可能与规定号灯相混淆或者减弱其显示性能的灯光，均不得显示。

有关号型的各条规定，在白天都应当遵守。

号灯、号型均应当显示在最易见处，并符合本规则附录一的技术要求。除本规则另有规定外，几个号灯、号型组成一组时，均应当垂直显示。

（二）条款解释

（1）号灯的显示时间为：从日落到日出（不反对从日出到日落显示）；能见度不良的白天；其他认为必要的情况下（如能见度不良水域附近或暴风雨来临、低云层较暗的情况）。所谓的"必要的情况"通常是指晨昏蒙影期间和能见度良好但阴云密布、光线较暗的白天。

（2）号型的显示时间为：能见度不良的白天；在日出之前和日落之后仍属天亮的两段时间内，包括晨昏蒙影期间；从日出到日落期间；任何认为有必要显示号灯的其他情况。

（3）船舶号灯、号型示意图见本章附录四。

二、在航的机动船

（一）条款内容

除本章另有规定外，机动船单船在航时，应当显示白光桅灯一盏，红、绿光舷灯各一盏，白光尾灯一盏。船舶长度为50米以上的机动船，还应当在后桅显示另一盏白光灯；除快速船外，船舶长度小于12米的机动船，条件不具备时，可以显示白光环照灯一盏和红、绿光并合灯一盏，也可以显示红、白、绿光三色灯一盏，以代替上述规定的号灯。

下列船舶在航时，除显示前款规定的号灯外，还应当：

（1）快速船白天和夜间均显示黄闪光灯一盏；

（2）限于吃水的渔船夜间显示红光环照灯三盏，白天悬挂圆柱形号型一个。

（3）横江渡船夜间在桅杆的横桁两端显示绿光环照灯各一盏，白天在桅杆横桁的一侧悬挂双箭头号型一个。

（二）条款解释

（1）船舶长度 $L<50$ m 的机动船应显示桅灯、舷灯、艉灯；船舶长度 $L\geqslant50$ m 的机动船应显

示前桅灯、后桅灯、舷灯、艉灯。

（2）船舶长度 $L<12$ m 的机动船应显示桅灯、舷灯、艉灯，但条件不具备时，可显示白光环照灯一盏和红、绿灯光并合灯，或者用红、白、绿光三色灯一盏代替。

（3）快速船在航时不论夜间或白天，除显示桅灯、舷灯、艉灯外另加黄色闪光灯一盏。

（4）限于吃水的船舶在夜间除应显示桅灯、舷灯、艉灯外，另加红光环照灯三盏；号型方面，白天挂圆柱形号型一个。

（5）横江渡船在夜间，除应显示桅灯、舷灯、艉灯外，在横桁两端显示绿光环照灯各一盏；号型方面，白天悬挂双箭头号型一个。

三、在航的船队

（一）条款内容

在航的船队分别按下列规定显示号灯：

（1）拖船除显示舷灯、尾灯外，还应当按拖带形式显示：

①吊拖或者吊拖又顶推船舶时，显示白光桅灯两盏。

②顶推船舶、排筏时，显示白光桅灯三盏。拖船显示上述号灯有困难时，可以改在船队中最适宜的船舶上显示。

③吊拖排筏时，显示白、绿、白光桅灯各一盏。

④吊拖船舶、排筏的拖船，为便于被吊拖船舶或者排筏操舵，也可以在烟囱或者桅的后面，高于尾灯的位置显示另一盏白光灯，但灯光不得在正横以前显露。

（2）两艘以上拖船共同拖顶组成一个船队时，应当按拖带形式显示：

①共同顶推船舶、排筏时，应当在一般拖船上显示顶推船队的号灯，其余拖船只显示被顶推船号灯。

②前后吊拖船舶、排筏或者采用又吊拖又顶推的混合队形时，最前面一艘拖船显示吊拖号灯，后面的拖船只显示被拖船的号灯。

（3）被吊拖、顶推的船舶或者排筏在航时，应当显示下列号灯：

①被吊拖、顶推的船舶应当显示红、绿光舷灯。被编组为多排数列式队形时，应当在最左边的一列船舶只显示红光舷灯，在最右边的一列船舶只显示绿光舷灯。顶推船队中最前一艘船的船首，应当显示白光船首灯一盏，其灯光不得在正横后显露。被顶推船的船尾超过拖船船尾时，还应当显示白光尾灯。吊拖船队中最后一排船应显示白光尾灯。

②船舶长度未满30米的船舶被吊拖为单排一列式时，每艘船可以显示白光环照灯一盏以代替红、绿光舷灯。

③人力船、帆船、物体在被吊拖、顶推时，应当显示白光环照灯一盏，被顶推时灯光不得在正横后显露。当编组为多排数列式时，则在左、右最外一列显示。

④排筏被吊拖时，应当在排筏四角高出排面至少1米处显示白光环照灯各一盏；被顶推时，在排首两角高出排面至少1米处显示白光环照灯各一盏，其灯光不得在正横后显露。

（二）条款解释

（1）拖船吊拖又顶推船舶时应显示白光桅灯两盏、舷灯、艉灯；拖船吊拖排筏时应显示白、

绿、白光桅灯各一盏,以及舷灯、艉灯。为便于被吊拖船舶、排筏操舵,也可以在烟囱或者桅的后面,高于艉灯的位置显示另一盏白灯光,但灯光不得在正横以前显露。

(2)拖船顶推船舶、排筏时应显示白光桅灯三盏、舷灯、艉灯;有困难时,可以改在船队中最适宜的船舶上显示。

(3)两艘以上的拖船共同拖顶组成一个船队,共同顶推船舶、排筏时,应当在一艘拖船上显示顶推队形的拖船号灯,其余拖船只显示被顶推船的号灯;前后吊拖船舶、排筏或者采用又吊拖又顶推的混合队形时,最前一艘拖船显示吊拖队形的拖船号灯,后面的拖船只显示被拖船的号灯。

四、在航的人力船、帆船、排筏

(一)条款内容

(1)人力船、帆船在航时,应当在船尾最易见处显示白光环照灯一盏。帆船遇见机动船驶来时,应当及早在船头显示另一盏白光环照灯或者白光手电筒,直到机动船驶过为止。

(2)人力船、帆船由于操作上的困难,确实不能按照机动船要求方向避让时,夜间应当用白光灯或者白光手电筒,白天用白色信号旗左右横摇。

(3)排筏流放时,应当在前后高出排面至少1米处显示白光环照灯各一盏。

(二)条款解释

(1)在航的人力船、帆船应当在船尾最易见处显示白光环照灯一盏。

由于帆船船尾的白光环照灯可能被帆遮挡,导致机动船无法及时发现,所以《规则》规定,帆船遇见机动船驶来时,应当及早在船头显示另一盏白光环照灯或者白光手电筒,直到机动船驶过为止。

如操作上有困难,人力船、帆船在夜间应当用白光灯或者白光手电筒,白天用白色信号旗左右横摇。

(2)人工流放的排筏应当在排筏前后高出排面至少1 m处显示白光环照灯各一盏。

五、工程船

(一)条款内容

工程船未进入工地或者已撤出工地时,应当显示一般船舶规定的信号。进入工地时,应当显示下列号灯、号型:

(1)工程船在工地其位置固定时,夜间显示环照灯三盏,其连线构成尖端向上的等边三角形,三角形顶端为红光环照灯,底边两端,通航的一侧为白光环照灯,不通航的一侧为红光环照灯。白天在桅杆横桁两端各悬挂号型一个,通航的一侧为圆球,不通航的一侧为十字号型。

(2)自航工程船在航施工时,除显示机动船在航号灯外,夜间显示红、白、红光环照灯各一盏,白天悬挂圆球、菱形、圆球号型各一个。被拖船拖带的工程船在航施工时,除按第二十九条规定显示号灯外,还应当显示与自航工程船在航施工时相同的号灯、号型。

(3)工程船所伸出的排泥管,应当在管头和管尾并每隔50米距离,显示白光环照灯一盏。

船舶有潜水员在水下作业时,夜间应当显示红光环照灯一盏,白天悬挂"A"字信号旗一面。

（二）条款解释

(1)工程船在往返工地的途中,其操纵性能和一般的机动船类似,虽然在航但并没有施工,其应当显示一般船舶规定的信号。

(2)工程船在工地位置固定时,夜间应显示环照灯三盏,其连线构成尖端向上的等边三角形。三角形顶端为红光环照灯;底边两端通航一侧为白光环照灯,不通航一侧为红光环照灯。白天在桅杆横桁两端各悬挂号型一个,通航一侧为圆球一个,不通航一侧为十字号型一个。

(3)自航工程船在航施工时,夜间除了应显示机动船在航号灯外,还应显示红、白、红光环照灯各一盏;白天应悬挂圆球、菱形、圆球号型各一个。

(4)工程船有伸出排泥管时,应当在管头和管尾并每隔50 m距离显示白光环照灯一盏。船舶有潜水员作业时,夜间应当显示红光环照灯一盏,白天应悬挂"A"字信号旗一面。

六、掉头

（一）条款内容

长度为30米以上的机动船或者船队,在掉头前5分钟,夜间应当显示红、白光环照灯各一盏,白天悬挂上为圆球一个、下为回答旗一面的信号,掉头完毕后熄灭或者落下。

（二）条款解释

对船舶长度为30 m以上的机动船(船队)的号灯显示是有强制性要求的,夜间应当显示红、白环照灯各一盏,白天悬挂上为圆球一个、下为回答旗一面的信号,便于周围船舶识别。

七、停泊

（一）条款内容

船舶、排筏停泊时,分别按下列规定显示信号:

(1)机动船、非自航船停泊时,夜间显示白光环照灯一盏;船舶长度为50米以上的,应当在前部和尾部各显示白光环照灯一盏,前灯高于后灯。白天锚泊时均悬挂圆球一个。

(2)人力船、帆船停泊时,夜间显示白光环照灯一盏。排筏停泊时,夜间靠航道一侧,前部和后部各显示白光环照灯一盏。

(3)停泊的船舶、排筏向外伸出有碍其他船舶行驶的缆索、锚、锚链或者其他类似物体时,应当在伸出的方向,夜间显示红光环照灯一盏,白天悬挂红色号旗一面。

（二）条款解释

(1)机动船、非自航船、人力船、帆船停泊时,应显示白光环照灯盏;机动船、非自航船船舶

长度为 50 m 以上的,应当在前部和后部各显示白光环照灯一盏,前灯高于后灯,白天应悬挂圆球一个。

（2）排筏停泊时,应在靠航道一侧,前部和后部各显示白光环照灯一盏。

（3）停泊的船舶、排筏向外伸出有碍其他船舶行驶的缆索、锚、锚链或者其他类似的物体时,（在伸出的方向）夜间应显示红光环照灯一盏,白天应悬挂红色号旗一面。

八、搁浅

（一）条款内容

搁浅的机动船、非自航船夜间除显示停泊号灯外,还应当显示红光环照灯两盏,白天悬挂圆球三个。

（二）条款解释

在夜间除显示停泊号灯外,还应当显示红光环照灯两盏,白天应悬挂圆球三个。

九、装运危险品货物

（一）条款内容

装运易爆、易燃、剧毒、放射性危险货物的船舶在停泊、装卸及航行中,除显示一般船舶规定的信号外,夜间还应当在桅杆的横桁上显示红光环照灯一盏,白天悬挂"B"字信号旗一面。

（二）条款解释

装运易燃、易爆、剧毒、放射性危险货物的船舶在停泊装卸及航行中,除显示一般船舶规定的信号外,还应当显示下列号灯和旗号:

（1）夜间:在桅杆的横桁应显示红光环照灯一盏。

（2）白天:应悬挂"B"字信号旗一面。

十、要求减速

（一）条款内容

要求减速的船舶、排筏或者地段,应当在桅杆横桁处或者地段上、下两端,夜间显示绿、红光环照灯各一盏,白天悬挂"RY"信号旗一组。

重载人力船、帆船要求机动船减速,夜间用白光灯或者白光手电筒,白天用白色号旗,在空中上下挥动。

（二）条款解释

（1）船舶、排筏或者地段要求减速时,夜间应显示绿、红光环照灯各一盏,白天应悬挂

"RY"信号旗一组。

（2）重载人力船、帆船要求机动船减速时,夜间用白光灯或者白光手电筒在空中上下挥动,白天用白色号旗在空中上下挥动。

十一、渔船

（一）条款内容

渔船不捕鱼时,显示为一般船舶规定的信号。捕鱼时应当显示下列号灯、号型:

（1）机动船在捕鱼时,夜间除显示机动船在航或者锚泊的号灯外,还应当显示绿、白光环照灯各一盏。白天悬挂尖端相对的两个圆锥体所组成的号型。

（2）人力船、帆船捕鱼时,不论在航或者停泊,夜间均应当显示白光环照灯一盏,白天悬挂篮子一个。

（3）渔船有外伸渔具时,应当在渔具伸出方向,夜间显示白光环照灯一盏,白天悬挂三角红旗一面。

（二）条款解释

（1）渔船不捕鱼时,显示一般船舶的规定信号。

（2）机动船捕鱼时,夜间除显示机动船在航号灯外,还应显示绿、白光环照灯各一盏;机动船锚泊捕鱼时,除显示机动船停泊信号灯外,还应当显示绿、白光环照灯各一盏。在白天,不论机动船是在航捕鱼还是锚泊捕鱼,均应悬挂尖端相对的两个圆锥体所组成的号型。

（3）人力船、帆船捕鱼时,夜间不论是在航捕鱼还是停泊捕鱼,均应当显示白光环照灯一盏;白天不论是在航捕鱼还是停泊捕鱼,均应悬挂篮子一个。

（4）渔船在渔具伸出方向有外伸渔具时,夜间应显示白光环照灯一盏,白天应悬挂三角红旗一面。

十二、失去控制的船舶

（一）条款内容

失去控制的机动船、非自航船锚泊前,夜间除显示舷灯和尾灯外,还应当显示红光环照灯两盏,白天悬挂圆球两个。

（二）条款解释

（1）除了按规定显示舷灯和艉灯外,失去控制的船舶还应在最易见处显示垂直环照红灯两盏,以便他船能够清晰地看到,及时识别并采取避让措施。

（2）在白天能见度良好的情况下,失去控制的船舶还需要悬挂两个圆球的号型。

十三、船舶眠桅

（一）条款内容

船舶通过桥梁、架空设施需要眠桅不能按规定显示桅灯时，应当在两舷灯光源连线中点上方不受遮挡处显示白光环照灯一盏，代替桅灯。通过后立即恢复原状。

（二）条款解释

眠桅是指由于桥梁、架空设施的净空高度的限制，船舶通过时将桅杆放倒，以有效减小船舶的高度。船舶眠桅时，无法正常显示桅灯，必须设置替代桅灯的号灯。因此，规定在两舷灯光源连线中点上方不受遮挡处显示白光环照灯一盏，代替桅灯，通过后立即恢复原状。

十四、监督艇和航标艇

（一）条款内容

监督艇执行公务时，夜间应当显示舷灯、尾灯和红闪光旋转灯一盏。

航标艇在航时，夜间应当显示舷灯、尾灯和绿光环照灯两盏；

停泊时显示绿光环照灯两盏。

（二）条款解释

（1）监督艇执行公务时，应当显示舷灯、尾灯和红闪光旋转灯一盏。

（2）航标艇在航时，应当显示舷灯、尾灯和垂直绿光环照灯两盏；停泊时，应显示垂直绿光环照灯两盏。

第四节　声响信号

一、声响信号设备

（一）条款内容

机动船应当配备号笛一个、号钟一只。非自航船、人力船、帆船和排筏应当配备号钟或者其他有效响器一只。

号笛、号钟应当符合本规则附录二的技术要求。

（二）条款解释

关于声响信号设备的配备，根据《规则》第四十二条（声响信号设备）的规定，机动船应当配备号笛一个、号钟一只。非自航船、人力船、帆船和排筏应当配备号钟或者其他有效响器一只。

声响信号设备的技术要求见《规则》附录二的规定。

二、声号的含义

（一）条款内容

机动船为表示本船的意图、行动或者需要其他船舶、排筏注意时，应当根据本规则各条规定使用号笛发出下列声号：

（1）一短声——我正在向右转向；当和其他船舶对驶相遇时，表示"要求从我左舷会船"。

（2）两短声——我正在向左转向；当和其他船舶对驶相遇时，表示"要求从我右舷会船"。

（3）三短声——我正在倒车或者有后退倾向。

（4）四短声——不同意你的要求。

（5）五短声——怀疑对方是否已经采取充分避让行动，并警告对方注意。

（6）一长声——表示"我将要离泊"、"我将要横越"，以及要求来船或者附近船舶注意。

（7）两长声——我要靠泊或者我要求通过船闸。

（8）三长声——有人落水。

（9）一长一短声——掉头时，表示"我向右掉头"；进出干、支流或者叉河口时，表示"我将要或者正在向右转弯"。

（10）一长两短声——掉头时，表示"我向左掉头"；进出干、支流或者叉河口时，表示"我将要或者正在向左转弯"。

（11）一长三短声——拖船通知被拖船舶、排筏注意。

（12）两长一短声——追越船要求从前船右舷通过。

（13）两长两短声——追越船要求从前船左舷通过。

（14）一长一短一长声——我希望和你联系。

（15）一长一短一长一短声——同意你的要求。

（16）一长两短一长声——要求来船同意我通过。

（17）一短一长一短声——要求他船减速或者停车。

（18）一短一长声——我已减速或者停车。

（19）两短一长声——能见度不良时，表示"我是客渡船"。

前款中"短声"是指历时约1秒钟的笛声，"长声"是指历时4到6秒钟的笛声。一组声号内各笛声的间隔时间约为1秒钟，组与组声号的间隔时间约为6秒钟。

（二）条款解释

（1）"一短声""两短声"

该声号具有两层含义：一是适用于机动船对驶相遇的会让意图，要求来船互以左舷或右舷会船；二是适用于机动船在其他会遇形式中需要右转或者左转的转向行动，可称之为"会船声号"或"转向声号"。

（2）"三短声"

该声号具有两层含义：一是只要机动船正在使用倒车,不论该船是前进还是后退,都需要鸣放；二是只要机动船正在后退或有后退倾向,不论该船正在使用倒车、停车或进车,都需要鸣放。

（3）"一长一短声""一长两短声"

该声号具有两层含义：一是适用于机动船向右或向左掉头行动；二是适用于机动船进出干、支流交汇水域或者叉河口需要向右或向左的转弯意图和行动。

（4）"两长一短声""两长两短声"

该声号适用于追越船从前船右舷或者左舷追越的企图,可称之为"企图追越声号"。机动船在追越前,无论是否需要前船采取协助行动,都应当鸣放该声号。

（5）"一长声"

该声号具有多层意义,用途广泛,可称之为"引起注意声号",适用于下列情况：

①机动船将要离泊时；

②机动船将要横越时；

③机动船驶近弯曲航段、不能会船的狭窄航段时；

④机动船驶经支流河口或者叉河口前；

⑤机动船与在航施工的工程船对驶相遇时；

⑥机动船与正挡航路的人力船、帆船相遇时；

⑦机动船在能见度不良水域或其附近航行时；

⑧机动船要求来船或者附近船舶注意时。

（6）"两长声"

该声号具有两层含义：一是适用于机动船要求靠泊；二是适用于机动船要求通过船闸。

（7）"一短一长一短声""一短一长声"

"一短一长一短声"表示"要求他船减速或者停车","一短一长声"表示"我已减速或者停车",两者形成对应关系,可统称为"减速声号"。对于"一短一长一短声",并不限于重载机动船为避免浪损而使用,如一机动船为了协调他船需采取"减速行动"也可使用。

（8）"五短声"

该声号适用于机动船对他船的避让意图和行动表示怀疑时,并警告他船注意,可称之为"怀疑或警告声号"。使用该声号的机动船,怀疑对方是否已经采取充分的避让行动,提醒对方避让意图和行动的正确性,也意味着如果不采取进一步操纵,行动将有不良后果。

（9）"一长两短一长声"

该声号适用于机动船要求"来船同意我通过"的意图。

（10）"一长一短一长声"

该声号适用于机动船希望和另一船联系的意图。鸣放时应注意到该声号所表示的联系对象和内容不明确,缺乏针对性,除非VHF无线电话损坏或者通过VHF无线电话联系不上时才会使用。

（11）"四短声""一长一短一长一短声"

该声号适用于机动船对他船有避让意图或要求表示"同意"或者"不同意"的回答。

（12）"一长三短声"

该声号适用于拖船通知被拖船舶、排筏注意的行动。当船队通过急弯航道或者遇到某种异常情况时,拖船可通过该声号提醒被拖船舶、排筏注意。

(13)"三长声"

该声号适用于机动船发现本船或他船有人落水时的行动,以提醒周围船舶注意,并采取有效的施救措施。

声号的含义如表4-4-1所示。

表 4-4-1　声号的含义

船舶	声号	含义	声响设备
在航的机动船	一短声	我正在向右转向	号笛
		当和其他船舶对驶相遇时,要求从我左舷会船	
	两短声	我正在向左转向	
		当和其他船舶对驶相遇时,要求从我右舷会船	
	三短声	正在倒车或者有后退倾向	
	四短声	不同意你的要求	
	五短声	怀疑对方是否已经采取充分避让行动,并警告对方注意	
	一长声	我将要离泊	
		我将要横越	
	两长声	要求来船或者附近船舶注意	
		我要靠泊	
	一长一短声	我要求通过船闸	
		掉头时,表示"我向右掉头"	
	一长两短声	进出干、支流交汇水域或者叉河口时,表示"我将要或者正在向右转弯"	
		掉头时,表示"我向左掉头"	
		进出干、支流交汇水域或者叉河口时,表示"我将要或者正在向左转弯"	
	两长一短声	追越船要求从前船右舷通过	
	两长两短声	追越船要求从前船左舷通过	
	一短一长一短声	要求他船减速或者停车	
	一短一长声	我已减速或者停车	
	一长一短一长声	我希望和你联系	
	一长一短一长一短声	同意你的要求	
	一长两短一长声	要求来船同意我通过	
	三长声	有人落水	
	一长三短声	拖船通知被拖船舶、排筏注意	
	两短一长声	能见度不良时,表示"我是客渡轮"	

三、船舶相遇时声号的应用

(一)条款内容

船舶相遇时,应当按下列规定使用声号:

(1)两机动船对驶相通,下行船(潮流河段的顺流船)应当在相距1千米以上处谨慎考虑航道情况和周围环境,及早鸣放会船声号;上行船(潮流河段的逆流船)听到声号后,如无特殊情况,应当立即回答相应的会船声号。在鸣放会船声号的同时,夜间还应当配合使用红、绿闪光灯,白天也可以配合使用白色号旗。鸣放声号一短声时,夜间连续显示红闪光灯,白天在左舷挥动白色号旗,表示要求来船从我左舷会过;鸣放声号两短声时,夜间连续显示绿闪光灯,白天在右舷挥动白色号旗,表示要求来船从我右舷会过。

(2)机动船发现人力船、帆船有碍本船航行,要求其让路时,应当鸣放声号一长声以引起注意,并鸣放一短声或者两短声表示本船动向。

(3)机动船驶经支流河口或者叉河口前,应当鸣放声号一长声以引起注意;进出干、支流或者叉河口前,向右转弯应当鸣放声号一长一短声,向左转弯应鸣放声号一长两短声。

(4)机动船与在航施工的工程船对驶相遇,机动船应当在相距1千米以上处鸣放声号一长声,待工程船发出会船声号后,机动船可以回答相应的会船声号,并谨慎通过。

(二)条款解释

(1)两机动船对驶相遇,下行船(顺流船)应当在相距1 km以上处谨慎考虑航道情况和周围环境,及早鸣放会船声号。因为下行船(顺流船)是被让路船,而上行船(逆流船)是让路船,所以下行船(顺流船)具有鸣放会船声号的优先权。会船声号,在这里是指要求来船从我左舷或者右舷会船的声号,即一短声或者两短声。下行船(顺流船)在鸣放会船声号确定会船意图时,必须谨慎考虑航道情况和周围环境,对两船的航路和来船动态做出准确判断,确保会遇双方避让意图的统一。

(2)上行船(逆流船)听到下行船(顺流船)鸣放的会船声号后,如无特殊情况,应当立即回答相应的会船声号。

特殊情况是指上行船(逆流船)不能按照下行船(顺流船)的避让意图进行会让的异常情况,主要包括受到礁石、浅滩、水流的限制,第三船干扰,主机或舵机突然发生故障,以及下行船(顺流船)鸣放声号的错误等。一旦发生特殊情况,上行船(逆流船)应当立即根据情况减速、停车,必要时倒车,并及早通过各种手段告知对方,便于对方及时采取相应避让行动,但特殊情况不能成为一船避让的任何主观借口。

立即回答相应的会船声号,是指应及早回答统一会船声号。一船不及早回答或不回答会船声号,会贻误统一避让意图的有利时机,导致避让意图的不明确和避让行动的不协调。

(3)为确保避让意图的统一,本款不仅要求两船会船声号统一,还要求夜间会船灯光信号(红、绿闪光灯)统一,白天也可以配合使用白色号旗。机动船鸣放声号一短声时,夜间应当连续显示红光灯,白天可在左舷挥动白色号旗,表示机动船要求来船"从我左舷会过";机动船鸣放声号两短声时,夜间应当连续显示绿光灯,白天可在右舷挥动白色号旗,表示机动船要求来船"从我右舷会过"。

会船声号和会船灯光信号(红、绿闪光灯)的统一,以及白色号旗的配合,充分表明会船声号,红、绿闪光灯,信号旗在机动船对驶相遇中统一避让意图和行动的作用,也表明这些信号方式之间具有不可替代性。各信号方式只能相互统一和加强,不能相互矛盾和削弱。

(4)机动船与人力船、帆船相遇时,根据《规则》第四十四条第(二)款的规定,机动船发现人力船、帆船有碍本船航行,要求其让路时,首先应鸣放声号一长声以引起注意,但一长声不能表示机动船避让行动的方向,所以机动船还应根据人力船、帆船的位置和动向,鸣放一短声或两短声,以表示本船动向,从人力船、帆船某一侧水域通过。

(5)机动船驶经支流河口或者叉河口时,根据《规则》第四十四条第(三)款的规定,由于干、支流交汇水域和叉河口水势较复杂,进出船舶较多,所以机动船驶经支流河口或者叉河口前,应当鸣放声号一长声以引起他船注意。机动船进出这些水域时,如需向右转弯,则应鸣放声号一长一短声;如需向左转弯,则应鸣放声号一长两短声。

(6)机动船与在航施工的工程船对驶相遇时,根据《规则》第四十四条第(四)款的规定,机动船与在航施工的工程船对驶相遇,因为在航施工的工程船受施工作业的约束,避让操纵能力受到限制,同时,对施工水域的水深及通航情况更为熟悉,所以在避让责任上,机动船应给在航施工的工程船让路;在鸣放声号及统一会让意图上,机动船应当在相距 1 km 以上处鸣放声号一长声,以引起在航施工的工程船的注意,待在航施工的工程船发出会船声号后,应回答相应的会船声号,并谨慎通过。

四、能见度不良时的声响信号

(一)条款内容

船舶、排筏在能见度不良的情况下航行、停泊,应当按下列规定发出声响信号:

(1)在航的机动船应当每隔约 1 分钟鸣放声号一长声。在航的人力船、帆船、排筏应当每隔约 1 分钟急敲号钟或者其他有效响器约 5 秒钟。

(2)锚泊的机动船、非自航船、排筏应当每隔约 1 分钟急敲号钟或者其他有效响器约 5 秒钟。锚泊的人力船、帆船在听到来船声号后,应当不间断地急敲号钟或者其他有效响器,直到判定来船已对本船无碍时为止。

(二)条款解释

在能见度不良的水域中两船相遇,应使用《规则》第四十五条的相关声号,但同时不得中断鸣放雾号,因为其周围仍可能存在其他船舶。

船舶、排筏在能见度不良的情况下航行、停泊,应当按《规则》第四十五条的规定发出声响信号(见表4-4-2)。

表 4-4-2　声响信号一览表

声响信号设备	声号	船舶类别和动态	间隔时间
号笛	一长声	在航的机动船	约 1 min
	两短一长声	在航的客渡船	约 1 min
号钟或者有效响器	急敲约 5 s	在航的人力船、帆船、排筏	约 1 min
号钟或者有效响器	急敲约 5 s	锚泊的机动船、非自航船、排筏	约 1 min
号钟或者有效响器	听到来船的声号后急敲	锚泊的人力船、帆船	不间断,直到判定来船已对本船无碍时为止

五、VHF 无线电话

（一）条款内容

配有甚高频无线电话的船舶在航时,应当在规定的频道上正常守听,并按下列规定进行通话:

（1）一般先由被让路船呼叫,通话时用语应当简短、明确。

（2）一船发出呼叫后,未闻回答,应当认为另一船未设有无线电话设备。

（3）两船的避让意图经通话商定一致后,仍应当按本规则规定鸣放声号。

（4）船舶驶近弯曲、狭窄航段以及在能见度不良的情况下航行,应当用无线电话周期性地通报本船船位和动态。

（二）条款解释

（1）在规定频道上正常守听

船员通常需要在特定的频道,以接收重要的安全信息、紧急呼叫、气象警报以及与航行相关的通告等。守听时要保持专注,及时对收到的信息做出反应。在某些繁忙水域或特定作业区域,还可能需要在其他指定频道守听,以获取与该区域相关的详细信息和指令。

配有 VHF 无线电话的船舶,应保持其随时处于良好状态,熟知各航区（航段）VHF 无线电话的规定频道,确保将 VHF 无线电话纳入规定频道正常守听和积极回应。

（2）使用 VHF 无线电话联系与沟通

①一般先由被让路船呼叫,通话时用语应当简短、明确

被让路船可通过 VHF 无线电话向让路船优先表达其避让意图;让路船应对被让路船的避让意图积极回应,加强沟通,确保避让意图的统一和避让行动的协调,避免只听不回。"一般"一词是指通常情况,并不是绝对的。会遇情况的复杂性,并不限制让路船先呼叫、提出避让意图,而被让路船对让路船所提出的避让意图,仍具有优先决定权。

②一船发出呼叫后,未闻回答,应当认为另一船未设有无线电话设备

在 VHF 无线电话联系中,一船无法有效联系他船的现象时有发生。不论何种原因,一船在发出呼叫后,未闻回答,应当认为另一船未设有无线电话设备,不可主观地认为他船已明白你船避让意图或你船的避让对他船不构成影响。同时,该船应按《规则》第九条的规定,立即采取减速、停车、必要时倒车的行动,争取避让距离和时间,直到通过其他信号方式（如声号）

表示、统一避让意图为止。

③两船的避让意图经通话商定一致后,仍应当按《规则》的规定鸣放声号

根据《规则》第四十六条第(三)款的规定,两船避让意图的统一,可用通话商定,但通话商定之后,仍应当按《规则》的规定鸣放声号。用 VHF 无线电话通话商定与鸣放声号,虽均能统一避让意图,但两者的特点、意义不同,只能相互补充,通话商定绝不可以替代声号统一。

(3)用 VHF 无线电话周期性地通报本船船位和动态

《规则》多处条款都强调了船舶在弯曲、狭窄航段避让,或遇能见度不良情况避让的重要性。这主要是因为,弯曲、狭窄航段属于通航条件受限制航段,能见度不良。船舶用 VHF 无线电话周期性地通报本船船位和动态并加强瞭望很重要,即船舶用 VHF 无线电话周期性地通报本船船位和动态。船员在通报时要遵守通报周期,按照相关规定或根据实际航行情况确定合理的通报周期,确保信息的及时性和有效性。"周期性"一词,是指一船用 VHF 无线电话通报船位和动态时应保持一定的连续性,以便他船正常守听和积极回应。

附录一　号灯和号型的技术要求

(一)号灯:

1."桅灯"是指安置在船舶的桅杆上方或者首尾中心线上方的号灯,在 225 度的水平弧内显示不间断的灯光,其装置要使灯光从船舶的正前方到第一舷正横后 22.5 度内显示。

在后桅装设另一盏桅灯时,后灯高于前灯的垂向距离至少为 3 米,水平距离不小于船舶长度的一半。

2."舷灯"是指安置在船舶最高甲板左右两侧的左舷的红光灯和右舷的绿光灯,各自在 112.5 度的水平弧内显示不间断的灯光,其装置要使灯光从船舶的正前方到各自一舷的正横后 22.5 度内分别显示。

舷灯遮板向灯面,应当涂以无光黑漆。遮板的高度至少等于灯高。

船舶长度为 80 米以上的驳船,应当在船首、尾部分别设置红、绿光舷灯。

3."尾灯"是指安置在船尾正中的白光灯,在 135 度的水平弧内显示不间断的灯光,其装置要使灯光从船舶的正后方到第一舷 67.5 度内显示。尾灯的高度应当尽可能与舷灯保持水平,但不得高于舷灯。

4."船首灯"是指安置在被顶推驳船首的一盏白光灯,在 180 度的水平弧内显示不间断的灯光,其装置要使灯光从船舶的正前方到每一舷 90 度内显示,但不得高于舷灯。

5."环照灯"是指在 360 度的水平弧内显示不间断灯光的号灯。

6."红闪光灯"、"绿闪光灯"是指安置在舷灯上方左红、右绿的闪光环照灯,其频率为每分钟 50 至 70 闪次。

船舶长度小于 12 米的机动船也可以用红、绿光手电筒代替红、绿闪光灯,但应当保持灯光明亮,颜色清晰分明。

7."黄闪光灯"是指安置在快速船桅杆上的黄闪光环照灯,其频率为每分钟 50 至 70 闪次。

8."红、绿光并合灯"是指安装在桅灯的位置,分别从船舶正前方到左舷正横后 22.5 度内显示红光,到右舷正横后 22.5 度内显示绿光的一盏并合灯。

9."红、白、绿光三色灯"是指安装在桅灯的位置,从船舶的正前方到左舷正横后 22.5 度内

显示红光,到右舷正横后 22.5 度内显示绿光,从船舶的正后方到每舷 67.5 度内显示白光的并合灯。

　　10."能见距离"是指在大气透射率为 0.8 的黑夜,用正常目力能见到的规定的号灯距离。

　　11.号灯的能见距离、桅灯垂直间距和舷灯遮板长度的技术要求见表一。

　　(二)操纵号灯:

　　1.有条件的船舶可以装置操纵号灯,以补充本规则第四十三条(一)项所规定的声号,操纵号灯的每闪历时应当尽可能与声号鸣放的历时时间同步,其表示的意义与相应的声号意义相同。

　　2.操纵号灯应当安置在一盏或多盏桅灯的同一首尾垂直面上,并不低于前桅灯的位置。

　　3.操纵号灯是一盏白光环照灯,其能见距离至少 4 千米。

　　(三)船舶长度小于 12 米的机动船夜间航行必须备有能够使用的发电设备和蓄电池,以保证号灯的能见距离。

　　(四)号型、号旗:

　　1.除另有规定外,号型均为黑色。

　　2.号型间的垂直距离不得小于 1.5 米,但船舶长度未满 30 米的船舶,其号型间距可相应减小。

　　3.横江渡船号型的箭头为等边三角形。

　　4.红色、白色旗的规格是宽 0.6 米,高 0.4 米。

　　5.本规则所用信号旗和回答旗,均应当符合《1969 年国际信号规则》的规定。

　　6.号型的技术要求见表二。

表一　号灯的能见距离、桅灯垂直间距和舷灯遮板长度的技术要求

船舶长度	桅灯、一组号灯间距	舷灯遮板长度	能见距离(km)							
			桅灯	舷灯	尾灯	环照灯	闪光灯	人力船、帆船、排筏和船舶长度小于 12 m 的机动船的白光环照灯	船首灯	红、绿光并合灯和红、白、绿光三色灯
50 m 以上	1.5 m(最低一盏不小于最高甲板以上 4.5 m)	0.91 m	6	4	4	4	4	2	2	1
30 m～50 m	1 m(最低一盏不小于最高甲板以上 3 m)	0.91 m	5	3	3	3	3			
未满 30 m	0.6 m(最低一盏不小于最高甲板以上 1 m)	0.6 m	3	2	2	2	2			

表二　号型的技术要求　　　　　　　　　　　　单位:m

船舶长度	球形	十字形		圆柱形		圆锥形		菱形	横江轮渡号型
	直径	长	宽	直径	高度	底圆直径	高度	两个圆锥体以底相合组成	
30 m 以上	0.6	0.6	0.6	0.6	1.2	0.6	0.6		
未满 30 m	0.3	0.3	0.3		0.6	0.6			

附录二　声响信号设备的技术要求

(一)号笛应当能够发出符合本规则要求的声号。船舶长度为 30 米以上的船舶,可听距离不小于 2 千米,船舶长度未满 30 米的船舶,可听距离不小于 1 千米。

(二)号笛应当安置在船上尽可能高的地方,使声音尽可能少受障碍物阻挡,特别在前方方向上或者特定方向上。

(三)号钟或者其他具有类似音响特性的器具所发出的声压级,在距它 1 千米处,应当不小于 110 分贝。

(四)号钟应当用抗蚀材料制成,并能发出清晰的音响。船舶长度为 30 米以上的船舶,号钟口直径应当不小于 300 毫米,船舶长度未满 30 米的船舶,应当不小于 200 毫米。钟锤的重量应当不小于号钟重量的 3%。

附录三　遇险信号

(一)船舶遇险需要其他船舶救助时,应当同时或者分别使用下列信号:

1.用号笛、号钟或者其他任何有效响器连续发出急促短声;

2.用无线电报或者其他通信方法发出莫尔斯码组……———……(SOS)的信号;

3.用无线电话发出"求救"或者"梅代"(MAYDAY)语音的信号;

4.在船上燃放火焰;

5.人力船、帆船遇险时白天摇红色号旗,夜间摇红光灯或者红光手电筒。

(二)任何船舶如见他船遇险,也可以代发上述求救信号,但应当说明遇险船舶的船名、位置。

(三)除船舶遇险需要救助外,可能与上述信号有混淆的其他信号,都禁止使用。

附录四　船舶号灯、号型示意图

一、在航的机动船

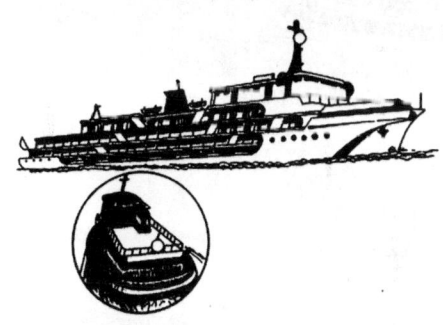

船舶长度在 50 m 以下的机动船

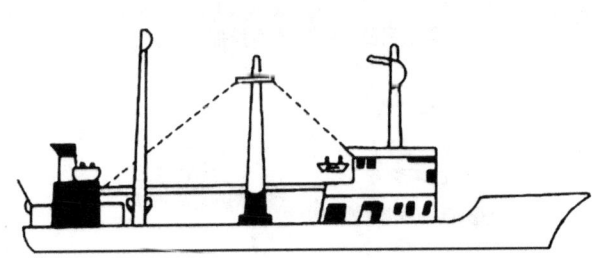

船舶长度在 50 m 及以上的机动船

快速船

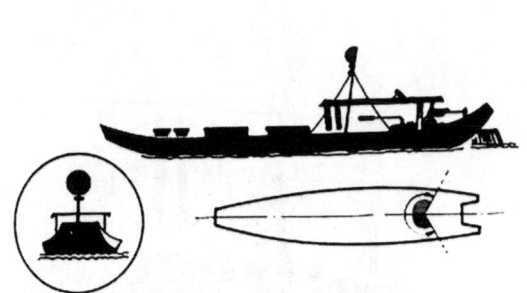

船舶长度在 12 m 以下的机动船

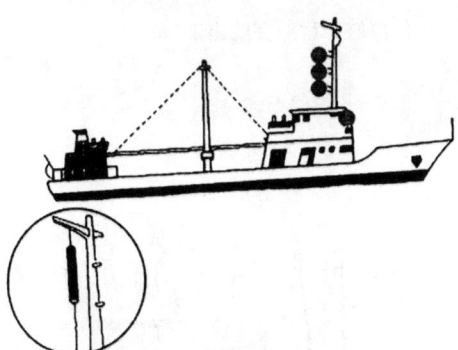

限于吃水的船舶

横江渡船

二、在航的船队、帆船

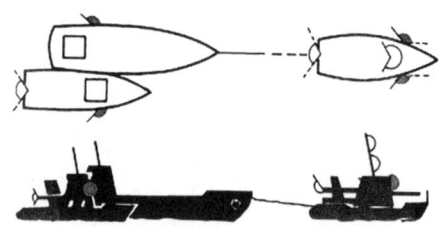

拖船吊拖、吊拖又顶推船舶

拖船吊拖排筏

船舶顶推船舶、排筏

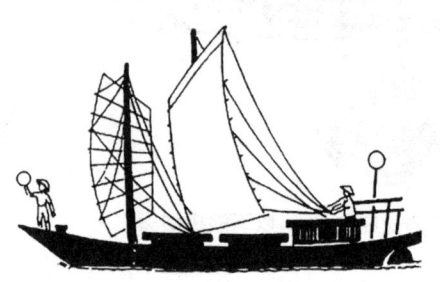

帆船

三、工程船

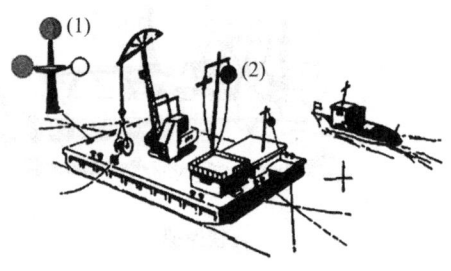

工程船在工地位置固定

自航工程船在航施工

四、船舶、排筏停泊、搁浅

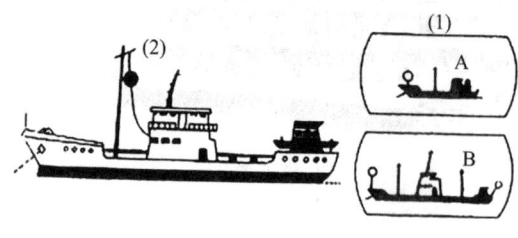

机动船、非自航船停泊

人力船、帆船停泊

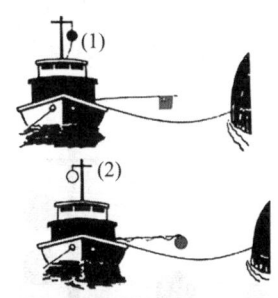

停泊的船舶向外伸出有碍其他船舶行驶的物体　　　　　机动船搁浅

五、渔船

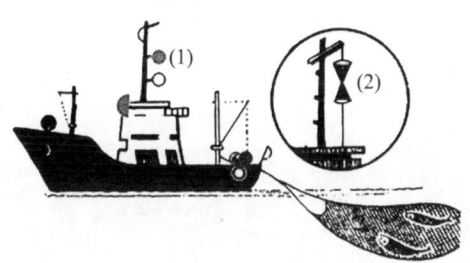

机动船捕鱼　　　　　　　　　　　人力船、帆船捕鱼

六、装运危险品货物、失去控制的船舶

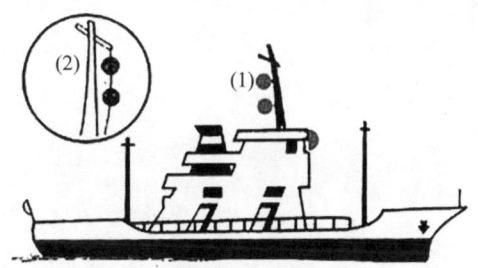

装运危险品货物的船舶　　　　　　　失去控制的船舶

七、监督艇和航标艇

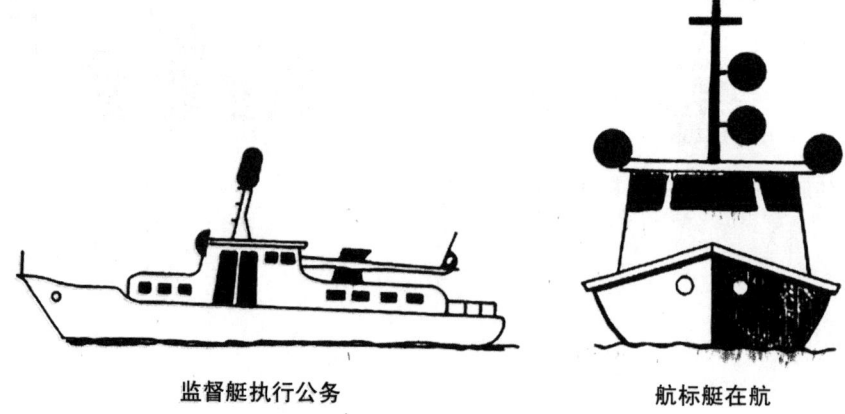

监督艇执行公务   航标艇在航

第五章

船舶安全管理

第一节　法律法规

一、中华人民共和国内河交通安全管理条例

《中华人民共和国内河交通安全管理条例》（国务院 2002 年第 355 号令）于 2002 年 8 月 1 日生效，该条例在 2011 年、2017 年和 2019 年分别又进行了三次修订，由 11 章 95 条组成。该条例是我国关于内河交通安全管理的重要法规，旨在加强内河交通安全管理，维护内河交通秩序，保障人民群众的生命和财产安全。

该条例规定了在中华人民共和国内河通航水域从事航行、停泊和作业以及与内河交通安全有关的活动必须遵守的规范；规定了船舶和浮动设施在内河通航水域从事相关活动必须满足的条件，如持有合格的船舶检验证书和船舶登记证书，配备符合规定的船员，以及保持安全航行、停泊或从事相关活动的状态等。

（一）基本概念和定义

内河交通安全管理遵循安全第一、预防为主、方便群众、依法管理的原则，保障内河交通安全、有序、畅通。

（1）内河通航水域，是指由海事管理机构认定的可供船舶航行的江、河、湖泊、水库、运河等水域。

（2）船舶，是指各类排水或者非排水的船、艇、筏、水上飞行器、潜水器、移动式平台以及其他水上移动装置。

（3）浮动设施，是指采用缆绳或者锚链等非刚性固定方式系固并漂浮或者潜于水中的建

筑、装置。

（4）交通事故，是指船舶、浮动设施在内河通航水域发生的碰撞、触碰、触礁、浪损、搁浅、火灾、爆炸、沉没等引起人身伤亡和财产损失的事件。

（二）船舶、浮动设施和船员

1.船舶航行需要具备的条件

（1）经海事管理机构认可的船舶检验机构依法检验并持有合格的船舶检验证书；

（2）经海事管理机构依法登记并持有船舶登记证书；

（3）配备符合国务院交通主管部门规定的船员；

（4）配备必要的航行资料。

从事货物或者旅客运输的船舶，必须符合船舶强度、稳性、吃水、消防和救生等安全技术要求和国务院交通主管部门规定的载货或者载客条件。任何船舶不得超载运输货物或者旅客。

船舶在内河通航水域载运或者拖带超重、超长、超高、超宽、半潜的物体，必须在装船或者拖带前 24 h 报海事管理机构核定拟航行的航路、时间，并采取必要的安全措施，保障船舶载运或者拖带安全。船舶需要护航的，应当向海事管理机构申请护航。

2.浮动设施航行需要具备的条件

（1）经海事管理机构认可的船舶检验机构依法检验并持有合格的检验证书；

（2）经海事管理机构依法登记并持有登记证书；

（3）配备符合国务院交通主管部门规定的掌握水上交通安全技能的船员。

3.船员航行需要具备的条件

船员经水上交通安全专业培训，其中客船和载运危险货物船舶的船员还应当经相应的特殊培训，并通过海事管理机构考试，取得相应的适任证书或者其他适任证件，方可担任船员职务。严禁未取得适任证书或者其他适任证件的船员上岗。船员应当遵守职业道德，提高业务素质，严格依法履行职责。

（三）航行、停泊和作业

1.船舶航行规定

（1）船舶在内河航行，应当悬挂国旗，标明船名、船籍港、载重线。按照国家规定应当报废的船舶、浮动设施，不得航行或者作业。驾驶员应当保持瞭望，注意观察，并采用安全航速航行。

（2）船舶安全航速应当根据能见度、通航密度、船舶操纵性能和风、浪、水流、航路状况以及周围环境等主要因素确定。使用雷达的船舶，还应当考虑雷达设备的特性、效率和局限性。

（3）船舶在限制航速的区域和汛期高水位期间，应当按照海事管理机构规定的航速航行。

（4）船舶在内河航行时，上行船应当沿缓流或者航路一侧航行，下行船应当沿主流或者航路中间航行；在潮流河段、湖泊、水库、平流区域，应当尽可能沿本船右舷一侧航路航行。

（5）船舶在内河航行时，应当谨慎驾驶，保障安全；对来船动态不明、声号不统一或者遇有紧迫情况时，应当减速、停车或者倒车，防止碰撞。

（6）船舶相遇时，各方应当注意避让。按照船舶航行规则应当让路的船舶，必须主动避让被让路船舶；被让路船舶应当注意让路船舶的行动，并适时采取措施，协助避让。

（7）船舶避让时，各方避让意图统一后，任何一方均不得擅自改变避让行动。船舶航行、避让和信号显示的具体规则，由国务院交通主管部门制定。

（8）船舶进出内河港口，应当向海事管理机构报告船舶的航次计划、适航状态、船员配备和载货载客等情况。船舶进出港口和通过交通管制区、通航密集区或者航行条件受限制的区域时，应当遵守海事管理机构发布的有关通航规定。任何船舶不得擅自进入或者穿越海事管理机构公布的禁航区。

（9）下列船舶在内河航行时，应当向引航机构申请引航：

①外国籍船舶；

②1 000 总吨以上的海上机动船舶，但船长驾驶同一类型的海上机动船舶在同一内河通航水域航行与上一航次间隔 2 个月以内的除外；

③通航条件受限制的船舶；

④国务院交通主管部门规定应当申请引航的客船、载运危险货物的船舶。

（10）遇恶劣天气、大范围水上施工作业、影响航行的水上交通事故、水上大型群众性活动或者体育比赛、对航行安全影响较大的其他情形时，海事管理机构可以根据情况采取限时航行、单航、封航等临时性限制、疏导交通的措施，并予以公告。

2.船舶停泊、作业规定

（1）船舶应当在码头、泊位或者依法公布的锚地、停泊区、作业区停泊；遇有紧急情况，需要在其他水域停泊的，应当向海事管理机构报告。船舶停泊应当按照规定显示信号，不得妨碍或者危及其他船舶航行、停泊或者作业的安全，并应当留有足以保证船舶安全的船员值班。

（2）在内河通航水域或者岸线上进行下列可能影响通航安全的作业或者活动的，应当在进行作业或者活动前报海事管理机构批准：

①勘探、采掘、爆破；

②构筑、设置、维修、拆除水上水下构筑物或者设施；

③架设桥梁、索道，铺设、检修、拆除水上水下电缆或者管道；

④设置系船浮筒、浮趸、缆桩等设施；

⑤航道建设，航道、码头前沿水域疏浚；

⑥举行大型群众性活动、体育比赛。

海事管理机构审批上述作业或者活动，应当自收到申请之日起 30 日内作出批准或者不批准的决定，并书面通知申请人。

（3）在内河通航水域进行下列可能影响通航安全的作业，应当在进行作业前向海事管理机构备案：

①气象观测、测量、地质调查；

②航道日常养护；

③大面积清除水面垃圾；

④可能影响内河通航水域交通安全的其他行为。

（4）进行规定的作业或者活动时，应当在作业或者活动区域设置标志和显示信号，并按照海事管理机构的规定，采取相应的安全措施，保障通航安全。完成后，不得遗留任何妨碍航行的物体。

（四）危险货物监管

1.码头

从事危险货物装卸的码头、泊位,必须符合国家有关安全规范的要求,并征求海事管理机构的意见,经验收合格后,方可投入使用。禁止在内河运输法律、行政法规以及国务院交通主管部门规定禁止运输的危险货物。

2.船舶

载运危险货物的船舶,必须持有经海事管理机构认可的船舶检验机构依法检验并颁发的危险货物适装证书,并按照国家有关危险货物运输的规定和安全技术规范进行配载和运输。

3.报告制度

船舶装卸、过驳危险货物或者载运危险货物进出港口,应当将危险货物的名称、特性、包装,装卸或者过驳的时间、地点,以及进出港时间等事项,事先报告海事管理机构和港口管理机构,经其同意后,方可进行装卸、过驳作业或者进出港口。另外,定船、定线、定货的船舶可以定期报告。

4.避让要求

载运危险货物的船舶,在航行、装卸或者停泊时,应当按照规定显示信号;其他船舶应当避让。

5.应急要求

从事危险货物装卸的码头、泊位和载运危险货物的船舶,必须编制危险货物事故应急预案,并配备相应的应急救援设备和器材。

（五）通航保障

任何单位和个人发现下列情况,应当迅速向海事管理机构报告:
(1)航道变迁,航道水深、宽度发生变化;
(2)妨碍通航安全的物体;
(3)航标发生位移、损坏、灭失;
(4)妨碍通航安全的其他情况。
海事管理机构接到报告后,应当根据情况发布航行通告或者航行警告,并通知航道、航标主管部门。

在内河通航水域中拖放竹、木等物体,应当在拖放前24 h报经海事管理机构同意,按照核定的时间、路线拖放,并采取必要的安全措施,保障拖放安全。

（六）救助

船舶、浮动设施遇险,应当采取一切有效措施进行自救,必须迅速将遇险时间、遇险地点、遇险状况、遇险原因、救助要求,向遇险地海事管理机构以及船舶、浮动设施所有人、经营人报告,并做好现场保护工作。有关部门和人员必须积极协助海事管理机构做好救助工作,遇险现场和附近的船舶、人员必须服从海事管理机构的统一调度和指挥。

船舶、浮动设施发生碰撞等事故,任何一方均应当在不危及自身安全的情况下,积极救助

遇险的他方,不得逃逸。船员、浮动设施上的工作人员或者其他人员发现其他船舶、浮动设施遇险,或者收到求救信号后,必须尽力救助遇险人员,并将有关情况及时向遇险地海事管理机构报告。

（七）事故调查处理

船舶、浮动设施发生交通事故,其所有人或者经营人必须立即向交通事故发生地海事管理机构报告。接受海事管理机构调查、取证的有关人员,应当如实提供有关情况和证据,不得谎报或者隐匿、毁灭证据。

海事管理机构应当在内河交通事故调查、取证结束后 30 日内,依据调查事实和证据作出调查结论,并书面告知内河交通事故当事人。特大内河交通事故的报告、调查和处理,按照国务院有关规定执行。

（八）法律责任

1.行政处罚

船员违反本条例,主管机关可视情节给予下列一种或几种处罚:

(1)警告;

(2)扣留或吊销职务证书;

(3)罚款。

2.刑事责任

船员在履职期间造成重大内河交通事故或者致使公共财产、国家和人民利益遭受重大损失的,依照刑法关于滥用职权罪、玩忽职守罪或者其他罪的规定,依法追究刑事责任。

3.治安管理处罚

船员违反本条例的规定,触犯《中华人民共和国治安管理处罚法》,构成违反治安管理行为的,由公安机关给予治安管理处罚。

二、中华人民共和国船员条例

《中华人民共和国船员条例》是为了加强船员管理,提高船员素质,维护船员的合法权益,保障水上交通安全,保护水域环境而制定的法规。该条例适用于中华人民共和国境内的船员注册、任职、培训、职业保障以及提供船员服务等活动。该条例为船员管理提供了明确的法规依据,有助于规范船员行为,提升船员素质,保障水上交通安全和船员权益。

（一）船员注册和任职资格

1.基本概念和定义

(1)船员,是指依照本条例的规定取得船员适任证书的人员,包括船长、高级船员、普通船员。

(2)船长,是指依照本条例的规定取得船长任职资格,负责管理和指挥船舶的人员。

(3)高级船员,是指依照本条例的规定取得相应任职资格的大副、二副、三副、轮机长、大管轮、二管轮、三管轮、通信人员以及其他在船舶上任职的高级技术或者管理人员。

（4）普通船员,是指除船长、高级船员以外的其他船员。

2.船员适任证书及船员服务簿

（1）船员适任证书申请条件

①年满18周岁(在船实习、见习人员年满16周岁)且初次申请不超过60周岁;

②符合船员任职岗位的健康要求;

②经过船员基本安全培训。

参加航行和轮机值班的船员还应当经过相应的船员适任培训、特殊培训,具备相应的船员任职资历,并且任职表现和安全记录良好。

船员适任证书应当注明船员适任的航区(线)、船舶类别和等级、职务以及有效期限等事项。参加航行和轮机值班的船员,其适任证书的有效期不超过5年。

（2）船员服务簿的发放

①船员服务簿应当载明船员的姓名、住所、联系人、联系方式、履职情况以及其他有关事项。船员服务簿记载的事项发生变更、需要补换发时,船员应当向海事管理机构办理变更手续。

②自2019年2月27日起,海事管理机构不再进行船员服务簿签发审批,对符合规定条件并通过国家海事管理机构组织的船员基本安全培训合格证考试的,海事管理机构颁发相应的船员适任证书,并直接发放船员服务簿。

③已持有有效船员适任证书但无船员服务簿的船员,可凭船员适任证书在任一有相应船员适任证书签发权限的海事管理机构领取船员服务簿。

（二）船员职业保障

1.船员

（1）船员用人单位和船员应当按照国家有关规定参加工伤保险、医疗保险、养老保险、失业保险以及其他社会保险,并依法按时足额缴纳各项保险费用。

（2）船员在船工作期间患病或者受伤的,船员用人单位应当及时给予救治;船员失踪或者死亡的,船员用人单位应当及时做好相应的善后工作。

（3）船舶上船员生活和工作的场所,应当符合国家船舶检验规范中有关船员生活环境、作业安全和防护的要求。

（4）船员在船工作时间应当符合国务院交通主管部门规定的标准,不得疲劳值班。船员除享有国家法定节假日的假期外,还享有在船舶上每工作2个月不少于5日的年休假。

（5）船员在船工作期间,有下列情形之一的,可以要求遣返:

①船员的劳动合同终止或者依法解除的;

②船员不具备履行船上岗位职责能力的;

③船舶灭失的;

④未经船员同意,船舶驶往战区、疫区的;

⑤由于破产、变卖船舶、改变船舶登记或者其他原因,船员用人单位、船舶所有人不能继续履行对船员的法定或者约定义务的。

（6）船员可以从下列地点中选择遣返地点:

①船员接受招用的地点或者上船任职的地点;

②船员的居住地、户籍所在地或者船籍登记国;

③船员与船员用人单位或者船舶所有人约定的地点。

（7）船员的遣返费用由船员用人单位支付。遣返费用包括船员乘坐交通工具的费用、旅途中合理的食宿及医疗费用和30 kg行李的运输费用。

（8）船员的遣返权利受到侵害的，船员当时所在地民政部门应当向船员提供援助；必要时，可以直接安排船员遣返。

2.船员用人单位

（1）船员用人单位应当为在驶往或者驶经战区、疫区或者运输有毒、有害物质的船舶上工作的船员办理专门的人身、健康保险，并提供相应的防护措施。

（2）用人单位应当为船员提供必要的生活用品、防护用品、医疗用品，建立船员健康档案，并为船员定期进行健康检查，防治职业疾病。

（3）船员用人单位应当依照有关劳动合同的法律、法规和中华人民共和国缔结或者加入的有关船员劳动与社会保障国际条约的规定，与船员订立劳动合同。

（4）船员用人单位不得招用未取得规定证件的人员上船工作。

（5）船员用人单位应当根据船员职业的风险性、艰苦性、流动性等特点，向船员支付合理的工资，并按时足额发放给船员。任何单位和个人不得克扣船员的工资。

（6）船员用人单位应当向在劳动合同有效期内的待派船员，支付不低于船员用人单位所在地人民政府公布的最低工资。

（7）船员用人单位应当在船员年休假期间，向其支付不低于该船员在船工作期间平均工资的报酬。

（8）船员工会组织应当加强对船员合法权益的保护，指导、帮助船员与船员用人单位订立劳动合同。

（三）船员培训和船员服务

申请在船舶上工作的船员，应当按照国务院交通主管部门的规定，完成相应的船员基本安全培训、船员适任培训。在危险品船、客船等特殊船舶上工作的船员，还应当完成相应的特殊培训。

船员服务机构应当向社会公布服务项目和收费标准，为船员提供服务；应当诚实守信，不得提供虚假信息，不得损害船员的合法权益。

船员服务机构为船员用人单位提供船舶配员服务，应当按照相关法律、行政法规的规定订立合同；派遣的船员受伤、失踪或者死亡的，船员服务机构应当配合船员用人单位做好善后工作。

三、中华人民共和国船员违法记分办法

《中华人民共和国船员违法记分办法》是针对船员违反水上交通安全和防治船舶污染水域的法律、行政法规行为实施累计记分的管理办法。该办法旨在增强船员遵守法律的意识，减少人为因素对水上交通安全的影响，并防治船舶对水域的污染，为水上交通安全和防治船舶污染水域的管理提供了有力支持，有助于确保船员行为的规范性和水上交通的安全性。

（一）基本概念和定义

（1）船员违法记分，是指对船员违反水上交通安全和防治船舶污染水域法律、行政法规行

为实施累计记分。

（2）船员，是指经注册取得服务簿的船员和引航员，以及游艇操作人员。

中华人民共和国海事局负责统一实施全国船员违法记分管理工作，各级海事管理机构依照各自职责负责具体实施船员违法记分工作。

（二）周期和分值

船员累计记分周期（即记分周期）为 1 个公历年，满分为 15 分，自每年 1 月 1 日始至 12 月 31 日止。根据船员违法行为的严重程度，一次船员违法记分的分值为 15 分、8 分、4 分、2 分、1 分，共五种，具体违法记分分值标准见表 5-1-1、表 5-1-2。

表 5-1-1　海船船员水上交通安全类违法记分分值标准

代码	行为名称	对象	分值	法律依据
21001	在船在岗期间饮酒，体内酒精含量超过规定标准的；在船在岗期间，服用国家管制的麻醉药品或者精神药品的	饮酒者及食药者	15	《船员条例》第二十条
21002	船长在弃船或者撤离船舶时未最后离船的	船长	15	《船员条例》第二十二条第（九）项
21003	由他人代替参加考试或者代替他人参加考试的	当事船员	15	《内河交通安全管理条例》第九条
21004	船舶、浮动设施发生水上交通事故后逃逸的	船长	15	《内河交通安全管理条例》第四十六条第二款
21005	转让、买卖或租借船员适任证书的	当事船员	15	《内河交通安全管理条例》第十三条
21006	发现或者发生险情事故、保安事件或者影响航行安全的情况未及时报告的	船长	8	《船员条例》第二十条
21007	在遇险现场和附近的船舶、船员不服从海事管理机构的统一调度和指挥的	船长及值班驾驶员	8	《内河交通安全管理条例》第四十九条第二款
21008	船舶浮动设施未持有检验证书，擅自航行或者作业的	船长	8	《内河交通安全管理条例》第六条第（一）项、第七条第（一）项
21009	滚装船装载超出检验证书核定的车辆数量的	大副或责任驾驶员	8	《内河交通安全管理条例》第二十一条第二款
21010	超乘客定额载运乘客的	船长	8	《内河交通安全管理条例》第二十一条第二款
21011	船舶遇有不符合安全开航条件的情况而冒险开航的	船长	8	《内河交通安全管理条例》第八条第一款
21012	船舶超过核定航区航行的	值班驾驶员	8	《内河交通安全管理条例》第八条第一款
21013	船舶未按照规定拖带或者非拖船从事拖带作业的	船长	8	《内河交通安全管理条例》第八条第一款

（续表）

代码	行为名称	对象	分值	法律依据
21014	引航员在引领船舶时，未持有相应的引航员适任证书的	当值引航员	8	《船员条例》第九条第一款
21015	船舶擅自进入或者穿越海事管理机构公布的禁航区的	船长	8	《内河交通安全管理条例》第二十条第二款
21016	船员未遵守值班规定，擅自离开工作岗位的	当事船员	8	《船员条例》第二十条
21017	船员考试作弊的	作弊船员	8	《内河交通安全管理条例》第九条
21018	超核定载重线载运货物的；不遵守船舶、设施的配载和系固安全技术规范的	大副或责任驾驶员	4	《内河交通安全管理条例》第八条、第二十一条
21019	未按照规定擅自夜航的	船长	4	《内河交通安全管理条例》第十七条第四款
21020	引航员未按照水上交通安全和防治船舶污染操作规则引领船舶的	当值引航员	4	《船员条例》第二十条第（三）项
21021	船员利用船舶私载乘客、货物或者携带违禁物品的	责任船员	4	《船员条例》第二十条第（七）项
21022	未按照规定保障船舶的最低安全配员的	船长	4	《船员条例》第二十二条第（三）项
21023	船舶进出港口和通过交通管制区、通航密集区或者航行条件受限制区域，未遵守海事管理机构发布的有关规定的	船长	4	《内河交通安全管理条例》第二十条第一款
21024	不遵守海事管理机构发布的在能见度不良时航行规定的	值班驾驶员	4	《内河交通安全管理条例》第十七条第四款
21025	未按照规定申请引航的	船长	4	《内河交通安全管理条例》第十九条、《危险化学品安全管理条例》第六十一条第二款
21026	未按照规定悬挂国旗，标明船名、船籍港、载重线，或者遮挡船名、船籍港、载重线的	船长	4	《内河交通安全管理条例》第十四条第一款
21027	在内河通航水域，未按照规定进行试车、试航，并进行备案的	船长	4	《内河交通安全管理条例》第二十八条第（四）项
21028	船长、高级船员在航次中，擅自辞职、离职或者中止职务的	当事船员	4	《船员条例》第二十三条
21029	故意涂改航海日志等法定文书、文件的	当事船员	4	《内河交通安全管理条例》第五十二条
21030	船舶烧焊或者明火作业，不按照规定备案的	船长	2	《内河交通安全管理条例》第二十八条第（四）项

（续表）

代码	行为名称	对象	分值	法律依据
21031	船员在船工作期间未携带规定的有效证件的	未带证船员	2	《船员条例》第二十条第（一）项
21032	游艇操作人员操作游艇时未携带合格的适任证书的	操艇员	2	《游艇安全管理规定》第十五条第三款
21033	未采用安全航速航行的	值班驾驶员	2	《内河交通安全管理条例》第十五条第一款
21034	未按照规定的航路或者航行规则航行的	值班驾驶员	2	《内河交通安全管理条例》第十六、十七条
21035	载运或者拖带超重、超长、超高、半潜的物体,未申请或者未按照核定的航路、时间航行的	值班驾驶员	2	《内河交通安全管理条例》第二十二条
21036	未按照规定倒车、掉头、追越的	值班驾驶员	2	《内河交通安全管理条例》第十七条第四款
21037	船舶在内河航行、停泊或者作业,不遵守海事管理机构发布的有关航行、避让和信号规则规定的	值班驾驶员	2	《内河交通安全管理条例》第十七条第四款
21038	船舶在内河航行、停泊或者作业,不遵守海事管理机构发布的航行通告、航行警告规定的	值班驾驶员	2	《内河交通安全管理条例》第十七条第四款
21039	不按照规定保持船舶自动识别系统处于正常工作状态,或者不按照规定在船舶自动识别设备中输入准确信息,或者船舶自动识别系统发生故障未及时向海事机构报告的	值班驾驶员	2	《内河交通安全管理条例》第十七条第四款
21040	游艇的航行水域超出检验证书所确定的适航范围	操艇员	2	《游艇安全管理规定》第十七条第一款
21041	船舶在内河航行、停泊或者作业,未在规定的VHF频道上守听的	值班驾驶员	2	《内河交通安全管理条例》第十七条第四款
21042	在内河通航水域,在非锚地、非停泊区进行编、解队作业,不按照规定备案的	船长	2	《内河交通安全管理条例》第二十八条第（四）项
21043	应申请许可证而未取得,擅自进行水上水下活动的	船长	2	《内河交通安全管理条例》第二十五条第一款
21044	在内河通航水域检修影响船舶适航性能设备,不按照规定备案的	船长	2	《内河交通安全管理条例》第二十八条第（四）项
21045	在内河通航水域或者岸线上进行有关作业或者活动未经批准或者备案,或者未设置标志、显示信号的	值班驾驶员	2	《内河交通安全管理条例》第二十五条、第二十八条和第二十九条

（续表）

代码	行为名称	对象	分值	法律依据
21046	在内河通航水域检修通信设备和消防、救生设备，不按照规定备案的	船长	1	《内河交通安全管理条例》第二十八条第（四）项
21047	游艇未在海事管理机构公布的专用停泊水域或者停泊点停泊，或者临时停泊的水域不符合《游艇安全管理规定》要求的	操艇员	1	《游艇安全管理规定》第二十条

表 5-1-2　内河船舶船员防治船舶污染类违法记分分值标准

代码	行为名称	对象	分值	法律依据
22001	船舶发生污染水域事故，未按照污染事故应急计划的程序和要求采取相应措施的	船长	1	《水污染防治法》第六十八条、《防治船舶污染内河水域环境管理规定》第四十五条
22002	向水体倾倒船舶垃圾或者排放船舶的残油、废油的	大副或轮机长，以及责任船员	15	《水污染防治法》第五十二条
22003	船舶发生污染水域事故，未立即向最近海事管理机构如实报告的	船长	8	《水污染防治法》第六十八条、《防治船舶污染内河水域环境管理规定》第四十五条
22004	船舶排放含油污水、生活污水，不符合船舶污染物排放标准的	船长、大副或轮机长，以及责任船员	8	《水污染防治法》第五十二条第一款
22005	船舶未持有有效的防污证书、防污文书，或者不按照规定记录操作情况的	船长、轮机长，以及责任船员	4	《水污染防治法》第五十三条
22006	载运危险化学品的船舶在内河航行、装卸或者停泊，未悬挂专用的警示标志，或者未按照规定显示专用信号的	值班驾驶员	4	《内河交通安全管理条例》第三十三条、《危险化学品安全管理条例》第六十一条
22007	船舶载运危险化学品进出内河港口，未将有关事项事先报告海事管理机构并经其同意的	船长	4	《内河交通安全管理条例》第三十二条、《危险化学品安全管理条例》第六十条第一款
22008	未经作业地海事管理机构批准，船舶进行残油、含油污水污染危害性货物残留物的接收作业，或者进行装载油类、污染危害性货物船舱的清洗作业的	船长	4	《水污染防治法》第五十五条第一款第（一）项
22009	未经作业地海事管理机构批准，船舶进行散装液体污染危害性货物过驳作业的	船长	4	《水污染防治法》第五十五条第一款第（二）项

注：船舶未配备某一职务船员或该职务船员的职责与通常职责不符的，对实际履行该职务职责的船员实施记分。船员在船职务职责未明确的，对船长实施记分。

（三）记分实施

船员一次存在两种以上违法行为的，应当分别计算，累计记分。对存在共同违法行为的船员，应当分别实施船员违法记分。对船员的同一违法行为，不得给予两次及以上船员违法记分。

船员在一个记分周期内累计记分达到 15 分的，最后实施船员违法记分的海事管理机构应当扣留其船员适任证书，责令其参加为期 5 日的水上交通安全、防治船舶污染等有关法律、行政法规的培训（以下简称法规培训）并进行相应的考试。在一个记分周期内累计记分未达到 15 分的，记分分值重新起算。

船员在一个记分周期内两次及以上达到 15 分，或在连续两个记分周期内分别达到 15 分，或连续两个记分周期内累计记分达到 40 分的，最后实施船员违法记分的海事管理机构应当扣留其船员适任证书，责令其参加法规培训和考试，考试内容除理论部分外，还包括船员适任能力考核。

（四）培训和考试

船员需参加法规培训的，可向最后被实施船员违法记分地、船员注册地或船员适任证书签发地的海事管理机构报名。法规培训应包括水上交通安全和防治船舶污染等管理法规、安全知识和海事案例等内容。

被扣留船员适任证书的船员通过相应考试，海事管理机构应发还其船员适任证书，记分分值重新起算。被扣留船员适任证书的船员未经考试合格的，不得在船舶上继续服务。

第二节　船员职责

一、船长

（一）船长管理和指挥船舶要求

（1）保证船舶和船员携带符合法定要求的证书、文书以及有关航行资料。

（2）制订船舶应急计划并保证其有效实施。

（3）保障船舶的最低安全配员，保证船舶的正常值班。

（4）执行海事管理机构有关水上交通安全和防治船舶污染的指令，船舶发生水上交通事故或者污染事故的，向海事管理机构提交事故报告。

（5）对本船船员进行日常训练和考核，在本船船员的船员服务簿内如实记载船员的履职情况。

（6）船舶进港、出港、靠泊、离泊，通过交通密集区、危险航区等区域，或者遇有恶劣天气和海况，或者发生水上交通事故、船舶污染事故、船舶保安事件以及其他紧急情况时，应当在驾驶室值班，必要时应当直接指挥船舶。

（7）保障船舶上人员和临时上船人员的安全。

（8）船舶发生事故，危及船舶上人员和财产安全时，应当组织船员和船舶上其他人员尽力施救。

（9）弃船时，应当采取一切措施保证人员及财产安全。首先组织旅客安全离船，然后安排船员离船，船长应当最后离船。在离船前，船长应当指挥船员尽力抢救航海日志、机舱日志、油类记录簿、无线电台日志、本航次使用过的航行图和文件，以及贵重物品、邮件和现金。

（二）船长履职可行使权力

（1）拒绝开航或者续航。

（2）对船员用人单位或者船舶所有人下达的违法指令，或者可能危及有关人员、财产和船舶安全或者可能造成水域环境污染的指令，可以拒绝执行。

（3）发现引航员的操纵指令可能对船舶航行安全构成威胁或者可能造成水域环境污染时，应当及时纠正、制止，必要时可以要求更换引航员。

（4）当船舶遇险并严重危及船舶上人员的生命安全时，船长可以决定撤离船舶。

（5）在船舶的沉没、毁灭不可避免的情况下，船长可以决定弃船，但是，除紧急情况外，应当报经船舶所有人同意。

（6）对不称职的船员，可以责令其离岗。

船长在其职权范围内发布的命令，船舶上所有人员必须执行。船长在保障水上人身与财产安全、船舶保安、防治船舶污染水域方面具有独立决定权，并负有最终责任。

船舶在海上航行时，船长为保障船舶上人员和船舶的安全，可以依照法律的规定对在船舶上进行违法、犯罪活动的人采取禁闭或者其他必要措施。

二、船员

船员在船工作期间的要求：

（1）携带本条例规定的有效证件。

（2）掌握船舶的适航状况和航线的通航保障情况，以及有关航区气象、海况等必要的信息。

（3）遵守船舶的管理制度和值班规定，按照水上交通安全和防治船舶污染的操作规则操纵、控制和管理船舶，如实填写有关船舶法定文书，不得隐匿、篡改或者销毁有关船舶法定证书、文书。

（4）落实各项应急预防措施。

（5）遵守船舶报告制度，发现或者发生险情、事故、保安事件或者影响航行安全的情况，应当及时报告。

（6）在不严重危及自身安全的情况下，尽力救助遇险人员。

（7）不得利用船舶私载旅客、货物，不得携带违禁物品。

三、高级船员

高级船员应当组织下属船员执行船长命令，督促下属船员履行职责。船长、高级船员在航次中不得擅自辞职、离职或者中止职务。

四、职业道德要求

内河船员的职业道德要求是多方面的,这些要求不仅关乎船员个人的行为准则,也关系到整个航运安全和行业的健康发展。内河船员的主要职业道德要求包含:

(1)船员必须遵守国家法律法规和相关规章制度,服从船长和船政管理人员的管理,认真执行各项工作任务,保持良好的职业操守和职业道德。这是船员职业道德的基石,也是确保航行安全和行业秩序的前提。

(2)船员应具备高度的责任心和安全意识,以保障航行安全为己任。他们需要熟悉相关航路、水文、海图等信息,并具备较强的技术水平和应对突发事件的能力。在紧急情况下,船员应能够迅速、准确地采取应对措施,确保船舶和人员的安全。

(3)船员还应乐于团结协作,积极配合其他船员和船政管理人员完成各项工作任务。他们应认识到个人的责任心可能关系到个人、集体和企业的声誉和发展,并在工作中充分发挥自身的主动性、积极性和创造性。

(4)船员应坚定信念,以船为家。他们应当以高度的主人翁精神关心船舶的利益和荣誉,应当做到与船舶命运相连、爱船如家,脚踏实地、勤奋务实,以正确的态度对待船员本职工作,并不断提升自己的专业技能和知识水平。

(5)船员还应具备一定的医疗卫生知识和急救能力,能够应对常见疾病和意外事件。同时,他们还应保持良好的身体素质和心理素质,不得患有影响航行安全的疾病。

内河船员的职业道德要求涵盖了法律法规遵守、安全责任意识、团结协作精神、企业忠诚度以及个人健康素质等多个方面。这些要求旨在确保船员能够在工作中恪尽职守,为航运安全和行业发展作出积极贡献。

第三节　船舶保障与通航保障

一、船舶保障

船舶所有人(或者其船舶经营人、船舶管理人,下同)应当按照《中华人民共和国船舶最低安全配员规则》的要求,为所属船舶配备合格的船员,但是并不免除船舶所有人为保证船舶安全航行和作业增加必要船员的责任。为了提供船舶安全和防止污染的管理标准,确保水上交通的安全和环境的保护,从我国的实际情况出发,交通运输部结合《国际船舶安全营运和防止污染管理规则》(ISM 规则)的要求,于 2001 年 7 月颁布了《中华人民共和国船舶安全营运和防止污染管理规则》。以上两项规则的制定主要用于船舶保障。

(一)中华人民共和国船舶最低安全配员规则

1.最低安全配员规定

船舶应当满足其航行所在水域的船舶最低安全配员要求;船舶可同时持有适用于不同适用范围的有效内河船舶最低安全配员证书。

确定船舶最低安全配员标准应综合考虑船舶的种类、吨位、技术状况、主推进动力装置功率、航区、航程、航行时间、通航环境和船员值班、休息制度等因素。

船舶在航行期间应配备不低于规定的船员构成及数量。高速客船的船员最低安全配备应符合原交通部颁布的《高速客船安全管理规则》（交通部令1996年第13号）的要求。

减免规定是根据各类船舶在一般情况下制定的，海事管理机构在核定具体船舶的最低安全配员数额时，如认为配员减免后无法保证船舶安全，可不予减免或者不予足额减免。

船舶所有人可以根据需要增配船员，但船上总人数不得超过经中华人民共和国海事局认可的船舶检验机构核定的救生设备定员标准。一般船舶最低安全配员标准见表5-3-1，客船类、液货船类船舶最低安全配员标准见表5-3-2。

表 5-3-1 一般船舶最低安全配员标准

船长和甲板部					
总吨位	总吨位 3 000 及以上	总吨位 1 000 及以上至总吨位未满 3 000	总吨位 600 及以上至总吨位未满 1 000	总吨位 300 及以上至总吨位未满 600	总吨位 100 及以上至总吨位未满 300	总吨位 100 以下
一般规定	船长 1 人、大副 1 人、二副或三副 1 人、普通船员 1 人	船长 1 人、大副或二副 1 人、普通船员 1 人	船长 1 人、驾驶员 1 人	船长或驾驶员 1 人（集装箱船、多用途船舶须为船长 1 人、普通船员 1 人）	船长或驾驶员 1 人（集装箱船、多用途船舶须为船长 1 人）	驾驶员 1 人
附加规定	连续航行作业时间超过 16 h，须增加二副或三副 1 人、普通船员 1 人	连续航行作业时间超过 16 h，须增加三副 1 人	连续航行作业时间超过 16 h，须增加驾驶员 1 人；连续航行作业时间不超过 10 h 或定线航行航程不超过 100 km 的船舶可减免驾驶员 1 人	连续航行作业时间超过 10 h，须增加驾驶员 1 人	连续航行作业时间超过 10 h，须增加驾驶员 1 人	连续航行作业时间超过 10 h，须增加驾驶员 1 人
轮机部					
主机总功率	500 kW 及以上		150 kW 及以上至未满 500 kW		75 kW 及以上至未满 150 kW	75 kW 以下
一般规定	轮机长 1 人、大管轮或二管轮或三管轮 1 人		轮机长或轮机员 1 人		普通船员 1 人	无
附加规定	连续航行作业时间超过 16 h，须增加普通船员 1 人		无		无	无

表 5-3-2　客船类、液货船类船舶最低安全配员标准

船长和甲板部						
	总吨位	总吨位 2 000 及以上	总吨位 1 000 及以上至总吨位未满 2 000	总吨位 600 及以上至总吨位未满 1 000	总吨位 300 及以上至总吨位未满 600	总吨位 100 及以上至总吨位未满 300	总吨位 100 以下
客船类	一般规定	船长 1 人、大副 1 人、二副 1 人、普通船员 2 人	船长 1 人、大副 1 人、普通船员 2 人	船长 1 人、驾驶员 1 人、普通船员 2 人	船长 1 人、驾驶员 1 人、普通船员 1 人	船长 1 人、普通船员 1 人	驾驶员 1 人
	附加规定	连续航行作业时间不超过 4 h，可减免二副 1 人；连续航行作业时间超过 10 h，须增加二副 1 人、普通船员 1 人	连续航行作业时间超过 10 h，须增加二副 1 人；连续航行作业时间超过 16 h，须再增加二副 1 人、普通船员 1 人	连续航行作业时间超过 10 h，须增加驾驶员 1 人	连续航行作业时间超过 10 h，须增加驾驶员 1 人	连续航行作业时间超过 10 h，须增加驾驶员 1 人	连续航行作业时间超过 10 h，须增加驾驶员 1 人
液货船类	一般规定	船长 1 人、大副 1 人、二副或三副 1 人、普通船员 2 人	船长 1 人、大副 1 人、普通船员 2 人	船长 1 人、驾驶员 1 人、普通船员 2 人	船长 1 人、普通船员 1 人	船长 1 人	驾驶员 1 人
	附加规定	连续航行作业时间超过 16 h，须增加二副或三副 1 人、普通船员 1 人	连续航行作业时间超过 16 h，须增加三副 1 人	连续航行作业时间超过 16 h，须增加驾驶员 1 人	连续航行作业时间超过 10 h，须增加驾驶员 1 人	连续航行作业时间超过 10 h，须增加驾驶员 1 人	连续航行作业时间超过 10 h，须增加驾驶员 1 人

轮机部				
主机总功率	500 kW 及以上	150 kW 及以上至未满 500 kW	75 kW 及以上至未满 150 kW	75 kW 以下
一般规定	轮机长 1 人、大管轮或二管轮或三管轮 1 人、普通船员 1 人	轮机长或轮机员 1 人、普通船员 1 人	普通船员 1 人	无

注：①一般船舶是指除客船类、液货船类之外的船舶。
　　②连续航行作业时间是指连续 24 h 之内，船舶保持航行和作业状态的持续时间（船舶持续停泊不超

过 4 h 的,视为保持航行和作业状态)。

③普通船员是指除船长、高级船员外的其他船员。

④废钢船需航行时按其报废前最后一次检验时所核定的船舶种类及相关参数核定配员。

⑤主机总功率 500 kW 及以上的拖(推)船,甲板部配员按照总吨位 1 000 及以上至总吨位未满 3 000 一般船舶甲板部配员标准核定;主机总功率 150 kW 及以上至未满 500 kW 的拖(推)船,甲板部配员按总吨位 600 及以上至未满总吨位 1 000 一般船舶甲板部配员标准核定;主机总功率 150 kW 以下的拖(推)船,甲板部配员按照总吨位 100 及以上至未满总吨位 300 一般船舶甲板部配员标准核定;拖(推)船船队的驳船如未配备普通船员,则拖(推)船在按照上述规定进行配员的基础上,驳船数 2 艘及以下的增加普通船员 1 人,3 艘及以上的增加普通船员 2 人。

⑥总吨位 300 及以上除拖船外的港内作业一般船舶和主机总功率 150 kW 及以上的港内作业拖船,可按每个工班船长或甲板部高级船员 1 人、轮机部高级船员 1 人、普通船员 2 人的标准配员;总吨位 300 以下除拖船外的港内作业一般船舶和主机总功率 150 kW 以下的港内作业拖船,可按每个工班船长或甲板部高级船员 1 人、普通船员 1 人的标准配员。

⑦航行时间不超过 30 min,总吨位 300 及以上的客渡船、车客渡船和拖船主机总功率 150 kW 及以上的拖船拖带客渡驳、汽渡驳用于渡运的专业组合体(以下简称车客渡运拖带组合体),可按客船类船舶标准配员或按客船类船舶每个工班船长或甲板部高级船员 1 人、轮机部高级船员 1 人、普通船员 3 人的标准配员;航行时间不超过 30 min,总吨位 100 及以上至未满总吨位 300 的客渡船、车客渡船或拖船主机总功率 75 kW 及以上至未满 150 kW 的车客渡运拖带组合体,可按客船类船舶标准配员或按客船类船舶每个工班船长或甲板部高级船员 1 人、普通船员 2 人的标准配员;航行时间不超过 30 min,总吨位 100 以下的客渡船,船舶所有人(或者其船舶经营人、船舶管理人)应视安全情况实际需要,按客船类船舶标准配员或按客船类船舶每个工班船长或甲板部高级船员 1 人、普通船员 1 人的标准配员;航行时间不超过 30 min,总吨位 100 以下的车客渡船和拖船主机总功率 75 kW 以下的车客渡运拖带组合体,按客船类船舶每个工班船长或甲板部高级船员 1 人、普通船员 1 人的标准配员。

⑧总吨位 1 000 及以上的液货船、载运集装箱的船舶甲板部在一般规定基础上须增配普通船员 1 人。

⑨客船类船舶由船舶所有人(或者其船舶经营人、船舶管理人)按船舶实际载客人数配备专职负责旅客安全和应急工作的普通船员。实际载客 30 人及以上的船舶至少配专职负责旅客安全和应急工作的普通船员 1 人,每满 150 名乘客增加普通船员 1 人,航程不超过 10 km 或航行时间不超过 30 min 的,可按每满 300 名乘客增配普通船员 1 人。因船舶上层建筑设计不同,驾驶员不能在驾驶室通视客舱或设有双层及以上载客甲板客舱的船舶,即使实际载客未满 30 人,也应至少配备普通船员 1 人。

⑩高速客船配员按照《中华人民共和国高速客船安全管理规则》确定配员人数,按照《内河船舶船员特殊培训考试和发证办法》确定配员的职务类别。

⑪未满总吨位 50 且主机总功率未满 220 kW 的载客不超过 12 人的船艇(包括游艇、摩托艇、快艇、交通艇、舷外挂机船舶、公务船),可只配驾驶员 1 名;未满总吨位 50 且主机总功率 220 kW 及以上的载客不超过 12 人的船艇(包括游艇、摩托艇、快艇、交通艇、舷外挂机船舶、公务船),配备驾驶员 1 名和普通船员 1 名。

2.船舶最低安全配员管理

(1)中国籍船舶配备外国籍船员应当符合以下规定:

①在中国籍船舶上工作的外国籍船员,应当依照法律、行政法规和国家其他有关规定取得就业许可;

②外国籍船员持有合格的船员证书,且所持船员证书的签发国与我国签订了船员证书认可协议;

③雇佣外国籍船员的航运公司已承诺承担船员权益维护的责任。

(2)中国籍船舶应当按照本规则的规定,持有海事管理机构颁发的《船舶最低安全配员证书》。

在中华人民共和国内水、领海及管辖海域的外国籍船舶,应当按照中华人民共和国缔结或者参加的有关国际条约的规定,持有其船旗国政府主管机关签发的《船舶最低安全配员证书》或者等效文件。

(3)船舶所有人应当在申请船舶国籍登记时,按规定对其船舶的最低安全配员如何适用相应标准予以陈述,并可以包括对减免配员的特殊说明。

海事管理机构应当在依法对船舶国籍登记进行审核时,核定船舶的最低安全配员,并在核发船舶国籍证书时,向当事船舶配发《船舶最低安全配员证书》。

(4)在境外建造或者购买并交接的船舶,船舶所有人应当向所辖的海事管理机构提交船舶买卖合同或者建造合同及交接文件、船舶技术和其他相关资料,办理《船舶最低安全配员证书》。

(5)海事管理机构核定船舶最低安全配员时,除查验有关船舶证书、文书外,可以就本规则第六条所述的要素对船舶的实际状况进行现场核查。

(6)船舶在航行、停泊、作业时,必须将《船舶最低安全配员证书》妥善存放在船备查。

船舶不得使用涂改、伪造以及采用非法途径或者舞弊手段取得《船舶最低安全配员证书》。

(7)船舶所有人应当按照本规则的规定和《船舶最低安全配员证书》载明的船员配备要求,为船舶配备合格的船员。

(8)船舶所有人应当在《船舶最低安全配员证书》有效期截止前1年以内,或者在船舶国籍证书重新核发或者相关内容发生变化时,凭原证书向船籍港的海事管理机构办理换发证书手续。

(9)证书污损不能辨认的,视为无效,船舶所有人应当向所辖的海事管理机构申请换发。证书遗失的,船舶所有人应当书面说明理由,并附有关证明文件,向船籍港的海事管理机构办理补发证书手续。

换发或者补发的《船舶最低安全配员证书》的有效期,不得超过原发的《船舶最低安全配员证书》的有效期。

(10)船舶状况发生变化需改变证书所载内容时,船舶所有人应当向船籍港的海事管理机构重新办理《船舶最低安全配员证书》。

(11)在特殊情况下,船舶需要在船籍港以外换发或者补发《船舶最低安全配员证书》的,经船籍港海事管理机构同意,船舶当时所在港口的海事管理机构可以按照本规定予以办理并通报船籍港海事管理机构。

3.内河船舶最低安全配员监督检查

中国籍、外国籍船舶在办理进、出港口或者口岸手续时,应当交验《船舶最低安全配员证书》。

中国籍、外国籍船舶在停泊期间,均应配备足够的掌握相应安全知识并具有熟练操作能力,能够保持对船舶及设备进行安全操纵的船员。

无论何时,500总吨及以上(或者750 kW及以上)海船、600总吨及以上(或者441 kW及以上)内河船舶的船长和大副,以及轮机长和大管轮不得同时离船。

船舶未持有《船舶最低安全配员证书》或者实际配员低于《船舶最低安全配员证书》要求的,对中国籍船舶,海事管理机构应当禁止其离港直至船舶满足本规则的要求;对外国籍船舶,海事管理机构应当禁止其离港,直至船舶按照《船舶最低安全配员证书》的要求配齐人员,或

者向海事管理机构提交由其船旗国主管当局对其实际配员作出的书面认可。

对违反国家相应规则的船舶和人员,依法应当给予行政处罚的,由海事管理机构依据有关法律、行政法规和规章的规定给予相应的处罚。

(二)中华人民共和国船舶安全营运和防止污染管理规则

《中华人民共和国船舶安全营运和防止污染管理规则》自 2003 年 1 月 1 日起,对国内跨省航行载客定额 50 人及以上的客船(包括客滚船、旅游船、高速客船)、150 总吨及以上的气体运输船和散装化学品船生效;自 2004 年 7 月 1 日起,对国内载客定额 50 人及所有跨省航行的客船和 500 总吨及以上的油船生效;自 2007 年 7 月 1 日起,对 500 总吨及以上的沿海跨省航行的散货船和其他货船生效;自 2021 年 1 月 1 日起,对在直属海事管理机构登记的内河 3 000 总吨及以上的散货船和其他货船生效,相关船舶须于 2020 年 12 月 31 日前取得《符合证明》(DOC)或《临时符合证明》(副本)及《安全管理证书》(SMC)或《临时安全管理证书》。

本规则适用于国内航行船舶及其公司。

1.基本概念和定义

(1)"公司",是指中国籍船舶的所有人,或已承担船舶所有人的船舶营运责任并同意承担本规则规定的所有责任和义务的任何组织,如船舶管理人或光船承租人。

(2)"主管机关",是指中华人民共和国海事管理机构。

(3)"安全管理体系",是指能使公司人员有效执行公司安全和环境保护方针的结构化和文件化的体系。

(4)"符合证明",是指签发给公司,表明该公司符合本规则要求的证明文件。

(5)"安全管理证书",是指发给船舶,表明其公司和船上管理已按照认可的安全管理体系运作的证明文件。

(6)"客观证据",是指通过观察、衡量或测试获得并被证实的有关安全或安全管理体系要素的量或质的信息、记录或事实声明。

(7)"周年日",是指对应于有关证明文件有效截止日期的每年的该月该日。

2.目标和功能要求

(1)安全管理目标

①提供船舶营运的安全做法和安全工作环境。

②针对已认定的所有风险制定防范措施。

③不断提高船、岸人员的安全管理技能以及安全与环境保护应急反应能力。

(2)公司的安全管理体系

公司的安全管理体系应保证:

①符合强制性规定和标准;

②充分考虑国际海事组织、主管机关、船舶检验机构和行业组织所建议的规则、指南和标准。

(3)安全管理体系的功能要求

公司应建立、实施并保持包括以下功能要求的安全管理体系:

①安全和环境保护方针;

②保证船舶的安全和防污染操作符合有关规定和标准的工作程序和须知;

③船、岸人员的职责、权限和相互间的联系渠道；

④事故和不符合规定情况的报告程序；

⑤对紧急情况的准备和反应程序；

⑥内部审核、有效性评价和管理复查程序。

3.安全和环境保护方针

(1)公司应制定安全和环境保护方针，其内容应能说明如何实现安全管理目标。

(2)公司应当采取措施，确保船岸各级机构均能始终贯彻执行此方针。

4.公司的责任和权力

(1)如果负责船舶安全和防污染管理责任的实体不是船舶所有人，则船舶所有人与该实体必须签订符合以下规定的船舶管理协议，并将双方的详细情况报告主管机关：

①当船舶安全和防污染与生产、经营、效益发生矛盾时，应当坚持安全第一和保护环境的原则；

②船舶管理公司同意承担本规则所规定的所有责任和义务；

③在不妨碍船长履行其职责并独立行使其权力的前提下，船舶管理公司对处理涉及船舶安全和防污染的事务具有最终决定权。

(2)对管理、执行以及审核监控安全和防污染工作的所有人员，公司应当以文件的形式明确规定其责任、权力及相互关系。

(3)为使指定人员能够履行职责，公司有责任确保对其提供足够的资源和岸基支持。

5.指定人员

(1)公司应当任命指定人员，以直接同最高管理层联系，提供公司与船舶的联系渠道。

(2)公司应当以文件形式明确规定指定人员的责任和权力。指定人员的责任和权力应包括：

①对公司船岸的安全和防污染工作进行监控；

②确保公司向船舶提供足够的资源和岸基支持。

6.船长的责任和权力

(1)公司应当以文件形式明确规定船长的下列责任：

①执行公司的安全和环境保护方针；

②激励船员遵守该方针；

③以简明方式发布相应的指令；

④核查具体要求的遵守情况；

⑤复查安全管理体系并向公司岸上管理部门报告其存在的缺陷。

(2)公司应当保证在安全管理体系中包含一个强调船长权力的明确声明，确定船长的绝对权力和责任，以便船长能够就安全和防污染事务作出决定，并在必要时要求公司给予协助。

7.资源和人员

(1)公司应当确保船长：

①具有适当的指挥资格；

②熟悉公司的安全管理体系；

③得到必要的支持，以便可靠地履行其职责。

（2）公司应当保证按照有关规定为每艘船舶配备合格并健康的船员。

（3）公司应当建立有关程序，以便保证涉及安全和环境保护工作的新聘和转岗人员熟悉其职责。凡需在开航前发出的重要指令均应当标明并以书面形式下达。

（4）公司应当保证安全管理体系内的所有人员充分地理解有关规定、标准和相关指南。

（5）公司应当建立有关程序，以标识为支持安全管理体系可能需要的任何培训，并保证向所有相关人员提供这种培训。

（6）公司应当建立有关程序，确保船员能够及时获得有关安全管理体系的信息。

（7）公司应当保证船员在履行其涉及安全管理体系的职责时能够有效地交流。

8. 船上操作方案的制定

对涉及船舶安全和防污染的关键性的船上操作，公司应当建立如何制定有关方案和须知（包括需要的检查清单）的程序。与之相关的各项工作，应明确规定由适任人员承担。

9. 应急准备

（1）公司应当建立程序，以标识描述船上可能出现的紧急情况，并明确对这些紧急情况如何作出反应。

（2）公司应当制订应急行动的训练和演习计划。

（3）安全管理体系应提供措施，确保公司能在任何时候对其船舶所面临的危险、紧急情况和事故作出反应。

10. 不符合规定的情况、事故和险情的报告和分析

（1）公司应当建立程序，确保将不符合规定的情况、事故和险情及时报告公司，并保证进行调查和分析，以便改进安全和防污染工作。

（2）公司应当建立实施纠正措施的程序。

11. 船舶和设备的维护

（1）公司应当制定程序，保证船舶及设备按照有关规定和标准以及公司可能制定的任何附加要求进行维护。

（2）为满足这些要求，公司应当保证：

①按照适当的间隔期进行检查；

②任何不符合规定的情况及其可能的原因得到报告；

③采取适当的纠正措施；

④保存这些活动的记录。

（3）公司应当制定有关程序，以便标示那些会因突发性运行故障而导致险情的设备和技术系统，并提供具体措施，以提高这些设备和系统的可靠性。这些措施应当包括对备用装置及设备或非连续使用的技术系统的定期测试。

12. 文件

（1）公司应当建立有关程序，对与安全管理体系有关的所有文件和资料进行控制。

（2）公司应当保证：

①在所有相关场所均能够获得有效的文件；

②文件的更改应由经授权的人审查批准；

③被废止的文件应及时清除。

（3）用于阐述和实施安全管理体系的文件可称为安全管理手册。公司应以最有效的方式保存文件。每艘船舶均应配备与之有关的全部文件。

13.内部审核、有效性评价和管理复查

（1）公司应当定期开展内部审核，以核查安全与防污染活动是否符合安全管理体系的要求。除非由于公司的规模和性质不可能做到，实施内部审核的人员应当不从属于被审核的部门。

（2）公司应当定期评价安全管理体系的有效性，必要时还应当对安全管理体系进行管理复查。

（3）内部审核及管理复查的结果应当告知所有负有责任的人员，以提请他们注意。

（4）负有责任的管理人员应当对所发现的缺陷及时采取纠正措施。

（5）内部审核、有效性评价、管理复查及可能采取的纠正措施应当按文件规定的程序进行。

14.发证和定期审核

（1）船舶应当由已取得与该船相关的《符合证明》或符合要求的《临时符合证明》的公司营运。

（2）对于符合本规则要求的公司，主管机关将签发有效期不超过5年的《符合证明》。该证明将作为公司符合本规则要求的证据。

（3）《符合证明》只对适用的船舶种类有效。船舶种类以初次审核确定的为准。针对《符合证明》中的新增船种，公司必须通过审核并证实公司的管理能力满足本规则关于该船种的要求。

（4）《符合证明》的有效性服从于由主管机关在周年日前后三个月内进行的年度审核。

（5）如果公司没有申请本规则第13.4条所要求的年度审核，或者有客观证据表明存在重大不符合规定情况，主管机关将收回《符合证明》。

（6）如果收回《符合证明》，所有相关的《安全管理证书》或《临时安全管理证书》也应收回。

（7）船上应当保存一份《符合证明》（副本），以便船长在接受主管机关查验时出示。

（8）经审核，船上的管理及操作符合经认可的公司安全管理体系要求的，主管机关或主管机关认可的机构将向船舶签发有效期不超过5年的《安全管理证书》。该证书可作为船舶符合本规则有关要求的证据。

（9）《安全管理证书》的有效性服从于由主管机关或主管机关认可的机构进行的至少一次的中间审核。如果只进行一次中间审核，且《安全管理证书》的有效期为5年，中间审核须在证书的第二个和第三个周年日之间进行。

（10）如果没有特殊情况，公司没有申请特殊审核，或者有客观证据表明存在重大不符合规定情况，主管机关将收回《安全管理证书》。

（11）公司应当在《符合证明》或《安全管理证书》有效期届满前申请换证审核。当换证审核在所持《符合证明》或《安全管理证书》有效期届满之前3个月内完成时，新签发的《符合证明》或《安全管理证书》自完成换证审核之日起有效，且有效期自原证书有效期届满之日起不超过5年。

（12）当换证审核在所持《符合证明》或《安全管理证书》有效期届满之日3个月前完成时，

新签发的《符合证明》或《安全管理证书》自完成换证审核之日起有效,且有效期自完成换证审核之日起不超过5年。

15.核发临时证书

(1)新成立的公司或对《符合证明》增加船种的公司,主管机关在审核公司安全管理体系满足本规则第1.2.3条目标要求后,向其签发有效期不超过12个月的《临时符合证明》,但该公司必须作出在《临时符合证明》有效期内实施满足本规则全部要求的安全管理体系的计划。《临时符合证明》的一份副本应当保存在船上,以便船长在接受主管机关查验时出示。

(2)新造船舶交付使用或公司新承担对某一船舶的安全和防污染管理责任的,经主管机关或主管机关认可的机构审核确认满足下述要求后,向船舶签发有效期不超过6个月的《临时安全管理证书》:

①《符合证明》或《临时符合证明》覆盖了该船舶种类;

②公司已向船舶提供了安全管理体系文件及相关信息;

③公司已做好在3个月内对该船实施内部审核的计划;

④高级船员熟悉安全管理体系及其实施的计划安排;

⑤标明为重要的指令已在开航前下达。

(3)在特殊情况下,主管机关可以对《临时安全管理证书》的有效期作出不超过6个月的展期。

16.审核管理

有关安全管理体系审核发证的规则及程序,由中华人民共和国海事局制定。

17.证书

《符合证明》《安全管理证书》《临时符合证明》《临时安全管理证书》由中华人民共和国海事局确定格式并统一制作。

二、通航保障

《中华人民共和国内河交通事故调查处理规定》是为了加强内河交通安全管理,规范内河交通事故调查处理行为而制定的法规。

(一)中华人民共和国内河交通事故调查处理规定

《中华人民共和国内河交通事故调查处理规定》为内河交通事故的调查处理提供了明确的法律依据和规范要求,有助于加强内河交通安全管理,减少交通事故的发生,保障人民群众的生命和财产安全。

1.基本概念和定义

(1)本规定所称内河交通事故是指船舶、浮动设施在内河通航水域内航行、停泊、作业过程中发生的下列事件:

①碰撞、触碰或者浪损;

②触礁或者搁浅;

③火灾或者爆炸;

④沉没(包括自沉);

⑤影响适航性能的机件或者重要属具的损坏或者灭失；

⑥其他引起财产损失或者人身伤亡的交通事件。

（2）内河交通事故按照人员伤亡和直接经济损失情况，分为小事故、一般事故、大事故、重大事故和特大事故。小事故、一般事故、大事故、重大事故的具体标准按照交通运输部颁布的《水上交通事故统计办法》的有关规定执行。

（3）内河交通事故的调查处理，应当遵守相关法律、行政法规的规定。特大事故的具体标准和调查处理按照国务院的有关规定执行。

2.报告

（1）船舶、浮动设施发生内河交通事故，必须立即采取一切有效手段向事故发生地的海事管理机构报告。报告的主要内容包括：船舶、浮动设施的名称，事故发生的时间和地点，事故发生时水域的水文、气象、通航环境情况，船舶、浮动设施的损害情况，船员、旅客的伤亡情况，水域环境的污染情况，以及事故简要经过等内容。

海事管理机构接到事故报告后，应当做好记录。接到事故报告的海事管理机构不是事故发生地的，应当及时通知事故发生地的海事管理机构，并告知当事人。

（2）船舶、浮动设施发生内河交通事故，除应当按第七条规定进行报告外，还必须在事故发生后24 h内向事故发生地的海事管理机构提交《内河交通事故报告书》和必要的证书、文书资料。

（3）引航员在引领船舶的过程中发生内河交通事故的，引航员也必须按前款规定提交有关材料。

（4）在特殊情况下，不能按上述规定的时间提交材料的，经海事管理机构同意，可以适当延迟。

（5）《内河交通事故报告书》应当包括下列内容：

①船舶、浮动设施概况（包括其名称、主要技术数据、证书、船员及所载旅客、货物等）；

②船舶、浮动设施所属公司情况（包括其所有人、经营人或者管理人的名称、地址、联系电话等）；

③事故发生的时间和地点；

④事故发生时水域的水文、气象、通航环境情况；

⑤船舶、浮动设施的损害情况；

⑥船员、旅客的伤亡情况；

⑦水域环境的污染情况；

⑧事故发生的详细经过（碰撞事故应当附相对运动示意图）；

⑨船舶、浮动设施沉没的，其沉没概位；

⑩与事故有关的其他情况。

（6）《内河交通事故报告书》的内容必须真实，不得隐瞒事实或者提供虚假情况。

3.调查

（1）船舶、浮动设施发生内河交通事故，有关船舶、浮动设施、单位和人员必须严格保护事故现场。除因抢险等紧急原因外，未经海事管理机构调查人员的现场勘查，任何人不得移动现场物件。

（2）海事管理机构在接到内河交通事故报告后，应当立即派员前往现场调查、取证，并对

事故进行审查,认为确属内河交通事故的,应当立案。

(3)调查人员执行调查任务时,应当出示证明其身份的行政执法证件。执行调查任务的人员不得少于两人。当事人有权依法申请与本次交通事故有利害关系或者有其他关系和可能影响事故调查处理客观、公正的调查人员回避。

(4)发生内河交通事故的船舶、浮动设施及相关单位和人员应当接受和配合海事管理机构的调查、取证。有关人员应当如实陈述事故的有关情况和提供有关证据,不得谎报情况或者隐匿、毁灭证据。

其他知道事故情况的人也应当主动向海事管理机构提供有关情况和证据。

(5)根据事故调查的需要,海事管理机构可以责令事故所涉及的船舶到指定地点接受调查。当事船舶在不危及自身安全的情况下,未经海事管理机构批准,不得驶离指定地点。

(6)根据调查工作的需要,海事管理机构可以行使下列权力:

①勘查事故现场,搜集有关证据;

②询问当事人及其他有关人员并要求其提供书面材料和证明;

③要求当事人提供各种原始文书、航行资料、技术资料或者其影印件;

④检查船舶、浮动设施及有关设备、人员的证书,核实事故发生前船舶的适航状况、浮动设施及有关设备的技术状态、船舶的配员情况以及船员的适任状况等;

⑤对事故当事船舶、浮动设施、有关设备以及人员的各类证书、文书、日志、记录簿等相关违法证据可以依法先行登记保存;

⑥核查事故所导致的财产损失和人身伤亡情况。

海事管理机构在进行调查取证时,可以采用录音、录像、照相等法律、法规允许的调查手段。

(7)调查人员勘查事故现场,应当制作现场勘查笔录。勘查笔录制作完毕,应当由当事人在勘查笔录上签名。当事人不在现场或者无能力签名的,应当由见证人签名。无见证人或者当事人、见证人拒绝签名的,调查人员应当在勘查笔录上注明。

(8)调查人员进行询问调查时,应当如实记录询问人的问话和被询问人的陈述。询问笔录上的所列项目,应当按规定填写齐全。询问笔录制作完毕,应当由被询问人核对或者向其宣读,如记录有差错或者遗漏,应当允许被询问人更正或者补充。询问笔录经被询问人核对无误后,应当由其签名,拒绝签名的,调查人员应当在询问笔录上注明。

(9)调查人员进行询问调查,有权禁止他人旁听。

(10)海事管理机构根据调查工作需要,可依法对事故当事船舶、浮动设施及有关设备进行检验、鉴定或者对有关人员进行测试,并将取得的书面检验、鉴定或者测试报告作为调查取得的证据。

(11)有关单位、人员对事故所导致的财产损失应当如实向海事管理机构备案登记。

(12)事故调查、取证结束,应当通知当事人,并及时返还或者启封所扣留、封存的各类证书、文书、日志、记录簿等。

(13)任何单位和个人不得干涉、阻挠海事管理机构依法对内河交通事故进行调查。

4.处理

根据内河交通事故发生的原因,海事管理机构可责令有关船舶、浮动设施的所有人、经营人或者管理人对其所属船舶、浮动设施加强安全管理。有关船舶、浮动设施的所有人、经营人或者管理人应当积极配合,认真落实。对拒不加强管理或者在期限内达不到安全要求的,海事管理机构有权采取责令其停航、停止作业等强制措施。

（二）中华人民共和国船舶交通管理系统安全监督管理规则

《中华人民共和国船舶交通管理系统安全监督管理规则》是为了加强船舶交通管理,保障船舶交通安全,提高船舶交通效率,保护水域环境,根据《中华人民共和国海上交通安全法》《中华人民共和国内河交通安全管理条例》等有关法律、法规而制定的。

1.基本概念和定义

（1）船舶,是指按有关国际公约和国内规范的规定应配备通信设备及主管机关要求加入的 VTS 系统的船舶。

（2）VTS 系统,是指为保障船舶交通安全,提高交通效率,保护水域环境,由主管机关设置的对船舶实施交通管制并提供咨询服务的系统。

（3）VTS 区域,是指由主管机关划定并公布的,VTS 系统可以实施有效管理的区域。

（4）VTS 用户指南,是指由设置 VTS 系统的主管机关,根据本规则制定、颁发的便于船舶加入和使用 VTS 系统的指导性文件。

（5）船舶动态报告,是指船舶在某一 VTS 区域内,按照主管机关的规定通过 VHF 无线电话或其他有效手段向 VTS 中心进行的有关航行动态的报告。

2.适用范围和主管机关

（1）本规则适用于在中华人民共和国沿海及内河设有 VTS 系统的区域内航行、停泊和作业的船舶、设施(以下简称船舶)及其所有人、经营人和代理人。

（2）中华人民共和国港务监督机构是全国船舶交通管理系统安全监督管理的主管机关(以下简称主管机关)。

主管机关设置的 VTS 中心是依据本规则负责具体实施船舶交通管理的运行中心。

3.船舶报告

（1）船舶在 VTS 区域内航行、停泊和作业时,必须按主管机关颁发的《VTS 用户指南》所明确的报告程序和内容,通过 VHF 无线电话或其他有效手段向 VTS 中心进行船舶动态报告。

（2）船舶在 VTS 区域内发生交通事故、污染事故或其他紧急情况时,应通过 VHF 无线电话或其他一切有效手段立即向 VTS 中心报告。

（3）船舶发现助航标志异常,有碍航行安全的障碍物、漂流物或其他妨碍航行安全的异常情况时,应迅速向 VTS 中心报告。

（4）船舶与 VTS 中心在 VHF 无线电话中所使用的语言应为汉语普通话或英语。

4.船舶交通管理

（1）在 VTS 区域内航行的船舶除应遵守《1972 年国际海上避碰规则》和《内河避碰规则》外,还应遵守交通运输部和主管机关颁布的有关航行、避让的特别规定。

（2）船舶在 VTS 区域内航行时,应用安全航速行驶,并应遵守交通运输部和主管机关的限速规定。

（3）船舶在 VTS 区域内应按规定锚泊,并应遵守锚泊秩序。

（4）任何船舶不得在航道、港池和其他禁锚区锚泊,在紧急情况下锚泊必须立即报告 VTS 中心。

（5）船舶在锚地并靠或过驳必须符合交通运输部和主管机关的有关规定,并应及时通报

VTS中心。

（6）船舶在VTS区域内航行、停泊和作业时，应在规定的VHF频道上正常守听，并应接受VTS中心的询问。

5.船舶交通服务

（1）应船舶请求，VTS中心可向其提供他船动态、助航标志、水文气象、航行警（通）告和其他有关信息服务。

（2）应船舶请求，VTS中心可为船舶在航行困难或气象恶劣环境下，或船舶一旦出现了故障或损坏时提供助航服务。船舶不再需要助航时，应及时报告VTS中心。

（3）为避免紧迫局面的发生，VTS中心可向船舶提出建议、劝告或发出警告。

（4）VTS中心认为必要的时候或应船舶或其所有人、经营人、代理人的请求，可为其传递打捞或清除污染等信息和协调救助行动。

（5）应船舶或其所有人、经营人、代理人的请求，有条件的VTS中心还可为其提供本规则第四章规定以外的服务。

第四节　船舶应急与救助

当前，船舶面临的紧急状况大致可以归纳为四大类，细分为23种情形。首先，涉及火灾与海损的，如船只碰撞、搁浅触礁、火灾爆炸、船体损伤进水等；其次，机械故障和污染事件，包括主机、舵机失效，供电异常，机舱事故，以及可能导致污染的船舶泄漏或排放；再次，货物相关的损害，如货物移位、海难自救抛货和危险货物事故；最后，关于人身安全的紧急情况，如严重伤病、人员落水、海盗或暴力威胁、搜救行动、封闭空间作业、战区风险和直升机操作安全等。

一、碰撞前后的应急处置

（1）船舶发生碰撞后，应确保船体稳定，并立即向船长报告碰撞的具体情况和位置。

（2）船长应立即评估周围情况，指派人员详细检查碰撞部位、受损程度和人员伤亡情况，并优先救治重伤人员。

（3）同时，安排人员快速检查碰撞部位周围的船舱，确认是否出现进水情况，以便及时采取应对措施。

（4）轮机长应立即组织轮机部人员，对主、副机和其他关键机舱设备进行全面检查，确保它们正常运转，并记录所有检查情况。

（5）如果发现船舶进水，应立即启动堵漏和排水设备，尽可能减小进水量。如果船舶有下沉趋势，应迅速驶向浅水区进行搁浅，以减少损失。

（6）在确保自身安全的前提下，如果对方船舶处于危险状态，应优先考虑进行救援，确保人员安全。

（7）如果与小机船发生碰撞，应根据小机船的受损情况采取相应的救助措施，避免造成人员伤亡。夜间还应使用探照灯追踪被碰撞的小机船，确保救援行动的安全和有效。

（8）如果一船嵌入另一船体内，应避免盲目倒车，以免对方船舶因大量进水而遭受更大损失。在这种情况下，可以考虑利用动力顶往浅水区搁浅，或采取其他措施来稳定船舶。如果嵌入的船舶正在快速下沉,并威胁到本船的安全,应首先迅速转移对方船上的人员至本船,然后再考虑其他救援措施。

(9)在整个救援过程中,应详细记录事故发生的时间、地点、参与人员、救援措施和结果等信息,并如实记录在航海日志中。如有需要,还应及时向附近的主管机关报告事故情况。

二、搁浅前后的应急处置

(1)船舶搁浅后,立即停车并报告船长,避免盲目操作。

(2)船长指派人员测量水深,了解搁浅情况,并检查船体、车、舵是否受损。

(3)按规定显示信号,通报周围船舶,必要时报告主管机关。

(4)轮机长检查机器、轴系等设备,确保无异常。

(5)船长根据现场制定脱浅方案和安全措施。

(6)若无法迅速脱浅,采取抛锚、出缆等措施,避免损失扩大。

(7)在走沙期搁浅时,果断采取措施,防止船舶倾覆。

(8)记录事故时间、地点、损失等情况于航海日志中。

三、堵漏

当船体因碰撞、搁浅、触礁、爆炸等原因而导致水线下部分受损进水时,船舶需立即执行一系列紧急措施以应对:

(1)立即发出堵漏应变警报,召集船员进行应对。一旦破损位置明确,船员应依据应急部署迅速携带堵漏设备前往事故现场;若破损位置尚未确定,则需根据现场指挥的指示进行查找,准确判断进水位置。

(2)若有油舱(柜)出现泄漏,应立即封闭其甲板上的所有开口,包括透气阀,并立即启动油污应急响应。

(3)为确定进水位置,现场指挥应指导相关人员通过下舱检查、测量各油水舱(柜)液位变化或倾听是否有进水声等方法来明确进水部位。在船体舷侧,还可以利用特制工具探测进水位置及破损程度。

(4)一旦查明破损部位,需立即关闭其邻近舱室的水密门及其他水密设施。若破损严重,常规堵漏手段难以迅速奏效时,应对相邻舱壁进行加固支撑。

(5)若船舶仍在航行中,应减速以降低水流、波浪对破损部位的冲击,必要时甚至停车或改变航向,将破损部位置于下风(流)舷以减少进水。

(6)机舱人员需确保主、辅机状态良好,全力排水并协助现场的堵漏工作。

(7)准确估算进水量,结合船舶排水能力和实际情况,评估险情发展,决定后续行动,如继续排水航行、请求援助、抢滩或弃船。

(8)为调整船体严重横倾和纵倾,需慎重选择平衡方法,如移驳法、对称注入法或减载法,并考虑其对船舶稳性和强度的影响。

(9)救生艇应准备就绪,以防因严重横倾而无法正常投放。

抢救过程需详细记录,并向主管机关及船东报告。

四、火灾救助、落水救助

（一）火灾救助

（1）发现火情后，迅速定位火源并发出警报，通知船长和驾驶台，同时就地使用灭火器材进行初步扑救；

（2）船员听到警报后，立即按照分工和船长指令展开救援行动；

（3）船长根据火情制定灭火策略，并判断是否有爆炸风险，必要时报告主管机关；

（4）立即切断火灾区域的油路、电路，并关闭门窗，防止火势蔓延；

（5）航行中降低航速，根据风向调整船位，使火源处于下风侧；

（6）机舱火灾时，切断油源，隔离油柜，必要时封舱并使用固定灭火系统；

（7）若火势无法控制，持续报告主管机关，请求附近船舶协助，并考虑驶向浅水区或触坡进行紧急处理；

（8）将事故发生的详细情况，包括时间、地点等，并记入航海日志。

（二）落水救助

（1）发现人员落水，立即停车并转向落水者一侧，避免螺旋桨伤害，并发出警报信号，报告船长；

（2）向落水者抛投救生圈或浮具，尽量投在落水者上风、下流方向，同时呼叫并跟踪；

（3）派人高处瞭望落水者，不断报告位置，夜间使用探照灯辅助搜救；

（4）附近有船舶驶近时，立即联系请求协助搜救；

（5）操纵船舶安全接近落水者，避免扩大损失；

（6）条件允许时，使用救生艇或划艇进行营救；

（7）记录事故发生的详细情况，包括时间、地点等，并记入航海日志。

五、弃船、拖带

（1）当船舶遭遇严重事故，船体大量进水导致迅速下沉，且无法及时通过抢滩来避免下沉或保护人员安全时，船长必须迅速作出决策，果断下达弃船指令；

（2）在决定弃船前，应尽力将船舶操纵至不影响其他船只航行的浅水区域，选择水下地形较为平坦的地方；在必要的情况下，尽可能将缆绳固定到岸上，并做好明显的弃船标记；

（3）一旦弃船命令发出，船员们需按照各自职责迅速行动，携带必要的文件和物品如国旗、航海日志、轮机日志、车钟记录、船舶印章、账簿、现金、电台执照、船舶图纸、急救药品、船舶和船员证书证件、票据等离船，同时，应尽力抢救贵重的物品和货物；

（4）对于客船而言，疏散旅客是首要任务，应优先安排旅客安全离船；

（5）船长在发布弃船命令后，有责任确保所有船员都安全撤离，并最后离开船舶；

（6）在弃船后，应立即将弃船的原因、地点以及采取的应急措施报告给附近的主管机关和所属公司；

（7）事故发生的具体时间、地点以及所采取的应急措施等关键信息，必须如实记录在航海日志中。

六、突发情况处理

船舶在处理突发情况的时候,应急措施的程序大致相同,出现除上述情况之外的突发情况,可以按照以下三个阶段进行。

(一)初始阶段

(1)迅速发现险情并启动报警机制;

(2)对险情进行初步评估和控制,防止事态进一步恶化;

(3)明确紧急情况的性质,为后续处置提供方向;

(4)搜集与险情相关的关键信息,确保应急处置的针对性和有效性;

(5)快速组建应急反应小组,准备必要的应急设备和器材;

(6)制定并确定应急方案,确保所有船员明确各自职责;

(7)召集船员按照既定预案或协商后的方案进行紧急处置。

(二)关键阶段

(1)严格按照应急预案或协商方案执行,确保每一步骤都准确无误;

(2)评估应急措施的实施效果,及时发现问题并作出调整;

(3)根据实际情况调整应急方案和处置行动,确保资源利用最大化;

(4)在必要时寻求外部支持,增强应急处置能力;

(5)若需保护船员生命安全,应采取特殊行动(如弃船等)以确保人员安全。

(三)善后阶段

(1)对现场进行全面检查,彻底消除潜在隐患;

(2)准确记录事件经过和处置过程,及时向上级报告;

(3)恢复船舶的正常航行或停泊状态,确保船舶安全。

第五节　轮机常识

一、柴油机常识

柴油机是以柴油为燃料,利用空气在气缸内被压缩产生的高温高压,使喷入气缸的柴油自燃,并且膨胀做功的内燃机。

(一)常用名词

基于柴油机结构和功能顺序,其工作过程可以概述吸气、压缩、做功和排气四个主要冲程。

(1)上止点(TDC):又称上死点,是指活塞在气缸内运动到最上端位置,即活塞离开曲轴

中心最远的位置。

（2）下止点（BDC）：又称下死点，是指活塞在气缸内运动到最下端位置，即活塞距曲轴中心最近的位置。

（3）冲程：活塞从一个上止点运动到下一个上止点（或下止点到下止点）所经过的距离或空间。

（4）缸径：气缸的内径，通常用毫米（mm）表示。

（5）气缸工作容积：又称排量，活塞从上止点移动到下止点所扫过的气缸容积。

（6）燃烧室容积：活塞位于上止点时活塞顶上方的空间称为燃烧室，其容积称为燃烧室容积。

（7）气缸总容积：活塞位于下止点时活塞顶上方的气缸容积，包括气缸工作容积和燃烧室容积。

（8）压缩比：气缸总容积与燃烧室容积之比。这是一个重要的参数，影响着柴油机的性能和效率。

（9）压缩室高度：又称余隙高度或上量，是活塞位于上止点时活塞顶平面与气缸盖底平面之间的距离。

（10）爆发压力：在燃烧过程中气缸内产生的最大气体压力，是衡量柴油机性能和状态的关键参数。

（二）工作原理

柴油机在进气行程中吸入的是纯空气。压缩行程完成时，柴油经喷油泵将油压提高到10 MPa 以上，通过喷油器喷入气缸，在很短时间内与压缩后的高温空气混合，形成可燃混合气。柴油在喷入气缸后，在很短时间内与空气混合后便自行发火燃烧。气缸内的气压急速上升，在高压气体的推动下，活塞向下运动并带动曲轴旋转而做功。

（三）结构组成

柴油机的主要部件可以按照固定部件、运动部件和工作系统来划分，具体如下：

1. 固定部件

固定部件主要由机体组件、辅助部件构成。机体组件主要包含气缸体、气缸盖、曲轴箱三个关键部分，辅助部件还包括油底壳、机油滤清器、机油泵等。这些部件共同为柴油机的运行提供了必要的支持和保障。

2. 运动部件

运动部件主要包括活塞、连杆、曲轴、飞轮等。这些部件负责将热能转换为机械能，即将活塞的往复直线运动转换为曲轴的旋转运动。

3. 工作系统

（1）配气机构：包括凸轮轴、气门挺杆、气门弹簧、气门等。其主要任务是按照柴油机的工作循环，定时开启和关闭进、排气门。

（2）燃油供给系统：主要包括喷油泵、喷油器、调速器、输油泵、燃油滤清器等。其功能是根据柴油机的工作需要，定时、定量地向气缸内供给高压雾化良好的柴油。

（3）润滑系统：包括机油泵、机油滤清器、油底壳等。其主要任务是向柴油机各摩擦副供给润滑油,以减小摩擦阻力,降低磨损。

(4)冷却系统:包括水泵、散热器、风扇、冷却液管路等。其功能是及时散发柴油机受热零件的热量,使柴油机能够在适宜的温度下持续工作。

(5)启动系统:包括启动机、电池等。其功能是借助于外力(人力或其他动力)将静止的柴油机正常地运转起来。

此外,还有一些辅助部件和附件,如空气滤清器、皮带、轴承、密封件等,它们各自在柴油机的工作过程中发挥着重要作用。

(四)工作过程

柴油机具有热效率高、燃油适应性强、可靠性高、尺寸小、重量小等特点。

1.进气冲程

(1)曲轴带动活塞由上止点向下止点运动,此时排气门关闭、进气门打开。

(2)活塞下移,气缸内容积增大、压力减小,空气通过进气门被吸入气缸内,直至活塞运动到下止点。

2.压缩冲程

(1)曲轴继续旋转,活塞由下止点向上止点运动,气缸内形成封闭容积。

(2)随着活塞的上移,气缸内的空气被压缩,压力和温度不断升高。柴油机的压缩比通常较高,一般为16~22,这使得压缩完成时气缸内空气压力可达 3.5~4.5 MPa,温度高达 750~1 000 K。

3.做功冲程(燃烧和膨胀冲程)

(1)在压缩冲程的末尾,喷油嘴向气缸内喷射柴油,柴油与高温、高压的空气迅速混合,形成可燃混合气。

(2)由于温度远超过柴油的自燃温度,柴油与空气混合物自行发火燃烧,产生高温、高压气体。

(3)这些高温高压气体推动活塞向下运动,通过连杆带动曲轴旋转,从而输出机械能。

4.排气冲程

(1)活塞再次向上运动,排气门打开,进气门关闭。

(2)在活塞的推动下,燃烧产生的废气从排气门排出后进入排气系统,最终排放到大气中。

(五)柴油机气阀间隙的检查与调整方法

1.检查方法

(1)确定气门间隙的冷热状态

柴油机在冷态下的气门间隙为冷间隙,在热态下的气门间隙为热间隙。柴油机的使用说明书通常会给出冷、热间隙值,检查和调整应遵照其值进行。如果使用说明书给出的是一个范围值且没有标明冷热状态值,冷态检查时应向大值靠近,热态检查时应向小值靠近。

(2)确定压缩上止点

根据发动机构造原理,当各缸处于压缩上止点时,该缸气门处于关闭状态。先确定该缸的压缩上止点位置,再进行气门间隙的检查。

（3）使用塞尺检查

选出符合规定的塞尺插入气门杆与气门摇臂（或凸轮）之间。稍微拉动塞尺,如有轻微的阻力,表示间隙正确;反之,则需要进行气门间隙的调整。

2.调整方法

（1）逐缸调整法

按柴油机的做功顺序（如6缸为1—5—3—6—2—4,4缸为1—3—4—2）,依次对各个气缸的气门间隙进行检查和调整。首先找到某一缸的压缩终点,调整该缸的进排气门间隙;然后摇转曲轴,按点火顺序逐缸进行。

（2）两次盘车调整法

顺曲轴工作转向盘车转动飞轮,使第一缸活塞处于压缩冲程的上止点附近,然后按照逐缸调整法进行检查和调整。

（3）调整螺丝

在检查到需要调整的气门间隙时,可以用螺丝刀调整螺丝。用厚薄规插进摇臂压头与气门之间的缝隙,将摇臂的禁锢螺栓松开一至两扣,调整螺丝使厚薄规在其间能顺利移动且所遇阻力不大时即为合适。

3.注意事项

（1）检查和调整气门间隙时,应确保气门完全关闭且气门挺杆落至最低位置。

（2）由于排气门受高温废气的冲刷,温度较高,所以排气门间隙通常比进气门间隙大。

（3）在检查和调整过程中,要遵循柴油机的使用说明书和相关技术规范,确保操作正确和安全。

（六）喷油器的检查与调整方法

1.启阀压力检查

目的:验证喷油器在预设的压力下是否能够正确启动。

（1）准备:将喷油器安装在喷油器试验台上,并确保试验台的压力表校准准确。

（2）加压:逐渐增加喷油器试验台的压力,直至喷油器开始喷油。

（3）记录:记录喷油器开始喷油时的压力值,即启阀压力。

（4）对比:将记录的启阀压力与制造商提供的标准值或柴油机技术手册中的数据进行对比。如果测量的启阀压力超出标准范围,可能需要进行调整或更换喷油器。

2.密封性检查

目的:确保喷油器在不喷油时具有良好的密封性能,防止燃油泄漏。

（1）加压:将喷油器试验台的压力调整到喷油器的正常工作压力,并保持一段时间（如10 s）。

（2）观察:观察喷油器是否有燃油泄漏。可以通过观察喷油器周围是否有燃油渗出,或使用专门的泄漏检测器进行检查。

（3）评估:如果喷油器没有泄漏,则说明密封性能良好;如果有泄漏,则需要进一步检查喷油器的密封面、密封垫或O形圈等部件,并进行必要的维修或更换。

3.雾化质量检查

目的:评估喷油器喷出的燃油雾化质量,确保燃油能够充分燃烧。

（1）准备：将喷油器试验台的压力调整到喷油器的正常工作压力。

（2）喷油：启动喷油器试验台，使喷油器开始喷油。

（3）观察：观察喷油器喷出的燃油形状、颜色和均匀度。理想的雾化质量应该是细散的雾状油束，颜色应为透明的蓝色或淡蓝色。

（4）评估：如果喷油形状不正常、颜色过深或分布不均匀，则可能是喷油器内部堵塞、磨损或损坏等原因导致的。此时，需要对喷油器进行清洗、调整或更换。

二、汽油机常识

汽油机是一种以内燃机形式工作的动力装置，它通过燃烧汽油将化学能转化为机械能。汽油机通常具有较高的转速和功率，由于汽油的燃烧相对较为平稳，因此汽油机的噪声和振动也相对较小。但是，汽油机在燃烧过程中会产生一定的废气排放，包括有害气体，如一氧化碳、氮氧化物和碳氢化合物等。

（一）工作原理

汽油机和燃油机（通常指柴油机）的工作原理基本相同，不同点主要体现在以下几个方面：

（1）喷射方式：汽油机（除直喷发动机外）将汽油与燃料混合后进入气缸；柴油机则直接将柴油喷入已经充满压缩空气的气缸。

（2）点火方式：汽油机需要火花塞点燃混合气体，属于点燃式；柴油机则通过压缩机自燃点火，属于压燃式。这是因为柴油机通过更高的压缩比使得气缸内的空气温度高于柴油的燃点，从而引发柴油的自燃。

（3）压缩比：汽油机的气缸压缩比较低，通常在10以下；柴油机的气缸压缩比较高，一般在14以上。柴油机的气缸压缩比高，其膨胀比和热效率也相应较高，使得油耗比汽油机要低。

（4）燃烧模式：汽油机采用的是预混合的火焰传播燃烧模式；柴油机采用的主要是扩散燃烧的方式。

（5）负荷调节控制要素：汽油机依靠控制混合气的进出量来调节负荷；柴油机则依靠循环喷油量来调节负荷。

（6）扭矩与功率：柴油机的扭矩通常比同排量的汽油机要大，这主要是因为柴油机的压缩比大，活塞行程大，可以发出较大的扭矩；但在功率方面，汽油机往往更大。

（7）机油要求：汽油机由于工作温度和压力相对较低，要求机油具有良好的低温油泥分散性；柴油机因为长时间运行，发动机温度和压力都较高，要求机油具有良好的高温清净性。

总的来说，汽油机和柴油机在工作原理上存在明显的差异，这些差异使得它们在不同的应用场合下具有各自的优势。

（二）船舶汽油机的维护保养要求

（1）定期检查：定期对汽油机的关键部件如气缸、活塞、曲轴、气门结构、点火系统等进行检查，确保它们没有磨损、损坏或泄漏现象。

（2）冷却系统维护：当水温高时，机油会变薄，发动机中的摩擦间隙变小，可能会产生异响。因此，应定期检查冷却系统的工作情况，保持水温在正常范围内；定期检查冷却系统的状态，包括冷却液的水平、散热器的清洁度等，确保发动机的正常散热，防止过热。

（3）清洗和维护：对于曲轴箱、水箱等部件，应定期进行清洗和维护，以去除其中的油泥、积炭和锈迹，保证这些部件的正常运行。

（4）检查点火系统：对点火线圈、火花塞等点火系统部件进行定期检查，确保其工作正常，无积炭、损坏等现象。

（5）紧固件检查：船舶在运行过程中，振动和冲击可能会导致紧固件松动或脱落。应定期检查发动机的所有紧固件，如螺栓、螺母等，确保它们紧固并处于良好状态，防止因松动而导致的故障。

（6）保持清洁：船舶汽油机应保持清洁，避免灰尘、水分等污染物进入机体内部；同时，应定期清洗和更换空气滤清器，保证进入发动机的空气质量。

三、LPG 发动机常识

船舶上使用的 LPG（液化石油气）发动机是一种以内燃机形式工作的动力装置，它使用液化石油气（LPG）作为燃料。LPG 发动机在船舶领域的应用越来越广泛，主要是因为其在环保、高效和经济性等方面的优势。

（一）LPG 发动机的优势

LPG 发动机的工作原理与汽油机类似，但使用的燃料是液化石油气。在 LPG 发动机中，LPG 通过燃料供应系统被输送到发动机燃烧室，与空气混合后被点燃，产生高温、高压气体以推动活塞做功，将热能转化为机械能。LPG 发动机的燃烧过程相对平稳，噪声和振动较小，同时排放的废气也相对较少，符合环保要求。

（1）环保性：LPG 发动机在燃烧过程中产生的废气排放量较小，尤其是硫化物和颗粒物等有害物质的排放量大大减小，有助于降低船舶航行对环境的污染。

（2）经济性：LPG 作为一种清洁能源，价格相对稳定且成本较低。使用 LPG 发动机可以降低船舶的燃料成本，提高经济效益。

（3）安全性：LPG 具有较高的闪点和较低的爆炸极限，相对于其他燃料，其安全性更高。同时，LPG 发动机的供气系统也相对简单，易于维护和管理。

需要注意的是，船舶上使用 LPG 发动机需要配备相应的储存和供应系统，以确保燃料的稳定供应和安全。此外，由于 LPG 发动机的燃烧特性与汽油机有所不同，因此在使用和维护过程中需要遵循特定的操作规程和注意事项。

船舶上使用 LPG 发动机是一种环保、高效和经济性的选择，有助于推动航运业的可持续发展。

（二）LPG 发动机的维护保养要求

（1）燃料系统检查：经常检查 LPG 的储存容器、管路和连接件，确保没有泄漏或损坏。任何泄漏都应立即修复，因为 LPG 是易燃的。

（2）润滑系统维护：使用适当质量的润滑油，并定期更换。确保发动机得到良好的润滑以减少磨损。

（3）点火系统检查：定期检查点火系统，包括火花塞、点火线圈等，确保它们工作正常。

（4）冷却系统维护：定期检查冷却系统，包括散热器、冷却液等，确保发动机温度在正常范围内。过热可能会导致发动机损坏。

（5）空气滤清器更换：定期更换空气滤清器，以防止灰尘和杂质进入发动机。

（6）使用质量合格的 LPG：确保使用的 LPG 质量符合标准，不要使用含有过多杂质的 LPG，以免损坏发动机。

（7）安全操作：在加注 LPG 时，确保遵循安全操作规程，降低发生火灾和爆炸的风险。

（8）记录保存：保存发动机的运行和维护记录，以便跟踪发动机的状态和性能。

四、蓄电池常识

船舶上的蓄电池是一种能够为船舶提供电力的设备，它能够在没有外部电源的情况下储存和释放电能，以满足船舶的各种用电需求。这种蓄电池也被称为二次电池，因为它在放电后可以通过充电的方式使电池内部的活性物质再生，将电能转换成化学能，并在需要放电时再次将化学能转换成电能。船舶蓄电池的应用场景广泛，包括：船舶主发电机的启动、船舶应急照明和通信、船舶辅助设备的供电。

（一）蓄电池的正确使用

1.配制和灌注电解液

（1）选择适当的电解液：电解液的选择取决于蓄电池的类型。常见的电解液包括硫酸等。

（2）防护装备：在操作蓄电池之前，需要准备防护装备，如手套和护目镜，以确保操作的安全。

（3）检查蓄电池：在加入电解液之前，务必检查蓄电池的状态，确保蓄电池没有破损或漏液。如果发现任何问题，应及时更换蓄电池。

（4）灌注电解液：将蓄电池放置在平稳的工作台上。根据蓄电池的类型和要求，仔细加入适量的电解液。在加入过程中，确保液面不要超过蓄电池的标记线；同时，要小心不要将电解液溅到周围环境中。

2.充放电过程

（1）初始充电：蓄电池的初始充电应该采用恒流充电法，直到电池电压稳定在额定电压以上。

（2）恒压充电：电压稳定后，应采用恒压充电法，以避免蓄电池过充或过放，延长蓄电池使用寿命和保证使用效果。

（3）测试和充电：在加完电解液后，测试蓄电池的电压以确保电解液已正确加入。根据蓄电池的类型和规格，设置充电参数。

（4）充放电试验注意事项：测试前接线时，应按照"先仪器，后设备"的顺序进行；测试完毕，拆线时，应按"先设备，后仪器"的顺序进行。连接仪器电源线时，注意保护地线应可靠接地，以保证人身安全及设备安全可靠的工作；仔细检查接线是否正确，注意正、负极接线是否正确。充电电缆严禁反接，否则会损坏设备；定期检查并记录电池组浮充总电压、单体浮充电压、负载电流、环境温度以及整流器（或开关电源）的其他设置参数，同时检查所有的螺钉是否处于拧紧状态。

（二）充放电结束时的测量方法

1.相对密度计法

该方法主要基于电解液的相对密度与蓄电池放电程度之间的关系。在蓄电池放电过程中,电解液的硫酸浓度会逐渐降低,导致电解液的相对密度降低。因此,通过测量电解液的相对密度,可以间接地判断蓄电池的放电程度。

(1)使用相对密度计测量蓄电池电解液的相对密度。确保测量时蓄电池处于稳定状态,避免测量过程中的误差。

(2)将测得的相对密度值与蓄电池充满电时的相对密度值进行对比。通常,充足电的蓄电池电解液的相对密度应在一定范围内(如 1.250~1.280),而在放电过程中,相对密度会逐渐降低。

(3)根据相对密度下降的程度来判断蓄电池的放电程度。一般来说,相对密度每降低 0.01,相当于蓄电池放电约6%。因此,可以根据这一比例关系,通过测量电解液的相对密度来估算蓄电池的剩余容量。

2.放电仪法

(1)设置放电参数:根据蓄电池的类型和规格,设置放电仪的放电参数,如放电电流、放电终止电压等。

(2)开始放电并记录数据:启动放电仪,开始对蓄电池进行放电,并记录放电过程中的电压、电流和时间等数据。这些数据将用于后续的计算和分析。

(3)计算放电容量:放电结束后,根据放电仪记录的放电电流和时间数据,可以计算出蓄电池的放电容量。放电容量通常以安时(Ah)为单位表示,它是放电电流和放电时间的乘积。

(4)判断剩余容量:将放电容量和蓄电池的额定容量进行比较,可以判断出蓄电池的剩余容量。一般来说,剩余容量(剩余电量百分比)=(放电容量/额定容量)×100%。例如,如果蓄电池的额定容量为 100 Ah,而放电仪测得的放电容量为 80 Ah,那么蓄电池的剩余容量就是总容量的80%。

（三）蓄电池的维护保养要求

(1)电解液管理:保持电解液液面在最高和最低液面线之间,一般液面应高出极板 10~15 mm。电解液颜色应为淡黄色或无色透明,如有混浊或沉淀,应更换电解液。

(2)电压检测:定期检查蓄电池电压,充足电时单格电压应为 2.1~2.15 V,总电压应为 12.6~12.9 V(以 12 V 蓄电池为例)。放电后电压不应低于 1.75 V/单格,否则应进行充电。

(3)充电管理:充电电流一般不超过蓄电池额定容量的 1/10,例如 100 Ah 的蓄电池充电电流不应超过 10 A。充电过程中温度不应超过 45 ℃,否则应减小充电电流或暂停充电。

(4)放电管理:避免深度放电,蓄电池放电后应立即充电,不宜长时间处于放电状态。放电深度一般不超过80%,即放电后应至少保留 20%的电量。

(5)清洁与检查:定期清洁蓄电池表面和极柱,保持其干燥和清洁。检查极柱和连接件是否松动或被腐蚀,如有,应及时处理。

(6)存放与更换:蓄电池应存放在干燥、通风、温度适宜的环境中,避免阳光直射和处于高温环境。如需更换蓄电池,应选用与原蓄电池相同规格、品牌的新电池,并确保新旧电池不混用。

参考文献

［1］谢世平.船舶管理(驾驶专业二、三类)［M］.大连：大连海事大学出版社,2020.

［2］刘正江.船舶安全管理［M］.大连：大连海事大学,2016.

［3］安徽省地方海事局,安徽省航海学会.安徽省内河 100 总吨以下船舶船员培训实用手册［M］.合肥工业大学出版社,2017.

［4］孙琦,应静华.船舶操纵［M］.大连：大连海事大学出版社,2019.

［5］陈金福,张丹,乔前防.船舶操纵与引航［M］.大连：大连海事大学出版社,2020.

［6］丁继民,张维俊.船舶避碰与信号［M］.大连：大连海事大学出版社,2016.

［7］张维俊,程志友,易太云.船舶值班与避碰［M］.大连：大连海事大学出版社,2020.

［8］谢世平,陈金福.船舶驾驶与管理［M］.大连：大连海事大学出版社,2016.

［9］陈晓翔,杨学辉.内河客船安全知识与操作［M］.大连：大连海事大学出版社,2020.